Rubin und Gertrude Blanck
Jenseits der Ich-Psychologie
Eine Objektbeziehungstheorie
auf der Grundlage der Entwicklung
Aus dem Amerikanischen übersetzt
von Hilde Weller
Klett-Cotta

W0088990

Dem Andenken an Margaret S. Mahler gewidmet,
deren Werk weiterleben wird

Verlagsgemeinschaft Ernst Klett Verlag –
J. G. Cotta'sche Buchhandlung
Die Originalausgabe erschien unter dem Titel
»Beyond Ego Psychology«
im Verlag Columbia University Press, New York
© 1986 Rubin und Gertrude Blanck
© für die deutsche Ausgabe
Ernst Klett Verlag GmbH u. Co. KG, Stuttgart 1989
Fotomechanische Wiedergabe nur mit
Genehmigung des Verlages
Printed in Germany
Umschlag: Klett-Cotta Design
Satz und Druck bei Hieronymus Mühlberger, Gersthofen
Gedruckt auf säurefreiem und holzfreiem
Werkdruckpapier von Clairefontaine
Buchbinderische Verarbeitung bei Ludwig Auer, Donauwörth

CIP-Titelaufnahme der Deutschen Bibliothek

Blanck, Rubin:
Jenseits der Ich-Psychologie : eine Objektbeziehungstheorie
auf der Grundlage der Entwicklung /
Rubin u. Gertrude Blanck. Aus d. Amerikan. übers. von Hilde Weller.
– 1. Aufl. – Stuttgart : Klett-Cotta, 1989
(Konzepte der Humanwissenschaften)
Einheitssacht.: Beyond ego psychology <dt.>
ISBN 3–608–95445–7
NE: Blanck, Gertrude:

Inhalt

Einleitung ... 9

1 Psychoanalytische Entwicklungspsychologie ... 15

2 Das übergeordnete Überich ... 40

3 Das übergeordnete Ich ... 52

4 Das Wesen von Struktur ... 61

5 Realitätsprüfung ... 72

6 Objektbeziehungen ... 77

7 Die Funktionen der Objektrepräsentanzen ... 88

8 Übertragungsformen ... 103

9 Der Begriff des Selbst ... 123

10 Konflikttheorie ... 132

11 Triadische Objektbeziehungen: Der Ödipuskomplex ... 153

12 Diagnose ... 169

13 Technische Implikationen: Einführung ... 187

14 Deutung ... 205

15 Wir »folgen« dem Patienten ... 215

16 Die Beendigung der Behandlung ... 238

Bibliographie ... 263

Sach- und Personenregister ... 273

Einleitung

Historiker der psychoanalytischen Theoriebildung stellen fest, daß sich die psychoanalytische Theorie in mehreren Phasen entwickelt hat, die mehr oder weniger deutlich voneinander abgegrenzt werden können. Nach Rapaports Darstellung im Jahre 1959 waren bis zu diesem Zeitpunkt vier solcher Phasen zu verzeichnen. Die erste, die mit Freuds Arbeit im späten 19. Jahrhundert begann und 1897 endete, enthält einen ersten Ansatz zur Ich-Psychologie, indem sie einen primitiven Abwehrbegriff einführt. Die zweite Phase, die von 1897 bis 1923 reicht, bezeugt Freuds Interesse an unbewußten Phantasien und den Trieben. Die dritte Phase ist durch die Einführung der Strukturtheorie gekennzeichnet, die Freud zur Revision seiner Angsttheorie veranlaßte, und sie gipfelt in Anna Freuds Werk über die Abwehrfunktion des Ichs und ihrer Beschreibung der verschiedenen Abwehrmechanismen. Die vierte Phase beginnt mit Hartmanns klassischem Werk *Ich-Psychologie und Anpassungsproblem*, das er erstmals 1937 bei der Wiener Psychoanalytischen Gesellschaft vortrug und das 1958 in englischer Sprache erschien. Wir (1974, 1979) haben uns mit Hartmanns Werk wegen des grundlegenden Einflusses, den es auf seine Zeitgenossen wie auf seine Nachfolger ausgeübt hat, ausführlich auseinandergesetzt. Rapaport bezeichnet diese vierte Phase (1937 bis 1959) als die der Ich-Psychologie im eigentlichen Sinne.

Da seither ein Vierteljahrhundert vergangen, die Theoriebildung fortgeschritten und so vieles hinzugefügt worden ist, scheint es an der Zeit, im Geiste Rapaports fortzufahren und seinen historischen Überblick auf den gegenwärtigen Stand zu bringen. In Kenntnis dessen, was nach 1937 kam, scheint es, daß die Zeitspanne von 1923 bis 1937 als die der *frühen Ich-Psychologie* und der Zeitraum von 1937 bis 1975 als die der *späten Ich-Psychologie* bezeichnet werden sollten, um zu unterscheiden, daß Hartmanns Nachfolger – Spitz, Jacobson und Mahler – in der Theoriebildung einen neuen Weg einschlugen, wobei sie der von ihm vorgegebenen Richtung folgten. Wir haben dies in unseren früheren Arbeiten beschrieben.

Im Jahre 1975 veröffentlichten Mahler und ihre Mitarbeiter die Ergebnisse ihrer Kinderbeobachtung in dem Buch *Die psychische Geburt des Menschen*. Darin wurde ein neues Organisationsprinzip eingeführt:»(es) entwickelt sich eine wichtige Organisation intrapsychischen Verhaltens im Zusammenhang mit Loslösung und Individuation« (S. 14). Wir fanden dies so bedeutungsvoll, daß wir es für nötig hielten, der Ich-Psychologie einen zweiten Band zu widmen, der dieses neue Prinzip einbezog, weil es unseres Erachtens dazu führt, daß sich die Ich-Psychologie von einem wichtigen, aber engen Aspekt psychoanalytischer Theorie zu einer umfassenden psychoanalytischen Entwicklungspsychologie wandelt.

Nunmehr sind wir wiederum zu einigen neuen Überlegungen gezwungen, die auf eine Erweiterung der Theorie zurückzuführen sind. Die Objektbeziehungen wurden als Ichfunktionen verstanden, doch bis heute waren sie zu relativer Obskurität verdammt, da sie leichthin zu den vielen anderen Ichfunktionen wie Wahrnehmung, Motilität, Vorsätzlichkeit, Antizipation, Abwehr, Anpassung usw. gerechnet wurden. Angesichts der explosionsartigen Zunahme des Wissens über die menschliche Entwicklung, das die späteren Ich-Psychologen geliefert haben, ist es nunmehr an der Zeit, den Objektbeziehungen besondere Beachtung zu schenken, da sie einer anderen Ordnung als die übrigen Ichfunktionen angehören.

Liest man Freuds Schriften heute mit dem Ziel, die Wurzeln der Objektbeziehungstheorie zu entdecken, stellt man fest, daß Freud sich bereits 1905 dieses Aspekts der Psychologie des Menschen bewußt war, wenngleich sein Hauptaugenmerk damals der Triebtheorie galt. Man findet zudem verstreute Hinweise auf Objektbeziehungen in allen folgenden Werken, etwa in »Trauer und Melancholie« (1917a), um nur ein Beispiel zu nennen. Doch es waren Hartmanns Beschreibung der Begeg-

10

nung des Neugeborenen mit der Umwelt und seine Einführung des Begriffs der psychischen Repräsentanz, die die moderne Ära der Ich-psychologischen Objektbeziehungstheorie einläuteten. Jacobson führt Hartmanns Gedanken über die Vorstellungswelt weiter, während Spitz und Mahler Schlußfolgerungen aus ihren unabhängigen Beobachtungen der Mutter-Kind-Interaktion beisteuern. Diese Untersuchungen fügen der Objektbeziehungstheorie eine neue Dimension hinzu, indem sie die Entwicklung des Menschenkindes beschreiben. Mahler macht zudem die Entdeckung, daß die psychische Geburt etwa drei Jahre nach der physischen Geburt stattfindet, und zwar unter den Auspizien der dyadischen Beziehung.

Infolge dieser Entdeckungen sind wir nunmehr in der Lage, eine Objektbeziehungstheorie vorzustellen, die mit der Hauptströmung psychoanalytischen Denkens in Einklang steht, welche sich aus Freuds Werk entwickelt hat, von dem frühen Ich-Psychologen weitergeführt und von den späteren und den zeitgenössischen Ich-Psychologen ergänzt wurde.

Es gibt noch weitere Entwicklungen in der gegenwärtigen Theoriebildung. Von besonderem Gewicht ist das verstärkte Interesse an den sogenannten Borderline- und narzißtischen Persönlichkeiten. Wir berücksichtigen diese wichtigen pathologischen Erscheinungen in unserer Arbeit. Wer mit der gegenwärtigen Flut an Literatur über diese Themen Schritt gehalten hat, wird feststellen, daß wir einige Theorien beiseite gelassen haben. Dies geschieht mit Absicht. Eklektizismus beschwichtigt zwar die Sehnsucht nach Integration, die kraft der synthetischen Funktion in uns allen lebt, muß aber vermieden werden. Bemüht man sich um einen disziplinierten Ansatz, trifft man auf Theorien über Leidensformen, die sich mit der Ich-Psychologie nicht vereinbaren lassen. Einige dieser Theorien beruhen auf Beiträgen der Ich-Psychologen, ohne sie jedoch namhaft zu machen; andere gehen aus grundsätzlich unvereinbaren Annahmen hervor. Das bedeutet nicht, daß wir neuen Gedanken unfreundlich gegenüberstehen, doch wir beharren auf innerer Folgerichtigkeit als Wesensmerkmal der Theoriebildung. Aus diesem

Grunde übergehen wir, was lediglich populär oder anziehend ist. Wir glauben auch, daß eine Theorie auf der solidesten Grundlage errichtet wird, wo das, was ihr vorausging, gründlich überdacht wurde, selbst wenn man beschließen mag, frühere Formulierungen zu revidieren, weiter auszuarbeiten oder sie gar aufzugeben. Obgleich es den Anschein hat, daß Freud diesbezüglich eine Ausnahme war, ist es im allgemeinen richtig, daran festzuhalten, daß eine Theorie nicht – wie Athene – einem einzigen Geist entspringen kann. Sie fügt sich vielmehr zusammen wie Glieder einer Kette. Wir folgen daher der konsequenten linearen Entwicklung der Ich-Psychologie von Sigmund Freud zu Anna Freud, zu Hartmann, Kris und Loewenstein, zu Jacobson, Spitz und Mahler. Die Arbeiten dieser Theoretiker sind ebenso komplementär wie folgerichtig.

Wir behaupten auch nicht, daß man jede vorausgegangene Theorie akzeptieren muß, nur weil sie existiert. Doch eine Theoriebildung, die Anspruch auf Wissenschaftlichkeit erhebt, muß nicht nur innerlich kohärent sein, sondern auch klinischer Validierung unterzogen werden. Dies erfordert, daß die Ablehnung oder Verbesserung einer vorausgegangenen Theorie begründet wird. Ein einschlägiges Beispiel ist die gegenwärtige Neueinschätzung der Formulierungen Freuds über die weibliche Sexualität. Es beweist, daß eine Theorie nicht lediglich aus dem trivialen Grund beibehalten oder aufgegeben werden muß, ihren Erneuerer in den Himmel zu heben oder ihn herabzusetzen. Man muß zwischen methodologisch vernünftiger Theoriebildung einerseits und Modetorheiten oder schülerhafter Verehrung andererseits unterscheiden. Es entspricht sowohl unserer Erfahrung als auch unserer festen Überzeugung, daß nur eine disziplinierte, achtungsvolle Behandlung des Vorangegangenen zur Einführung einer sinnvollen neuen Theorie von Dauer führen und deren einzigen Zweck erfüllen kann – die klinische Praxis zu verbessern.

Auf lange Sicht wird es unausweichlich zur Integration kommen, doch nur in »kritischen Phasen« der Theoriebildung, um mit Spitz zu sprechen. Zur Zeit kann man noch nicht wissen, welche Theorien die Probe der klinischen Validierung bestehen, welche revidiert, welche aufgegeben werden. Dieser Prozeß wird zu größerer Kohärenz der verschiedenen, jetzt unvereinbaren Theorien führen, indem sie einer natürlichen Auswahl unterworfen und die geeignetsten überleben werden. Dann wird alles Vernünftige (in Hartmanns Sinn) zusammenpassen. Diese Zeit ist noch nicht gekommen, weil wir uns noch in einer Periode theoretischer Gärung befinden, insbesondere was Probleme im Zusammenhang mit den Borderline- und narzißtischen Störungen betrifft.

Die zunehmenden Erkenntnisse hinsichtlich der frühkindlichen Entwicklung, insbesondere der Entwicklung der Selbst- und Objektbeziehungen, transzendieren die Ich-Psychologie, wie wir sie 1974 dargestellt haben, und sie gehen über unsere Beschreibung der psychoanalytischen Entwicklungspsychologie von 1979 hinaus. Die auf die Entwicklung gegründete erweiterte Objektbeziehungstheorie, die wir hier vorstellen, überschneidet sich mit der früheren Theorie und fügt ihr neue Elemente hinzu.

Wir werden einige Anmerkungen zu den technischen und diagnostischen Implikationen der Objektbeziehungstheorie – ihren Einfluß auf die Übertragungsformen, auf die Deutung, auf andere Interventionen – machen. Unser Hauptanliegen ist es, unsere Vorstellungen über das Ich als Organisation, die über unsere Überlegungen aus dem Jahre 1979 hinausgehen, vorzutragen. Wie wir damals sagten, betrachten wir unsere Beiträge nicht als endgültig, sondern als Schritte auf dem Weg zu einer sich ständig erweiternden psychoanalytischen Theorie. Einiges davon wird in der von uns beschriebenen Weise integriert werden. Heute können wir nur sagen, daß die Theoriebildung in dem Maße fortschreiten wird, wie es die klinische Erfahrung diktiert. Wie Hartmann (1964) bemerkte, wird in Zukunft alles anders aussehen.

Für den Leser unserer theoretischen Ausführungen wird es sich als nützlich erweisen, im Gedächtnis zu behalten, daß

Metapsychologie aus Konstrukten besteht – aus Abstraktionen, wie sie alle Wissenschaften als Hilfsmittel bei ihrer Begriffsbildung verwenden. Ihr einziger Wert liegt darin, daß sie es ermöglichen, Begriffe zu ordnen und einem andernfalls verwirrenden Durcheinander von Fakten einen Sinn abzugewinnen. Sie sind unerläßlich für den Praktiker, der mit Zufallsmaterial konfrontiert wird, das er im Geiste ordnen muß, um es zu angemessener Zeit deuten zu können. Konstrukte unterliegen nicht denselben Prüfungsmethoden, die mitunter in den exakten Wissenschaften möglich sind. Sie können nicht gewogen, gemessen oder wiederholt werden. Man kann die Existenz von Es, Ich und Überich oder der undifferenzierten Matrix nicht beweisen, noch ist ein solcher Beweis notwendig, da Konstrukte geschaffen werden, um der Ordnung von Theorien zu dienen, und sie können aufgegeben, revidiert oder ersetzt werden, wenn sie nicht mehr von Nutzen sind.

1 Psychoanalytische Entwicklungspsychologie

Die Ich-Psychologie hat sich zu soviel mehr als einer Psychologie des Ichs entwickelt, daß schon die Bezeichnung als solche falsch erscheint. Dennoch sind wir aus Gründen historischer Notwendigkeit und des allgemeinen Sprachgebrauchs dazu gezwungen, an ihr festzuhalten. Modifizierungen wie etwa *psychoanalytische Entwicklungspsychologie* sind vorgeschlagen worden. Diese neuere Bezeichnung beschreibt zwar genauer, was aus der Ich-Psychologie geworden ist, aber sie hat auch Mängel, deren hauptsächlicher darin besteht, daß sie die Verbindung zu den Wurzeln der frühen Ich-Psychologie nicht bewahrt. Wir gehen nun sowohl über die Ich-Psychologie als auch über die psychoanalytische Entwicklungspsychologie hinaus und suchen nach einer neuen Bezeichnung, die mitklingen läßt, daß sich die eine aus der anderen entwickelt hat und beide, zusammen genommen, zu einer einheitlichen Objektbeziehungstheorie werden. Da es mehrere Objektbeziehungstheorien gibt, die voneinander unterschieden werden müssen, ist es schwierig, zu einem knappen Terminus zu kommen, der die hier von uns vorgestellte Objektbeziehungstheorie beschreibt. Um sowohl genau als auch deskriptiv zu sein, bieten wir die Bezeichnung *psychoanalytische Objektbeziehungstheorie auf der Grundlage der Entwicklung* an. Daß dies unbeholfen klingt und durch einen kürzeren Terminus ersetzt werden muß, liegt auf der Hand. Wir glauben jedoch, daß dies erst möglich sein wird, nachdem die Theorie gut genug verstanden worden ist, um sie anhand eines »Spitznamens« zu erkennen. Für den Augenblick ist die schwerfälligere Bezeichnung angemessener, wenngleich sie die Eleganz zugunsten der Genauigkeit opfert.

Nach psychoanalytischem Sprachgebrauch ist das Objekt eine andere Person als das Subjekt. Aber das Seelenleben beginnt nicht mit der Wahrnehmung des Selbst und des anderen.

Auch wenn die Wahrnehmung einsetzt, sind Selbst- und Objektbilder miteinander verschmolzen. Die moderne Ich-Psychologie beschreibt die ersten drei Lebensjahre als eine Zeitspanne dyadischen Erlebens, in der sich die verschmolzenen Bilder allmählich voneinander lösen und zu mehr oder weniger unterschiedenen und stabilen Selbst- und Objektrepräsentanzen werden. Das läßt vermuten, daß sogar die Bezeichnung *Objektbeziehungstheorie* nicht ganz zutreffend ist; sie sollte *Selbst- und Objektbeziehungstheorie* lauten. Dies würde die psychische Verfassung in den ersten Lebenstagen, -wochen und -monaten besser widerspiegeln.

Wir geben hier eine Übersicht über die Ich-Psychologie von ihren Ursprüngen bis in die Gegenwart, um ihre historische Entwicklung zu einer Selbst- und Objektbeziehungstheorie zu verfolgen.

Der Keim zum Begriff des *Ichs* in Freuds Denken findet sich in seiner Annahme in der *Traumdeutung* (1900), daß es einen Zensor gebe, der unbewußte Inhalte daran hindert, ins Bewußtsein vorzudringen. Ein aufmerksamer Leser der Schriften Freuds kann entdecken, daß er bereits 1921 zu einem scharfsinnigeren Verständnis des Ichs gelangte, das er 1923 als »zusammenhängende Organisation der seelischen Vorgänge« (S. 243) definieren konnte. Er war sich zu diesem Zeitpunkt über das Ich und sein Funktionieren so sehr im klaren, daß er in demselben Aufsatz *(Das Ich und das Es)* dazu übergehen konnte, sowohl das Überich als auch das Ich zu beschreiben. Damit lieferte er die dreiteilige Theorie der psychischen Struktur, die den Weg zur modernen Ich-Psychologie ebnete.

Dieser Wendepunkt in der psychoanalytischen Theoriebildung ist einer von vielen. In chronologischer Ordnung sind es die folgenden: die Entdeckung des Verdrängten und die Existenz des Unbewußten (1895); die Entdeckung der kindlichen Sexualität (1905 b); Freuds Erkenntnis, daß verdrängte sexuelle Vorstellungen nicht realer Erfahrung, sondern der Phantasie entstammen (1906). Doch unter dem Aspekt des Einflusses auf die künftige Theoriebildung kommt der Entdeckung, daß das Ich zum Teil unbewußt ist, die weitreichendste Bedeutung von allen Freudschen Theorierevisionen zu; sie ist ein Vorbote aller späteren Entwicklungen in der Ich-Psychologie. Sie zwang Freud drei Jahre später (1926), seine Angsttheorie zu revidieren. Während er Angst zuvor als Ergebnis der Anhäufung von Toxinen infolge mangelhafter Abfuhr sexueller Substanzen angesehen hatte, erkannte er um 1926, daß Angst das affektive Resultat eines weitaus komplizierteren Prozesses ist. Ihm wurde klar, daß die Verdrängung ein Abwehrmechanismus ist, mit dem der unbewußte Teil des Ichs auf die ein Gefahrensignal darstellende Angst reagiert. Sein Zweck ist es, psychisches Material ins Unbewußte zu verweisen und es durch Anwendung von Gegenbesetzungsenergie dort zu halten. Dieses neue Verständnis der Abwehrfunktion des Ichs wurde von Anna Freud vertieft.

In späteren Jahren spielte Anna Freud die Bedeutung ihres Beitrags *Das Ich und die Abwehrmechanismen* (1936) allzu bescheiden herunter, als sie behauptete, sie habe lediglich eine Zusammenfassung der Arbeit ihres Vaters als Geburtstagsgeschenk für ihn beabsichtigt. Die Gemeinschaft der Psychoanalytiker sieht darin weitaus mehr als eine Festschrift. Zwar ist kaum zu bezweifeln, daß Vater und Tochter viele Gespräche führten und daß sie seine Gedanken in ihre Arbeit aufnahm, aber ihre Beschreibung der Abwehrfunktion des Ichs und der Abwehrmechanismen ist ein Meilenstein *sui generis* der Theoriebildung. Darüber hinaus liefert sie einen bedeutenden Beitrag zur Technik der Psychoanalyse, indem sie zeigt, wie das Ich im Behandlungsprozeß funktioniert. Der Psychoanalytiker kann sich nun nicht mehr allein auf Es-Inhalte konzentrieren, sondern er muß dem Ich die gleiche Aufmerksamkeit zuwenden – insbesondere dem Wirken der Abwehrmechanismen und dem Abwehrsystem insgesamt.

Freud schuf die Grundlage der psychoanalytischen Technik in den Jahren 1912 und 1913, die von Fenichel (1941), Sharpe (1950), Glover (1955) und Menninger (1958) kodifiziert wurde. Doch außer den von Anna Freud vorgeschlagenen Modifizierungen sind nur wenige Implikationen der Ich-Psychologie für die Technik in die Literatur eingegangen. Die frühen Ich-Psychologen, vor allem Hartmann (1951), Kris (1951, 1952, 1956 a, 1956 b, 1956 c) und Loewenstein (1951), waren an der Technik stark interessiert und leisteten Beiträge, die noch immer nicht in vollem Umfang verstanden und genutzt werden. Kris spielt beispielsweise in seinem Aufsatz *On Some Vicissitudes of Insight in Psychoanalysis* (1956 a), allgemein als Arbeit über die »gute Stunde« bekannt, so subtil auf einen technischen Aspekt an, der von Ich-psychologischen Erwägungen bestimmt ist, daß es häufig kaum wahrgenommen wird. Er sagt, daß die »gute Stunde« mit einem leicht negativen Anstrich beginnt. Wenn man nicht mit jedem Glied in der Kette der Ich-psychologischen Theorie vertraut ist, das jeder einzelne Ich-Psychologe hinzugefügt hat, kann einem die Tatsache entgehen, daß hier die Vorstellung des dritten Organisators der Psyche verwendet wird, wie ihn Spitz (1957) beschrieben hat. Kris zeigt, daß der Patient in einem Entwicklungsschub den Aggressionstrieb benutzt. Dieser »Negativismus« ist in dem Sinne positiv, als der Patient, der sich während der Behandlung entwickelt hat, eine Haltung des »Ich will es selber machen« einnimmt, die der des sich entwickelnden Kindes entspricht, das den Objektrepräsentanzen Funktionen entzieht, indem es sie auf die Selbstrepräsentanzen überträgt (R. Blanck, 1981). Wir haben erfahrene Praktiker über dieses scheinbare Paradoxon sinnieren hören, weil sie *negativ* mit *unerwünscht* verwechseln. Einem Ich-Psychologen ist klar, daß Kris der Meinung war, der sogenannte negative Anstrich deute auf die Behauptung von Eigenständigkeit hin. Er vergleicht dies mit der »scheinbar guten Stunde«, in der der Negativismus auf übermäßige Feindseligkeit zurückzuführen ist. Versäumt der Analytiker, diese Unterscheidung zu treffen, können ihn die technischen Konsequenzen veranlassen, den positiven Schub als unerwünscht zu betrachten – ein Irrtum, der für den Fortgang der Analyse verheerende Folgen haben kann.

Freud (1914 b) besaß für den Narzißmus ein äußerst tiefes Verständnis; er unterschied sogar die Übertragungsneurosen

18

von den narzißtischen Neurosen in einer Weise, die unserer modernen Unterscheidung zwischen strukturierten und ungenügend strukturierten Persönlichkeiten überraschend ähnelt. Wir haben natürlich den Vorteil, die Strukturtheorie zu besitzen, zu der Freud noch nicht gelangt war, als er über den Narzißmus schrieb. Etwa seit 1955 oder 1960 hat das Interesse an der ungenügend strukturierten Persönlichkeit, gewöhnlich als narzißtisch oder Borderline-Fall bezeichnet, erheblich zugenommen, weil man zu erkennen begann, daß einige dieser Patienten behandelbar sind, obschon Techniken entwickelt werden mußten, die von den für den neurotischen Patienten entworfenen abwichen. Durch dieses Interesse angeregt, wurde ein differenzierterer theoretischer Unterbau zum Verständnis dieser Leidensformen geschaffen. Wir haben diese neueren Theorien als *späte Ich-Psychologie* bezeichnet, um sie von den Beiträgen der Pioniere – Sigmund und Anna Freud, Hartmann, Kris und Loewenstein – zu unterscheiden. Diese späten oder späteren Ich-Psychologen haben so viel zum Verständnis sowohl der ungenügend strukturierten als auch der strukturierten Persönlichkeiten beigetragen, daß dies zur Plattform für einen großen Teil unserer Arbeit wurde.

Wir meinen, daß Aspekte der neueren Theorie ebenso auf die strukturierte wie auf die ungenügend strukturierte Persönlichkeit anwendbar sind, doch da Psychoanalytiker weitaus mehr Erfahrung mit strukturierten Patienten haben, pflegten wir das Hauptgewicht stärker auf die Diagnose und die Behandlung schwererer Leidensformen zu legen. Es ist jedoch klar, daß gewisse Ich-psychologische Vorstellungen, etwa die Beziehung zwischen Anpassung und Abwehr, für Konfliktverständnis und -interpretation eine wichtige Rolle spielen und deshalb von entscheidender Bedeutung für die Behandlung der strukturierten Persönlichkeiten sind. Wir haben diese technische Position anhand der Erklärung der »guten Stunde« demonstriert, und wir werden sie auch weiterhin demonstrieren.

Obschon die sogenannten späten Ich-Psychologen Zeitgenossen auf Altersstufen sind, die sich überschneiden, hat jeder von ihnen einen separaten einzigartigen Kurs bei der Verknüpfung seiner Theorie mit der Gesamtheit der Ich-Psychologie eingeschlagen. Ihre Arbeiten sind vielfach sowohl weiterführend als auch komplementär. Alle stützen sich auf Hartmann, der als »Vater« der Ich-Psychologie gilt, weil er fundamentale Begriffe liefert, die sich zu weiterer Theoriebildung eignen und auch wichtige Implikationen für die Technik haben.

Hartmann

Hartmann definiert Anpassung als wechselseitige Beziehung zwischen dem Organismus und der Umwelt. Das Neugeborene, sagt er, besitzt eine angeborene Ausstattung, die von Individuum zu Individuum variiert. Diese Ausstattung ist in einer undifferenzierten Matrix enthalten. Differenzierung im physiologischen Sinne einer Spezialisierung von Gewebe beginnt *in utero*, doch Differenzierung im psychologischen Sinne beginnt erst nach der Geburt.

Die angeborenen Apparate der embryonalen Ichfunktionen sind darauf eingerichtet, sich zu bestimmten, phasenspezifischen Zeiten nach der Geburt zu entfalten. Normalerweise findet diese Entwicklung in einer konfliktfreien Sphäre statt, wenngleich die Funktionen später in Konflikte verwickelt werden können. Beispiele dafür sind neben vielen anderen Fortbewegung und Sprache. Nur wenigen Kindern gelingt es nicht, etwa zur phasenspezifischen Zeit zu laufen und zu sprechen, obschon die Entfaltung dieser Fähigkeiten durch eine behinderte Entwicklung verzögert werden kann. Einige der weniger offen zutage liegenden Ichfunktionen, etwa Wahrnehmung, Antizipation und Realitätsprüfung, lassen sich aber möglicherweise, wenn sie verzögert oder unentwickelt sind, durch verspätete Stimulierung nicht verbessern. Normalerweise fördert die bemutternde Person in der Interaktion mit dem Kind die Entfaltung der latenten Funktionen. Das ist im wesentlichen Objektbeziehungstheorie.

Anpassung beginnt im Augenblick der Begegnung zwischen

20

dem Neugeborenen, in der konfliktfreien Sphäre mit einer adäquaten Ausstattung versehen, und der *durchschnittlich erwartbaren Umwelt*; mit diesem Terminus pflegte Hartmann die
Norm auf der Umweltseite der Begegnung zu bezeichnen. *Zusammenpassen* bezieht sich auf den Regulationsprozeß, der das
Gleichgewicht – zwischen dem Individuum und der Umwelt,
zwischen den Trieben, zwischen den psychischen Instanzen und
das der synthetischen Funktion selbst – aufrechterhält.

Anpassung wird im engeren und im weiteren Sinne erworben. Im engeren Sinn interagieren Anpassungsmechanismus
und Regulationssysteme des Individuums mit der Umwelt. Sie
wirken aber auch auf die Umwelt, fordern neue Anpassungen,
wenn sich diese verändert. Somit gewinnt der Prozeß in dem
Maße an Umfang, wie sich die Notwendigkeit der Anpassung
vergrößert.

Eine Ichfunktion kann zu sekundärer Autonomie gelangen,
wo sie in einen Konflikt verstrickt war, und konfliktfrei werden.
Hartmann nennt diesen Vorgang »Funktionswandel«. Er zieht
den Umstand in Betracht, daß ein Konflikt nicht nur intersystemisch, sondern auch intrasystemisch sein kann – das heißt, es
können Konflikte innerhalb des Ichs, zwischen oder unter den
verschiedenen Elementen, die dort angesiedelt sind, bestehen.

Der Keim einer entwicklungsbestimmten Objektbeziehungstheorie findet sich ebenfalls in Hartmanns Werk. Er beschreibt
einen Anstieg von Objektbeziehungsebenen vom primären Narzißmus über das Verlangen nach dem Objekt zum Zwecke der
Befriedigung und zur Objektkonstanz. Objektkonstanz schließt
die anhaltende Besetzung der Objektrepräsentanz unabhängig
vom Zustand der Bedürftigkeit in sich. Und Hartmann bringt
die Theorie des Narzißmus einen bedeutenden Schritt voran,
indem er erklärt, daß er nicht, wie Freud glaubte, in der Besetzung des Ichs bestehe, sondern in der Besetzung des Selbst
(oder der Selbstrepräsentanz).

Hartmann und seine Mitarbeiter

Hartmann, Kris und Loewenstein erweitern die Ich-Psychologie, indem sie den drei anderen Merkmalen der Metapsychologie – dem dynamischen, topographischen und ökonomischen – die genetische Dimension hinzufügen. Das genetische Merkmal erklärt, weshalb in der Vergangenheit gewisse Konfliktlösungen gewählt wurden. Dadurch wird Hartmanns Anschauung (persönliche Mitteilung) ergänzt, daß in der Kindheit jede Abwehr der Anpassung dient und dieser erst im späteren Leben wegen ihrer Rigidität im Wege steht.

Sie arbeiten den Abwehrmechanismus der *Identifizierung* weiter aus und zeigen, daß sie außer dem Abwehraspekt auch einen Entwicklungsaspekt hat und es sich deutlich um einen Verinnerlichungsvorgang handelt. Ich-Autonomie wird erreicht, wenn das Individuum weniger abhängig vom Objekt wird.

Besondere Aufmerksamkeit widmen sie dem Prozeß der Überich-Bildung. Indem sie Freuds Formulierung beibehalten, daß das Überich der Erbe des Ödipuskomplexes sei, erklären sie, wie Überich-Vorläufer in Verbindung mit der Ich-Entwicklung mittels Introjektion, Einverleibung und Identifizierung entstehen und wie diese Elemente sich zusammenfügen, um unter dem Druck der Auseinandersetzung mit dem Ödipuskomplex eine neue Struktur zu errichten.

Hartmann führt auch einen neuen Begriff der Triebzähmung ein, den er Neutralisierung nennt. Er will damit die Überführung von Energie vom Es zum Ich erklären. Nachdem wir über diese These lange nachgedacht und auch versucht haben, sie klinisch anzuwenden, finden wir sie angesichts unserer Wiederentdeckung der endgültigen Feststellung Freuds hinsichtlich der Triebe unnötig. Wir griffen 1979 Freuds Beschreibung der Libido als einigende Kraft und der Aggression als trennende Kraft (1940) wieder auf und stellten sie als endgültige Revision seiner Triebtheorie vor. Sie läßt das Problem der Triebzähmung weniger dringend erscheinen, weil sie es ermöglicht, die beiden

Triebe als gemeinsam wirkend zu betrachten. Wir verweisen die Neutralisierung daher in eine Übergangsphase der Geschichte der Ich-psychologischen Theoriebildung. Als die Libido noch enger als Sexualtrieb und die Aggression als Zerstörungstrieb definiert wurden, war das Problem der quantitativen Verteilung von Triebenergie verwirrend, weil man fürchtete, daß dort, wo eine angeborene übermäßige Ausstattung mit Triebenergie besteht, das Es das Ich überwältigen könnte. Diese Sorge ist unbegründet, seitdem die Triebe als der Entwicklung dienend betrachtet werden. Die Kräfte der Libido vereinen sich zu Zeiten, wenn es entwicklungsmäßig angebracht ist (in der symbiotischen Phase total, bei der selektiven Identifizierung partiell), während der Aggressionstrieb die Lösung von Verbindungen zum Zweck der Förderung des Loslösungs- und Individuationsprozesses betreibt. Dadurch werden Befürchtungen hinsichtlich einer übermäßigen Ausstattung mit Triebenergie überflüssig.

Jacobson

Jacobson benutzte Hartmanns Begriff der undifferenzierten Matrix, um die These aufzustellen, daß sich nicht nur Ich und Es, sondern auch die beiden Triebe bei der Geburt von dieser Matrix zu differenzieren beginnen, um eine angemessene Bemutterung zu ermöglichen. Auch hier stellen wir fest, daß Entwicklungstheorie und Objektbeziehungstheorie untrennbar sind.

Jacobsons wesentlicher Beitrag zur psychoanalytischen Theoriebildung besteht in ihrer Betonung der Differenzierung. Daher stellt sie Freuds Ansichten über primären Narzißmus und primären Masochismus in Frage und argumentiert, daß es keine Besetzung, sei sie libidinös (narzißtisch) oder aggressiv (masochistisch), eines »Selbst« geben kann, das noch nicht existiert. Sie betrachtet das Selbst als die Gesamtheit der seelischen und körperlichen Person. Selbstrepräsentanzen sind Repräsentanzen des physischen und psychischen Selbst im Ich.

In einem wichtigen Beitrag beschreibt sie die Errichtung von Selbst- und Objektbildern aus befriedigenden und frustrierenden Erfahrungen in der Mutter-Kind-Dyade. Erfahrungsengramme werden als Bilder in Erinnerungsspuren bewahrt. Mit der Reifung des Wahrnehmungsapparates beginnt das Kind Erlebnisquellen zu identifizieren; so werden Selbst- und Objektbilder aussortiert. Zuerst werden magische affektive Identifizierungen errichtet, die durch selektive Identifizierung ersetzt werden – ein Vorgang, bei dem Merkmale der Objektbilder ausgewählt werden, um verinnerlichte Aspekte von Selbstbildern zu werden. Auf diese Weise wird Identität erworben.

Gegen Ende des ersten Lebensjahres besitzt das Kind auf Grund eines Prozesses, den wir *Affektdifferenzierung* genannt haben, ein großes Repertoire von Affekten. Das beruht auf der Annahme, daß auch Affekte aus der undifferenzierten Matrix hervorgehen und die Differenzierung entwicklungsbedingt stattfindet. Befriedigungserlebnisse schaffen positive Selbstbilder, die für das Wachstum wesentlich sind. Gleichermaßen wesentlich sind die Gefühle, welche Frustration, Ehrgeiz, Besitzgier, Neid, Rivalitäten, Enttäuschung und Versagen begleiten, denn wenn sie fehlen, ist das Kind außerstande, eine getrennte Identität zu errichten.

Die sexuelle Identität ist, wie Jacobson ausführt, ein wichtiger Aspekt der Identitätsbildung und beruht nicht nur auf dem Geschlechtsunterschied, sondern auf der Beobachtung des physischen und psychischen Verhaltens von Personen des gleichen oder des anderen Geschlechts.

Eine Objektbeziehungstheorie ist auch in Jacobsons Darstellung der Bildung von Repräsentanzen des Selbst und der Objektwelt enthalten. Ihre Formulierungen betreffen sowohl die normale Entwicklung als auch Entwicklungen, bei denen die Welten des Selbst und des Objekts nicht klar voneinander geschieden sind.

Erhebliche Aufmerksamkeit schenkt sie der Überich-Bildung. Von Hartmann und Loewenstein (1962) ausgehend, beschreibt sie die Überich-Bildung im Sinne der Einverleibung

24

ethischer Werte. Die Regulierung des Verhaltens wird zunächst durch Interaktion mit der Objektwelt erreicht; später wird sie durch eine innere Regulierung ersetzt. Sie schreibt dem Über-ich Funktionen zu, von denen einige üblicherweise eher als Ich-funktionen betrachtet werden. Am wichtigsten ist die Regulierungsfunktion. Sie reguliert nicht nur Verhalten und Triebabfuhr, sondern auch das Selbstwertgefühl. Sie erhält den Gleichklang zwischen Moralkodex und Ich-Manifestationen aufrecht, indem sie Abfuhrvorgänge kontrolliert. Sie herrscht auch über Stimmungen und reguliert den gesamten Ich-Zustand, und sie entwickelt und bewahrt eine zusammenhängende konsequente Abwehrorganisation (siehe 2. Kapitel)

Jacobson liefert eine besonders wichtige Revision der Freudschen Spekulationen über die weibliche Überich-Bildung. Man könnte sogar sagen, daß sie als erste die psychoanalytische Theorie von Freuds Irrtümern über die weibliche Sexualität befreit und damit den modernen Neuformulierungen dieses bedeutenden Themas durch psychoanalytische Theoretiker Auftrieb gegeben hat. Diese Theoretiker stimmen zwar mit Freud darin überein, daß das Überich als funktionale Einheit mit der Lösung des Ödipuskomplexes in Erscheinung tritt, gehen aber davon aus, daß eben jene Lösung nicht aus Kastrationsangst, sondern aus Liebe zum gleichgeschlechtlichen Elternteil zustande kommt. Die Liebe veranlaßt das Kind, Inzest- und Mordwünsche gegenüber den Eltern aufzugeben.

Doch darüber hinaus wurde Freud bei seinem Versuch, den Erwerb eines starken Überichs seitens des Mädchens zu erklären, durch seine Schlußfolgerung behindert, daß ödipale Wünsche angesichts der Kastrationsdrohung aufgegeben werden. Diese Schlußfolgerung beließ dem Mädchen weder die Gelegenheit noch einen Anreiz, ödipale Wünsche aufzugeben und sie durch ein starkes Überich zu ersetzen. Die Logik dieses Arguments führte Freud zu dem Schluß, daß Frauen den ödipalen Konflikt nicht lösen, daß sie damit zufrieden sind, Männer zu heiraten, die ihrem Vater ähneln, und daß sie unfähig sind, ein starkes Überich zu erwerben. Diese Vermutung wird von »Fe-

25

ministinnen« immer noch angegriffen, die natürlich in psychoanalytischer Theorie nicht bewandert sind. Sie wissen nicht, daß Freud in einer Vorlesung über Weiblichkeit (1932) die Vorstellung aufgab, daß Männlichkeit und Aktivität Synonyme seien. In dieser Vorlesung beschreibt Freud auch das Klima, in dem er seine Neueinschätzung der Frage der weiblichen Psychologie mit seinen Kolleginnen erörterte:

»... jedesmal, wenn eine Vergleichung zu Ungunsten ihres Geschlechts auszufallen schien, konnten unsere Damen den Verdacht äußern, daß wir, die männlichen Analytiker, gewisse tief eingewurzelte Vorurteile gegen die Weiblichkeit nicht überwunden hätten, was sich nun durch die Parteilichkeit unserer Forschung strafte« (S. 123).

Feministinnen kennen weder Jacobsons Revisionen der Freudschen Irrtümer über die weibliche Psychologie, noch wissen sie, daß moderne Psychoanalytiker sogar über Jacobson hinausgegangen sind. Die meisten Vorstellungen Freuds über dieses Thema wurden inzwischen aufgegeben oder revidiert. So wird beispielsweise der Penisneid als Metapher betrachtet (Grossman & Stewart, 1976).

Jacobson gelangt durch ihre Beweisführung zu dem Schluß, daß das Überich des Mädchens früher entwickelt und weitaus stärker ist als das des Knaben. Bereits im zweiten Lebensjahr beginnt sich das kleine Mädchen mit der Erkenntnis des anatomischen Geschlechtsunterschiedes und dem Erwerb der Geschlechtsidentität mit Stärke zu identifizieren und als Folge der Reinlichkeitsgewöhnung mit Sauberkeit. Es wird zu einem guten, sauberen, gehorsamen kleinen Mädchen, das phallische Strebungen auf seinen ganzen Körper überträgt statt auf sein als inadäquat wahrgenommenes Genitale. Sein Ich-Ideal wird die körperliche Anziehungskraft. Es erwirbt hohe moralische Werte, entwertet seine Mutter ein wenig und wendet sich dem Vater zu, womit es eine heterosexuelle Objektwahl trifft. Im späteren Leben braucht das Mädchen nicht, wie Freud glaubte, an diese inzestuöse Objektwahl gebunden zu bleiben, sondern es kann den ödipalen Konflikt ebenso lösen wie der

Knabe – aus Liebe zum gleichgeschlechtlichen Elternteil, welche die Rivalität übersteigt. Es ist dadurch imstande, zur phasenspezifischen Zeit einen nichtinzestuösen Lebenspartner zu wählen.

Jacobson hat auch einen hervorragenden Beitrag zur Psychologie der Depression geleistet. Die Wurzeln der Depression liegen nach ihrer Meinung im Gegensatz zwischen Wunschbildern des Selbst und dem Bild eines scheiternden Selbst. Dies hängt mit dem Verlassenwerden durch Objektbilder zusammen, insbesondere wenn diese sehr schwere Form des Objektverlusts eintritt, bevor eine separate Identität errichtet wurde.

Spitz

Spitz gibt eine exakte Darstellung des Vorgangs, durch den das Ich organisiert wird. Die Organisation erfolgt innerhalb der wechselseitigen Beziehung der Mutter-Kind-Dyade, in der Kommunikation mittels affektiven Austauschs stattfindet. Wiederum sehen wir, daß Objektbeziehungstheorie und Ich-Psychologie untrennbar sind.

Zum Vergleich bedient sich Spitz der Embryologie, wo bekannt ist, daß verpflanztes Gewebe vor der Organisation die Eigenschaften des umgebenden Gewebes annimmt. Doch nachdem Organisation und Spezialisierung erfolgt sind, ist das nicht mehr möglich, weil das Gewebe eine »Identität« erworben hat. Spitz geht davon aus, daß die Psyche eine ähnliche Organisation durchmacht. Das ist eine der wenigen Entdeckungen in der psychoanalytischen Theoriebildung, die experimentell bewiesen werden kann, weil jeder der Organisatoren einen beobachtbaren Indikator aufweist, der anzeigt, daß ein gewisses Maß an Organisation stattgefunden hat. Wenn die Organisation mißlingt oder verzögert wird, fehlt der Indikator zur phasengerechten Zeit.

Ein wichtiger Beitrag zu einer Theorie der Objektbeziehungen ist Spitz' sorgfältige Unterscheidung zwischen Menschen und einigen anderen Tieren. Menschen sind altrizial – das heißt, sie sind nach der Geburt lange Zeit unfähig, sich selbst zu versorgen. Viele Tiere sind präkozial – das heißt, sie können bei oder kurz nach der Geburt relativ unabhängig von der Mutter existieren. Deshalb ist eine simple Extrapolation aus Tierexperimenten wahrscheinlich ungenau. Die erste, sehr primitive Form einer Objektbeziehung dient beim Menschen dem Überleben.

Integriert man Spitz' Erkenntnisse in die Gedanken seiner Vorgänger – Hartmann und Jacobson –, kann man die innerlichen Verschiebungen verstehen, die in den ersten Lebenswochen stattfinden, wenn Selbst- und Objektbilder – natürlich verschmolzen – durch affektive Erfahrung erworben werden und die Organisation eines embryonalen Ichs ihren Anfang nimmt.

Es war Glover (1932), der die These aufstellte, daß das Ich aus »Kernen« gebildet werde, die durch affektive Erfahrungen entstehen. Wenn ähnliche Kerne zusammentreffen, kommt es zu Bündeln, die »Inseln« bilden. Diese vermehren sich, vereinigen sich zu dem »Kontinent« oder der Struktur, die das Ich ist. Zwar hatte schon Freud darauf hingewiesen, daß das Ich aus der Erfahrung mit der Außenwelt hervorgeht, doch Glover deutete als erster an, daß diese Entwicklung eine Form von Organisation ist.

Der erste Indikator, daß eine Organisation begonnen hat, ist die Lächelreaktion. Die Wahrnehmung hat sich von innen auf die Außenwelt verschoben. Gefühl ist mit Intentionalität verbunden. Das Kind kann einem menschlichen Gesicht in Bewegung zulächeln, weil diese Konfiguration bei normaler Entwicklung zu einem erkennbaren Ganzen organisiert und mit vorwiegend positivem Erleben besetzt worden ist. Die Lächelreaktion zeigt an, daß eine rudimentäre Organisation vorhanden ist und soziale Beziehungen angefangen haben.

Auf der nächsten Stufe der Organisation wird die spezifische bemutternde Person erkannt und von Fremden unterschieden. Dies ist ein großer Schritt vorwärts in der Ich-Organisation und in der Entwicklung von Objektbeziehungen, der die Fähigkeit, Objektbilder zu besetzen, erweitert, während durch neuerworbene Wahrnehmungsfähigkeiten ein menschliches Gesicht vom anderen unterschieden werden kann. Auf diese Weise stellt der Säugling eine spezifische Verbindung zum *eigentlichen libidinösen Objekt* her.

Auf der dritten Stufe der Ich-Organisation, der sprachlichen Kommunikation, wird eine neue, qualitativ verschiedene Ebene der Objektbeziehungen erreicht. Das differenzierende Kind muß nun verbal und nicht länger mit Hilfe koenästhetischen Fühlens kommunizieren, wie es für den stärker verschmolzenen Zustand kennzeichnend war. Doch das Sprechen allein ist an sich kein Organisationsindikator. Fast jeder, selbst der mutistische Psychotiker auf narzißtischer Ebene, weiß, wie man spricht. Die Benutzung der Sprache zum Zwecke semantischer Kommunikation schließt das Bewußtsein ein, daß Objektbilder von Selbstbildern getrennt sind, sowie die Absicht, über Ich-Grenzen hinweg zu kommunizieren. Dies wird das ganze Leben hindurch die wichtigste Kommunikationsweise bleiben, abgesehen von gewissen Ausnahmen bei vorübergehender reversibler Verschmelzung um der Lust willen oder bei künstlerischer Kreativität (Kris, 1952).

Die Synchronität wird wegen der entscheidenden Bedeutung der Aufrechterhaltung der Homöostase unterstrichen. Es gibt *kritische Phasen*, in denen die biologische Reifung mit der psychischen Entwicklung zusammenfließen muß.

Spitz faßt seinen Begriff der Ich-Organisation wie folgt zusammen:

»Der erste Organisator der Psyche strukturiert die Wahrnehmung und errichtet die Anfänge des Ichs. Der zweite integriert Objektbeziehungen in die Triebe und etabliert das Ich als eine organisierte psychische Struktur mit einer Mannigfaltigkeit von Systemen, Apparaten und Funktionen. Der dritte Organisator schließlich öffnet den Weg für die Entwicklung der Objektbeziehungen auf der eigentlich menschlichen Ebene, der Ebene der semantischen Kommunikation.

Dadurch wird gleichzeitig die Bildung des Selbst und die Aufnahme sozialer Beziehungen auf dem menschlichen Niveau möglich« (1959, S. 95).

Mahler

Mahler begann ihre Forschungstätigkeit mit der Untersuchung von Psychosen im Kindesalter (1952, 1953). Sie stellte die schweren Störungen des Selbst und der Objektbeziehungen in der Psychose fest. Dies veranlaßte sie zunächst zu ihrer bahnbrechenden Untersuchung normaler Mutter-Kind-Paare, in der sie überzeugend darstellt, wie die normale Entwicklung innerhalb der Dyade verläuft. Die Ergebnisse dieser Untersuchung sind zum Schlüssel für das Verständnis der normalen Entwicklung, pathologischer Abweichungen und pathogener Potentiale geworden, die mitunter einer primären Verhütung zugänglich sind. Diese Ergebnisse ebnen ferner den Weg zur Ausarbeitung von Behandlungsmethoden für die ungenügend strukturierten Persönlichkeiten von Kindern und Erwachsenen. Mehr als jeder andere Forscher hat Mahler die bis dahin dunklen Bereiche der sogenannten Borderline- und narzißtischen Störungen erhellt.

Sie entdeckte, daß es drei Hauptphasen der frühen Entwicklung gibt, die sie als *autistisch* und *symbiotisch* sowie als *Loslösung und Individuation* bezeichnete. In ihren späteren Arbeiten beschreibt sie Loslösung und Individuation nicht mehr als eine Phase, sondern als einen Prozeß mit vier Subphasen.

Spitz und Mahler schufen das Muster einer künftigen Kindesbeobachtung, die psychoanalytische Rückschlüsse einbezieht. Einige bezichtigen sie adultomorpher Spekulation (Kohut, 1971), andere behaupten, daß die Psychoanalyse Erwachsener die einzige gültige Quelle psychoanalytischer Schlußfolgerungen sei. Die meisten Psychoanalytiker, Freud (1920 b) eingeschlossen, glauben, daß nur die kombinierten Ergebnisse von Kindesbeobachtung und Erforschung der Pathologie Erwachsener zu tieferen Erkenntnissen führen könne. Insoweit die Psychoanalyse als Theorie eine Wissenschaft ist, bleibt festzuhalten, daß Wissenschaftler Daten aus sämtlichen Quellen begrüßen.

Stern (1976) stellt angesichts seiner eigenen Beobachtung von Neugeborenen und der anderer (Brazelton und Robey, 1965) Mahlers Befund in Frage, daß es eine autistische Phase gebe. Jene Untersuchungen zeigen in der Tat, daß das Neugeborene früher auf die Außenwelt reagiert, als bisher angenommen wurde. Es gibt glaubwürdige Filmaufnahmen und Videobänder von Säuglingen, die kurz nach der Geburt selektiv auf den Stimmklang der Mutter reagieren und ihre Mundbewegungen zu imitieren scheinen. Doch ob solche Verhaltensweisen wirklich als Beweis dafür gelten können, daß die Objektwelt so bald nach der Geburt bewußt wahrgenommen wird, bleibt fraglich. Bewiesen ist, daß es eine größere Aufgewecktheit und mehr Reaktionen auf Reize gibt, als man zuvor annahm. Wir glauben, daß dies eine Revision der langgehegten Überzeugung erfordert, das Neugeborene benötige eine hohe Reizschranke, doch wir können nicht daraus schließen, daß Selbst- und Objektbilder bei der Geburt existieren. Dies bleibt unbewiesen, und angesichts der nunmehr zur Verfügung stehenden Entwicklungstheorie ist es unwahrscheinlich, daß ein solcher Organisationsgrad so früh vorhanden sein kann. Mahler (persönliche Mitteilung) weist darauf hin, daß es technologische Fortschritte möglich machen, kleinste Einzelheiten neugeborenen Lebens zu erforschen, die zu einer Revision ihres Begriffs der autistischen Phase und zur Änderung ihres Zeitschemas, aber auch zu anderen Schlüssen führen könnten. Eine genauere Beobachtung normaler Kinder läßt vermuten, daß auch Spitz' Zeitschema revidiert werden müßte, doch macht dies seine Schlußfolgerungen nicht hinfällig.

Während die Vorstellung einer autistischen Phase vielleicht einer Nachprüfung bedarf, besteht kein Zweifel, daß die nächste Phase – die Symbiose – die Grundlage für den Eintritt des Kindes in die Objektwelt bildet. In dieser Phase vereinigen sich Selbst- und Objektbilder zum Zweck der Kumulation wesentlicher affektiver Selbst- und Objekterfahrungen. Während der

Symbiose wird durch das Erleben des Einsseins eine Form von Objektbeziehungen geschaffen, die dem Säugling eine grundlegende, das ganze Leben andauernde Befriedigung bereitet. Sie wird zur Schablone für alle künftigen Befriedigungen sowie für Empathie und Liebe, und sie ist ein Ort für eine vorübergehende reversible Regression in Augenblicken der Lust. Wo die Fähigkeit, in die symbiotische Einheit einzutreten, infolge einer angeborenen Unfähigkeit, aus der Umwelt Nutzen zu ziehen, mangelhaft ist, ist symbiotische Erfüllung unerreichbar, und das Kind tritt nicht in die Objektwelt ein. Durch diese Beobachtung ermöglicht Mahler eine Einsicht in die Kindheitspsychose und in die Prädisposition zu einer psychotischen Pathologie im späteren Leben.

Darauf beruht der Unterschied zwischen unserer und der psychiatrischen Auffassung vom Ausbruch einer Psychose, als handle es sich um etwas Ähnliches wie eine physische Erkrankung, die einen gesunden Körper befällt. Wir sprechen hingegen von einer psychotischen Struktur, einer Prädisposition zur Psychose, die durch inadäquates symbiotisches Erleben hervorgerufen wird. Deshalb kann ein Individuum die Adoleszenz oder sogar das Erwachsenenalter ohne erkennbare psychotische Manifestationen erreichen und erst offensichtlich psychotisch werden, wenn äußerer Druck oder die Belastung durch Entwicklungsaufgaben für die zerbrechliche Struktur zu stark werden. Die Belastung durch die Adoleszenz, die lange als »beste Zeit« für den Ausbruch einer Schizophrenie bekannt war, führt dort, wo die Struktur bereits inadäquat ist, zur »Dementia praecox«. Die besten Vergleiche, die sich in einem medizinischen Modell finden lassen, sind die latenten genetischen Potentiale, die nicht immer zum offenen Ausbruch einer Krankheit führen, oder Krankheiten wie die Syphilis, wo das Individuum viele Jahre gesund erscheint, bevor sekundäre und tertiäre Symptome auftreten. Nach unserer Auffassung bricht eine gesunde Struktur unter gewöhnlichen Lebensbedingungen nicht zusammen. Wenn es bei adäquater Struktur zum Zusammenbruch kommen soll, muß ein außergewöhnliches Trauma vorliegen (siehe auch 12. Kapitel).

Mit ihrer Beobachtung der angeborenen Fähigkeit, aus der Umwelt Nutzen zu ziehen, zerstört Mahler die oft vertretene Vorstellung von der schizophrenogenen Mutter. Die der undifferenzierten Matrix entstammende Ausstattung entscheidet darüber, ob das Kind in die Symbiose eintreten kann. Besitzt das Kind diese Fähigkeit nicht, nützen die Bemühungen der Mutter wenig. Manchen Kindern kann durch eine ungewöhnliche Anstrengung seitens der Mutter bis zu einem gewissen Grad geholfen werden, aber grundsätzlich ist es das Kind, das bei der Nutzung dessen, was die Umwelt zu bieten hat, seine Rolle spielen muß. Nach Mahlers eigenen Worten entfällt der Löwenanteil an Anpassungsprozessen auf das Kind, das sich auf dem Höhepunkt der Anpassungsfähigkeit befindet. Wir entdecken hier einige interessante Implikationen für die Behandlung, einschließlich der »Arbeitsteilung« zwischen Patient und Therapeut, über die wir weiteres sagen werden.

Mahler verändert die Objektbeziehungstheorie radikal. Das Kind kann nicht als unbeschriebenes Blatt betrachtet werden, auf das man Erfahrung stanzt. Objektbeziehungen erwachsen aus einem wechselseitigen Vorgang, bei dem das Kind, entsprechend seiner einzigartigen Ausstattung, eine beherrschende Rolle spielt. Daraus ergibt sich, daß die Objektbeziehungstheorie weit mehr beinhaltet als die simple Einwirkung der Umwelt auf das Kind; sie ist unendlich komplexer, indem sie Aktion, Reaktion und Interaktion einschließt.

Die Symbiose, die unter der Herrschaft der Libido gestanden hat, schwindet dahin, sobald der Aggressionstrieb die Oberhand gewinnt, um den Schub in den Loslösungs- und Individuationsprozeß anzutreiben. In der normalen Familiensituation führt das wachsende Interesse des Kindes an der Objektwelt den Vater in diese Welt hinein; er bestärkt das Kind in seiner Loslösungstendenz und lockt es aus der Symbiose heraus (Greenacre, 1972). Auch die Mutter muß das Kind sanft aus dem Nest schubsen, sobald sie seine Bereitschaft zu einem Mindestmaß an Loslösung spürt. Es gibt demnach drei Faktoren, die das Kind in den Loslösungs- und Individuationsprozeß hineintreiben – das Übergewicht des Aggressionstriebes, welches die Ausübung von Entwicklungsfunktionen erfordert, das zunehmende Interesse an der größeren Objektwelt, wobei der Vater diese Welt aktiv interessant macht, und die Fähigkeit der Mutter, ihr symbiotisches Bedürfnis nach dem Kind aufzugeben, sobald das Bedürfnis des Kindes nach Loslösung deutlich wird. Die Mutter der Symbiose muß zur phasenspezifischen Zeit zur Mutter von Loslösung und Individuation werden.

In der ersten Subphase des Loslösungs- und Individuationsprozesses – der Differenzierung – wird sich das Kind allmählich der Unterschiede zwischen Selbst- und Objektbildern bewußt. Die zweite Subphase – die Übungsphase – führt zunächst zur vierfüßigen und dann zur zweifüßigen Fortbewegung, die das Kind in die Lage versetzt, die weitere Welt zu erforschen und den Affekt, das Hochgefühl, zu erleben, das so entscheidend für die Entwicklung des Selbstwertgefühls und der Unternehmungslust ist. Die nächste Subphase – die Wiederannäherung – wird dadurch eingeleitet, daß dem Kind in zunehmendem Maße bewußt wird, wie allein, klein und verletzlich es in einer sehr großen Welt ist. Die daraus folgende Trennungsangst führt zu einer erneuten Rückkehr zur »Heimatbasis«. Dieser Schritt, der nur scheinbar ein Rückschritt ist, stellt in Wahrheit eine Regression im Dienste der Entwicklung dar. Er muß von der Mutter begrüßt werden, wenn das Kind ohne Schwierigkeiten in die nächste Subphase – sie wird »Auf dem Weg zur Objektkonstanz« genannt – eintreten soll. Wenn die Wiederannäherung nicht befriedigend verläuft, erlebt das Kind eine schwere Enttäuschung. Mahler glaubt, daß diese es zur Depression prädisponiere.

Das Ende der vierten Subphase – »Auf dem Weg zur Objektkonstanz« – wird absichtlich offengelassen, weil Mahler klarmachen möchte, daß es für diesen Vorgang keinen Zeitplan gibt.

Es ist wichtig, zu betonen, daß es sich nicht um ein allzu vereinfachtes Entwicklungsschema handelt, welches sich regelmäßig wiederholt. Unsere eigene Vorstellung von Organisation, die wir im vorliegenden Buch durchgehend behandeln werden, schließt eine solche Systematisierung aus. Darüber hinaus ist davon auszugehen, daß die Entwicklung als solche mit ihren Fortschritten, Rückschritten, Verdichtungen und Verzerrungen schon in der ersten Runde, wenn eine Phase eher regelmäßiger als unregelmäßiger auf die andere folgt, Überschneidungen, Regressionen und vor allem individuelle und einzigartige Ausgestaltungen dieses grundlegenden Entwicklungsmusters nahelegt.

G. Blanck und R. Blanck

G. Blanck (1966) interessierten bereits die technischen Implikationen der Ich-Psychologie für die Psychoanalyse der strukturierten Persönlichkeiten sowie für die Therapie der ungenügend strukturierten Persönlichkeiten, als die Ich-Psychologie lediglich als interessant betrachtet, ihr aber kein besonderer technischer Wert beigemessen wurde (Loewenstein, 1951). Das war das Klima in der damaligen psychoanalytischen Welt, obwohl Hartmann 1951 über *Technische Implikationen der Ich-Psychologie* geschrieben und Kris 1956 eine Reihe von Aufsätzen über Technik veröffentlicht hatte.

R. Blanck (1965) schrieb über den größeren Wert einer individuellen Behandlung, als Gruppen-Psychotherapien im Schwange waren. Wir benutzten R. Blancks (1967) klinische Erfahrung in der Eheberatung in Verbindung mit den wachsenden Erkenntnissen über die Ich-Psychologie und verfaßten (1968) gemeinsam ein Buch über die Ehe, das die moderne Ich-Psychologie mit der psychoanalytischen Theorie als Ganzer kombiniert, um zu zeigen, daß die Ehe eine Entwicklungsphase mit phasenspezifischen Aufgaben ist. Dazu gehören unter anderem: eine weitere Runde in der fortdauernden Lösung des Ödipuskomplexes und die Verminderung ödipaler Strebungen durch die Wahl eines nichtinzestuösen Partners der eigenen Generation, psychische wie physische Trennung von den primären Objekten, Vorbereitung auf die Elternschaft.

Unser zweites Buch – *Angewandte Ich-Psychologie* (1974) –

ist die Frucht unseres Lehrens am *Institute for the Study of Psychotherapy*. Da wir Erfahrungen in der Erstellung von Lehrplänen für die psychoanalytische Ausbildung gesammelt hatten, gingen wir nun daran, einen Lehrplan für die Ausbildung von Psychotherapeuten vorzulegen, die ungenügend strukturierte Persönlichkeiten ohne systematisierte Technik behandelten. Als Lehrbuch für Psychotherapie geplant, faßt dieses Werk die Beiträge der wichtigsten Ich-Psychologen zusammen und bietet ausgearbeitete Behandlungstechniken an. Im theoretischen Teil wird der Verlauf der Ich-psychologischen Theoriebildung umrissen und ihre Kombination mit dem Kernbestand der psychoanalytischen Theorie dargestellt. Bis dahin war die Komplementarität der Arbeiten der verschiedenen Ich-Psychologen nicht zu einem einzigen Wissensschatz verbunden worden.

In diesem Buch wird auch auf Freuds (1912 b) Anerkennung des Widerstands als »das größte Ausmaß von Hilfeleistung« (S. 381) für die Behandlung zurückverwiesen, weil einige Autoren, die sich mit Technik beschäftigen (Fenichel, 1941; Menninger, 1958; Greenson, 1967) den Widerstand als Hindernis für die therapeutischen Bemühungen darzustellen pflegen. Der Begriff des wohltätigen Klimas, den auch Freud verwendet und Sharpe (1950) unterstreicht, wird wiederbelebt. Ein neues Modell einer deskriptiven Entwicklungsdiagnose, die wir 1968 erstmals vorgestellt hatten, wird revidiert, ausgedehnt und weiter ausgestaltet. Die Art, wie sich präverbales Erleben in der Übertragung widerspiegelt, wird als Werkzeug zur Rekonstruktion früher Lebenserfahrung beschrieben. Der Konflikt als einzige Ursache pathologischer Entwicklung verlor seine Exklusivität, als Überlegungen über eine konfliktfreie Sphäre und die Anpassung hinzukamen.

In unserem Buch *Ich-Psychologie II: Psychoanalytische Entwicklungspsychologie* (1979) gehen wir über eine Synthese der Arbeiten anderer hinaus, indem wir neue Postulate auf der Grundlage unserer eigenen klinischen Erfahrung aufstellen. Wir erinnerten uns aus den allerersten Jahren unserer Ausbildung, daß die Lehrer sehr darauf achteten, Trieb von Affekt zu unterscheiden, und stellten einigermaßen überrascht fest, daß diese Unterscheidung im Laufe der Jahre verlorengegangen war. In psychoanalytischen Veröffentlichungen wird bis zum heutigen Tage von Aggressionstrieb gesprochen, wo *Feindseligkeit* gemeint ist. Selbst jene, die behaupten, daß die Affekte vom Trieb getragen werden, befinden sich im Irrtum, wenn sie die Quelle mit ihrem Abkömmling verwechseln.

Wir studierten nochmals Freuds Schriften über die Triebtheorie und fanden, daß seine letzte Feststellung über die Triebe (1940) lautet, die Libido sei die Kraft, die Verbindungen herzustellen und immer größere Einheiten zu schaffen versucht, während der Aggressionstrieb die Kraft sei, die Verbindungen aufzulösen und damit zu zerstören trachtet. Daß die Lockerung von Verbindungen destruktiv sei, spiegelt Freuds Festhalten am Begriff des Todestriebs (1920 a) wider. Die Ich-Psychologen haben gezeigt, daß die Lockerung von Verbindungen auf einer Stufe des Entwicklungsprozesses zur Aufnahme von Verbindungen auf der nächsthöheren Ebene führt.

Wir verbessern auch unser Diagnoseschema durch die Hinzufügung eines *Angelpunkts der Entwicklung (Fulcrum of Development)* mit vierzehn Entwicklungsmerkmalen, die in Betracht gezogen werden müssen, um zu einer Diagnose in bezug auf die Behandlung zu gelangen. Wir zeigen, daß an diesem Angelpunkt, der entwicklungsmäßig mit der Subphase der Wiederannäherung zusammenfällt, eine Verschiebung vom interpersonalen zum intrapsychischen Modus erfolgt. Auseinandersetzungen zwischen Selbst- und Objektrepräsentanzen finden nun eher innerhalb des Ichs und nicht ausschließlich mit dem äußeren Objekt in der Realität statt. Der Konflikt ist sowohl intrasystemisch als intersystemisch. Man besitzt nunmehr die Fähigkeit, Angst als Signal zu nutzen und komplexe Abwehrmechanismen zu verwenden. Dieses Schema dient dem besseren diagnostischen Verständnis nicht nur der strukturierten, sondern auch der ungenügend strukturierten Persönlichkeit – das heißt jener Individuen, die die zur Strukturierung führenden Entwicklungsaufgaben nicht voll bewältigt haben. Wir stellen neue Überlegungen zum sehr wichtigen technischen Problem der Übertragung an. Ausgehend von unseren Schlußfolgerungen hinsichtlich der Strukturierung und von Mahlers Entdeckung, daß das prästrukturelle Leben interpersonal ist, ergibt sich aus unserer klinischen Erfahrung, daß der ungenügend strukturierte Patient den Therapeuten eher als reales denn als Übertragungsobjekt zu benutzen versucht. Wir überprüfen den Begriff der deutbaren Übertragung, der dort in Frage kommt, wo der Patient genügend Struktur besitzt, um Beziehungen zu primären Objekten unterhalten zu haben, die einen ganzheitlichen, separaten Status hatten. Wir glauben, daß dieses Entwicklungsphänomen solche Menschen im Verlauf der psychoanalytischen Behandlung zur Verschiebung auf den Analytiker befähigt. Patienten, die den Angelpunkt nicht erfolgreich bewältigt haben, befinden sich noch in akuter Auseinandersetzung mit primären Objektrepräsentanzen. Dies bedeutet keine Verschiebung von der Vergangenheit in die Gegenwart; es ist ein Fortbestehen primärer Objektbedürfnisse. Wir stellten in der Behandlungssituation fest, daß solche »Übertragungen« undeutbar (aber nicht unveränderlich) sind, weil sie sich im Hier und Jetzt abspielen. Wir beschreiben die Pathologie als Ergebnis eines Entwicklungsrückstands, einer Regression oder einer Kombination von beiden. Wir unterscheiden normalen Narzißmus von narzißtischer Pathologie, indem wir letztere als pathologische Entwicklung der Objektbeziehungen definieren, die aus einem Ungleichgewicht der Besetzung von Selbst- und Objektrepräsentanzen resultiert.

Von diesen Überlegungen ausgehend, entwickeln wir Ichbildende Techniken für die ungenügend strukturierten Persönlichkeiten in einem therapeutischen Klima, das Gelegenheit zur Strukturierung bietet. Wir fanden bei unserer klinischen Arbeit, daß manche Patienten ungeachtet der traditionellen diagnostischen Kategorien, in die sie fielen, so geringe Reorganisationsfähigkeiten besaßen, daß die Prognose schlecht war. Bei anderen hingegen, die über bessere Reorganisationsfähigkeiten verfügen, kann mit therapeutischer Hilfe eine beträchtliche Besserung erzielt werden. Es gibt sogar einige ungenügend strukturierte Persönlichkeiten, die bei angemessener Behandlung Struktur erwerben und schließlich eine klassische Psychoanalyse einer echten Übertragungsneurose aufnehmen können.

2 Das übergeordnete Überich

Wenn wir chronologisch vorge-
hen müßten, fänden wir es korrekter, das Ich zu behandeln, bevor
wir uns der Betrachtung des Überichs zuwenden. Sieht man die
Geschichte der psychoanalytischen Theoriebildung in ihrem zeitlichen Ablauf, so entwickelte Freud viele Jahre hindurch in seinem Werk den Begriff des Ichs, bevor er den Überich-Begriff
einführen konnte. In der Chronologie der Entwicklungstheorie
tritt das Ich vor dem Überich ins Leben. Hier kehren wir diese
Ordnung jedoch um, weil wir auf den Beiträgen bestimmter
Theoretiker, vornehmlich Jacobsons, aufbauen möchten, die den
Begriff des Überichs benutzen, um Freuds Gedanken über eine
übergeordnete Struktur weiter auszuführen.

Diese Ideen ziehen sich durch die Literatur, wobei viele von
ihnen beiläufig erwähnt werden, während sich die Autoren auf
andere Themen konzentrieren. So gehen theoretische Implikationen von großer Bedeutung in Nebenbemerkungen und Fuß-
noten fast unter. Wir entreißen diese Ideen ihrer relativen Obskurität, um den Begriff der übergeordneten Struktur jenseits
der Strukturtheorie in ein helleres Licht zu rücken. Damit wird
die Theorie auf eine neue Abstraktionsebene gehoben und unvermeidlich zu technischen Verfeinerungen beitragen.

Freud (1923) gab seiner Einführung der Strukturtheorie den
Titel *Das Ich und das Es*. Doch ein größerer Teil dieser Arbeit ist
der Definition und der Beschreibung des Überichs gewidmet.
Das kommt daher, weil er in *Massenpsychologie und Ich-Analyse* (1921) seine Gedanken über das Ich bereits recht klar ausge-
arbeitet hatte und deshalb die Arbeit von 1923 benutzte, um die
dreistufige Theorie insgesamt weiter auszugestalten. Er definierte das Überich als eine differenzierte Stufe im Ich, die auf der
Umwandlung von Objektbesetzungen in Identifizierungen beruht. Hier sehen wir, daß sich Freud, lange bevor Objektbeziehungen als spezifische Faktoren der Theoriebildung erkannt

wurden, bewußt war, daß das Überich stärker als jeder andere strukturelle Aspekt Identifizierungen, d. h. Objektbeziehungen, zu seiner Bildung benötigt.

Die Triebe werden von den meisten Theoretikern als angeboren betrachtet. Eine Ausnahme ist Loewald (1980), der glaubt, daß sich die Triebe durch Interaktion mit dem Objekt entwickeln. Jacobson folgt Hartmann in der Annahme, daß die Triebe aus der undifferenzierten Matrix hervorgehen, und sie fügt hinzu, daß sie sich unter den Auspizien adäquater Bemutterung in Libido und Aggressionstrieb scheiden.

Das Ich entsteht, laut Freud, indem das Es in Kontakt mit der Außenwelt tritt. Laut Hartmann gehen sowohl Ich als auch Es aus der undifferenzierten Matrix hervor. Hartmann erklärt auch, daß es eine konfliktfreie Sphäre des Ichs gebe, die sich in gewisser Hinsicht außerhalb von Objektbeziehungen und unabhängig von Konflikten entwickle. Natürlich wäre ein solches Ich nicht in der Lage, sich mit der Objektwelt auseinanderzusetzen, weil sich die Funktionen, die von der Interaktion mit einem Objekt abhängen, nicht entfaltet hätten. Dennoch gibt es Individuen, die im Bereich des Selbst und der Objektbeziehungen strukturell schwer geschädigt sind, aber konfliktfrei zu funktionieren vermögen. Solche Menschen erwecken den Eindruck, in der Welt zurechtkommen zu können, solange ihre Aktivitäten keine Rücksicht auf andere erfordern. Doch diejenigen mit inadäquater Überich-Entwicklung, die sogenannten Psychopathen und Soziopathen, besitzen die sozialen, ethischen und moralischen Werte nicht, die nur durch die Interaktion zwischen Selbst- und Objektbildern in den Entwicklungsjahren erworben werden können. Dazu sagt Freud: »... die Wirkungen der ersten, im frühesten Alter erfolgten Identifizierungen werden allgemeine und nachhaltige sein« (1923, S. 259).

Theoretiker – selbst jene, die so klar schreiben wie Freud – müssen manchmal eine elegantere Erklärung bei den Dichtern suchen. Freud zitiert Goethe zum Thema Identifizierung: »Was du ererbt von deinen Vätern hast, erwirb es, um es zu besitzen.«

41

Freud mußte um Verständnis für die Vorgänge der »Hereinnahme« ringen, als er seine Vorstellungen mehrere Jahre lang ausarbeitete. Im Jahre 1917 prägte er den Satz: »Der Schatten des Objekts fiel auf das Ich« (1917 a, S. 435), um die Identifizierung zu beschreiben; er betrachtete diesen Vorgang als eine Art der Ersetzung verlorener Objekte.

Seine Gedanken im Jahre 1921 stellen insofern einen Fortschritt gegenüber der früheren Position dar, als er zu glauben begann, Identifizierung entstehe auch aus der neuen Wahrnehmung einer Eigenschaft, die man mit einer anderen Person teilt. Im Jahre 1923 verknüpft er seine Vorstellungen über die Identifizierung mit der Überich-Bildung. Das Überich, so sagt er, hat seinen Ursprung in der ersten Identifizierung, »die vorfiel, solange das Ich noch schwach war, und zweitens [darin], daß es der Erbe des Ödipuskomplexes ist, also die großartigsten Objekte ins Ich einführte« (S. 277).

Trotz der Versuche Freuds, zu größerer Klarheit zu gelangen, bleibt eine beträchtliche Verwirrung hinsichtlich der Unterschiede zwischen den Prozessen – Identifizierung, Einverleibung, Introjektion und sogar Verinnerlichung – bestehen, obgleich sich Schafer (1968), Loewald (1973 a) und Meisner (1972, 1973, 1974, 1976) um Klärung bemüht haben. In unserem früheren Buch (1974) betrachteten wir Verinnerlichung als Gattungsbegriff für die Vorgänge der Hereinnahme, wobei Introjektion und Einverleibung primitivere Prozesse darstellten, während man von der Identifizierung glaubte, daß sie entweder auf einer höheren Ebene oder Seite an Seite mit jenen anderen Vorgängen stattfände. Einige Autoren benutzen *Identifizierung* abwechselnd mit den anderen Bezeichnungen. Da wir jetzt mehr über das Selbst und die Objektbeziehungen wissen, insbesondere über die Übertragung der Funktionen von Objektrepräsentanzen auf Selbstrepräsentanzen, wird die Verwirrung geringer, weil die Bezeichnungen selbst veraltet sind.

Als Termini wie auch als Begriffe sind Introjektion und Einverleibung besonders mangelhaft, weil sie vor dem radikalen Wandel im Denken konzipiert wurden, der durch Einführung

42

der Vorstellung von psychischen Imagines und Repräsentanzen bewirkt wurde. Deshalb behalten sie eine wörtliche Bedeutung; man pflegt bei Introjektion an ein partielles oder ganzes reales Objekt zu denken und bei Einverleibung an eine greifbare Idee, Kritik oder Verbot. Selbst die Bezeichnung *Identifizierung*, obgleich weniger wörtlich zu nehmen, ist verwirrend, weil sie auf zwei verschiedene Arten benutzt wurde – als Abwehrmechanismus und als normaler Entwicklungsprozeß. Hartmann und Loewenstein tragen viel zur Klärung dieser Angelegenheit bei, indem sie darauf hinweisen, daß »die Rolle der Identifizierung, zumindest teilweise, von der Entwicklungsstufe abhängt, auf der sie stattfindet« (1962, S. 52).

Wir gehen davon aus, daß diese Vorgänge nunmehr adäquater als der Prozeß beschrieben werden, durch den Funktionen der Objektrepräsentanzen auf die Selbstrepräsentanzen übertragen werden. Das ist ein wichtiger Aspekt der Strukturbildung. (Dies wird im 7. Kapitel näher ausgeführt.) An dieser Stelle veranschaulichen wir es anhand des recht einfachen Beispiels des kleinen Kindes, das allmählich fähig wird, die täglichen Aufgaben des Anziehens, des Essens und der Körperpflege selbst wahrzunehmen. Das Kind hat diese »Funktionen« erlernt, indem es ihre Ausführung durch das Objekt beobachtete, und mit zunehmendem physischen Vermögen übernimmt es sie. Doch es wäre eine allzu große Vereinfachung, wollte man diesen Vorgang auf den Bereich dessen, was sich leicht beobachten läßt, beschränken. Funktionen wie Werte, affektiv getönte Einstellungen und andere weniger greifbare Aspekte der Objektrepräsentanzen werden ebenfalls auf die Selbstrepräsentanzen übertragen. Um sich das zu veranschaulichen, beachte man Dinge wie Affekte und Einstellungen gegenüber dem Analprodukt, die auf Selbstbilder übertragen und dann durch Reaktionsbildung verstärkt werden. Verdeutlicht wird dies ferner dadurch, daß Einstellungen zum Selbst, durch Einstellungen des Objekts erworben, in Form akzeptierter oder abgelehnter Selbstrepräsentanzen verinnerlicht werden.

43

Die Übertragung von Funktionen der Objektrepräsentanzen auf die Selbstrepräsentanzen geht vom Beginn des Marsches der Entwicklung durch alle Phasen des Lebenszyklus als unaufhörlicher Austausch vor sich. Dies ist eine Objektbeziehungstheorie *par excellence*, weil sie die Tatsache anerkennt, daß es das ganze Leben hindurch eine Auseinandersetzung mit dem Objekt gibt, und weil sie sowohl den Einfluß gegenwärtiger als auch primärer Objekte in Rechnung stellt.

Selbstbild und Objektbild beziehen sich auf spezifische psychische Prozesse, die in bestimmten Augenblicken der Entwicklung ablaufen. Sie enthalten nicht nur eher die Vorstellung psychischer Bilder statt realer Personen, sondern sie umschreiben einen zeitlichen Rahmen. Ein Bild wird etabliert, wenn ein akutes Gefühlserlebnis vorhanden ist, durch welches es erschaffen wird. Wenn diese Bilder zu dauerhafteren Strukturen zusammenfließen, wenn Selbst- und Objektkonstanz erreicht sind, bezeichnen wir sie als Repräsentanzen, um auf ihre Stabilität hinzuweisen (Lichtenberg, 1975). Man wird bemerken, daß die Vorstellung von Bildern, die zu Repräsentanzen werden, Glovers Vorstellung von Ich-Kernen entspricht, die sich mit Erfahrung füllen, mit gleichen Kernen, welche zu »Inseln« zusammenwachsen.

Liest man Freud erneut mit dem Ziel, seinen sich entfaltenden Gedanken über das Überich, seine Bildung und seine Funktionen, nachzugehen, so findet man den Widerschein der unvermeidlichen Ungewißheit, die der Theoriebildung innewohnt. Was ist die psychische Institution, die man Überich nennt? Ist es die strenge, moralistische, strafende Stimme des Gewissens und das Werkzeug der Vergeltung, oder ist es ein System der Regulierung – der Selbst- und Objektbesetzung –, der Bewahrung von Gleichgewicht und Selbstwertgefühl sowie der Wertschätzung des Objekts? Ist das Überich eine entpersonifizierte, beobachtende Instanz, losgelöst vom Ich, die in extremen Fällen feindselige Gehörs- und Gesichtshalluzinationen liefert? Oder ist es eine differenzierte Stufe *im* Ich, Erbe des Ödipuskomplexes, der »was im einzelnen Seelenleben dem Tiefsten angehört hat... zum Höchsten der Menschenseele« (Freud, 1923) macht?

Welche Rolle spielt die Identifizierung bei der Überich-Entwicklung, und welche Funktion hat sie? Ist es der defensive Rückzug, der durch den Verlust der Objektbesetzung bewirkt wird, wie bei der Melancholie? Ist es die Instanz, die sich nur die Härte und Strenge der Eltern ausgesucht hat, um das hilflose Ich, das seiner Gnade ausgeliefert ist, grausam zu behandeln? Oder verkörpert es andere, liebevollere Aspekte der Eltern, und wenn ja, wodurch?

Und ist die Überich-Struktur lediglich in frühen elterlichen Verboten fixiert? Hatte Freud (1923) recht, als er sagte, daß spätere Komponenten nur Eingang ins Ich finden? Oder finden sie auch Eingang ins Überich? Wäre es nützlicher, Überich-Komponenten vom Überich als Struktur zu unterscheiden?

Welche Rolle und Funktion kommt dem Überich bei der Neurose zu? Ist die Neurose das Resultat eines Konflikts zwischen den Forderungen des Es und dem Widerstand des Ichs, geschaffen auf Befehl des Überichs? Oder ist das Zurückbleiben der Ich-Entwicklung hinter der libidinösen Entwicklung die wesentliche Vorbedingung der Neurose? Sind dies die Ursachen schwererer Leidensformen? Ist der Ödipuskomplex eine Folge psychischer Fehlinformation, die triadische Objektbeziehungen und sexuelle Wünsche zu verwirren pflegt? Und welche Rolle spielt der zweiphasige Beginn der Sexualität?

Andere Fragen betreffen die Funktion der Realitätsprüfung, die Freud zeitweise dem Ich und zu anderen Zeiten dem Überich zuschrieb.

Moore und Fine definieren das Überich wie folgt:

»Ein theoretisches Konzept, das jene psychischen Funktionen bezeichnet, die in ihrer manifesten Ausdrucksform moralische Einstellungen, Gewissen und Schuldgefühl darstellen. Es resultiert aus der *Verinnerlichung* der ethischen Maßstäbe der Gesellschaft, in der der Mensch lebt, und entwickelt sich durch *Identifizierung* mit den Einstellungen der Eltern und anderer wichtiger Personen in der Umwelt des

Def.

45

Kindes. Überich-Funktionen können in zwei Kategorien eingeteilt werden: 1) Die beschützenden und belohnenden Funktionen stellen Ideale und Werte auf, die unter dem Terminus *Ich-Ideal* zusammengefaßt werden, 2) die kritischen und strafenden Funktionen, die das Schuldgefühl und die Gewissensqualen wecken. In der *Strukturtheorie* ist das Überich einer von drei Bestandteilen oder Systemen des *psychischen Apparats! Bei Neurosen entstehen Symptome als Kompromisse zwischen den Trieben (Es-Abkömmlinge) und den Kräften, die deren Äußerung zu verbieten oder zu unterdrücken versuchen (Überich). Ein solcher Konflikt wird intersystemisch genannt«* (1967, S. 87).

Diese Definition versucht einige Widersprüche in der Theorie aufzulösen, indem sie dem Überich beschützende und belohnende Funktionen einerseits und kritische und strafende Funktionen andererseits zuschreibt. Doch sie beschränkt sich auf die Betrachtung des intersystemischen Konflikts, ohne auf die komplexe prästrukturelle Entwicklung einzugehen.

Die meisten Theoretiker stimmen darin überein, daß das Überich der Erbe des Ödipuskomplexes sei. Freud (1923) nannte es eine differenzierte Stufe im Ich, die aufgrund des Kampfes des Ichs mit dem ödipalen Konflikt entsteht. Doch die Logik eines entwicklungsbestimmten Gesichtspunkts legt nahe, daß das Überich nicht vollerblüht zu diesem ziemlich späten Zeitpunkt der Entwicklung in Erscheinung treten kann. Hartmann und Loewenstein (1962) klären dieses Problem, indem sie darauf hinweisen, daß es genetische Determinanten des Überichs gibt, die vor der eigentlichen Überich-Bildung entstehen, betonen aber, daß diese keine frühen Überich-Formen seien. Wir (1979) führen ihr Konzept der Überich-Bildung weiter, wobei wir den Terminus *Komponenten* von ihnen übernehmen. Auf einer höheren Integrationsebene werden diese Komponenten später umfassender geordnet und in eine stabilere Struktur mit einem größeren Maß an Konstanz integriert.

Jacobson räumt ein, daß das Überich aus präödipalen Vorstadien hervorgeht, die aus unverbundenen Komponenten bestehen, welche ihren Ursprung in einer Selbst- und Objekt-Bilderwelt verschiedener Trieb- und Ich-Stadien und -Ebenen haben. Sie sagt:

»In dem Maße, wie sich dieses begriffliche und gefühlsmäßige Verständnis entwickelt, reifen die Komponenten der Imagines, ändern sich ihre Inhalte und nehmen abstrakte Qualität an. Erst auf dieser Stufe können einzelne Ideale, richtungweisende, restriktive, billigende und mißbilligende Züge und Haltungen der Eltern und auch die Unterweisungen, die sie dem Kind geben, konstruktiv miteinander in Beziehung gebracht und allmählich zu einem konsistenten organisierten Vorstellungsschatz verbunden werden« (1964, S. 138);

und

»Das Überich seinerseits bringt dann die endgültige Lösung des Inzestproblems zustande und fördert weiterhin den Prozeß der Ich-Reifung, das Wachsen und die Entfaltung personaler Beziehungen und Identifizierungen und die Errichtung eines soliden Abwehrsystems« (S. 137);

und

»Doch es ist ein enormer Schritt von der einfachen moralischen Logik der Kastrationsangst, der Angst vor Bestrafung und Hoffnung auf Belohnung, zu der abstrakten moralischen Ebene eines Überichs, das sich vom Inzest- und Tötungstabu zu einer Garnitur von unpersönlichen, ethischen Prinzipien und Regeln für menschliches Verhalten erweitert hat« (S. 139).

Freuds Verwendung der Bezeichnung *Ich-Ideal* als Synonym von Überich ist auch doppeldeutig. Manche sind der Meinung, daß das Ich-Ideal eine Funktion des Überichs sei. Jacobson beschreibt es als einen besonderen Bereich innerhalb des Überichs, wo die Spannung zwischen dem Ich-Ideal und dem erwünschten Selbstbild Probleme mit dem Selbstwertgefühl schaffen kann. Milrod schlägt vor,

»daß man das Ich-Ideal als mehr oder weniger stabilen Unterbau des Überichs definieren könnte, bestehend aus den

47

für dieses Individuum bedeutungsvollen moralischen und ethischen Werten« (1982, S. 99).

Daß Differenzierungs- und Integrationsprozesse miteinander verwoben sind und in einer endlosen Kette zu nächsthöheren Differenzierungs- und Integrationsebenen führen, ist ein Organisationsprinzip, das viele Unsicherheiten und Diskrepanzen in der Theoriebildung zu versöhnen pflegt. Diese Vorstellung, hauptsächlich von Hartmann und Spitz beigesteuert, ist von großer Bedeutung, indem sie eine gewisse Kohärenz schafft, welche tastendes theoretisches Suchen davor bewahrt, chaotisch zu werden. Von gleicher Bedeutung, wenngleich auf einer anderen Abstraktionsebene, ist die Tatsache, daß der Mensch als ein vollständiges, obschon komplexes Ganzes funktioniert. Das impliziert, daß gewöhnlich ein Gleichgewicht, wie empfindlich und vorübergehend es auch sein mag, zwischen all den Kräften besteht, welche in einem bestimmten Augenblick ihren Einfluß auf das Individuum ausüben sollen. Es gibt ein ganzes Spektrum von Möglichkeiten, die sich qualitativ stark unterscheiden, doch sämtlich dazu bestimmt sind, das Gleichgewicht wiederherzustellen. Dieses Spektrum reicht von neurotischer Kompromißbildung an einem Ende zu Dekompensation und Fragmentierung am anderen Ende.

Stellt man das Problem des Gleichgewichts in den Mittelpunkt seiner Überlegungen, erübrigt es sich, danach zu fragen, welche Institution in einem bestimmten Augenblick wirksam ist. Manchmal sind wir gezwungen, uns vorzustellen, daß ein spezielles Element isoliert vom Ganzen wirkt, doch dies geschieht aus heuristischen Gründen. Manchmal erweist es sich als nützlich, zu überlegen, ob ein Phänomen aus dem Ich oder dem Überich hervorgeht, wenn man an klinischen Details einer bestimmten Situation arbeitet. Doch selbst wenn die Psyche auf diese Weise unterteilt wird, um Funktionen der einen oder anderen Struktur zu studieren, müssen Praktiker wie Theoretiker die ganze Person im Auge behalten.

Freud (1912 b) warnte vor dem Versuch, Patienten in einen bestimmten Bezugsrahmen zu stellen. Er trat dafür ein, daß der Praktiker eine gleichschwebende Aufmerksamkeit bewahre, so daß man Komplexitäten und Widersprüche hören und tolerieren könne, selbst wenn eine solche Haltung der verständlichen menschlichen Neigung entgegensteht, Ordnung und Sicherheit im beobachteten Material zu finden. Wahrscheinlich gehört zu den anspruchsvollsten Forderungen an den Ausübenden des »unmöglichen« Berufs der Psychoanalyse die Fähigkeit, Ungewißheit zu tolerieren, denn sie ist das einzige Mittel, zum wahren Verständnis des Patienten und zu neuen Entdeckungen in der Theoriebildung zu gelangen. Ungewißheit ist nur störend, wenn der Kliniker glaubt, er müsse »wissen«, obgleich vieles unbekannt und unwißbar bleibt. Dies ist ebenso relevant in bezug auf die klinische Praxis wie hinsichtlich der Theoriebildung.

Das Überich ist – wie das Ich – ein Produkt multipler Funktionen und komplexer Differenzierungs- und Integrationsprozesse, ebenso wie alle anderen Aspekte der psychischen Organisation. Wir brauchen deshalb nicht bestürzt zu sein, daß die Überich-Theorie an diesem Punkt nicht mehr liefern kann als einen flüchtigen Eindruck einer nicht ganz verstandenen Struktur, die aus nicht ganz verstandenen Komponenten hervorgeht, welche ihrerseits durch nicht ganz verstandene Verinnerlichungsvorgänge zustande kommen. Wie hoch wir auch die Strukturtheorie schätzen, sie kann in einen Sumpf schlecht definierter Institutionen und Systeme führen, die miteinander im Streit liegen, wenn wir völlige Klarheit und Spezifität hinsichtlich jeder Institution fordern. So ist es zwar eine Tatsache, daß die Erforschung individueller Instanzen von heuristischem Wert ist, daß aber die strukturellen Komponenten wie das umstrittene Kind vor König Salomon nicht auseinandergerissen werden können.

Nach moderner Auffassung ist es ein Entwicklungserfordernis für beide Geschlechter, ödipale Wünsche zu besiegen. Das Überich als Erbe des Ödipuskomplexes ist das Ergebnis eines Kampfes, in dem sich Überich-Komponenten mit dem Ich gegen die ödipalen Wünsche verbünden. Als Verbündete stärken sich

Ich und Überich gegenseitig, und beide gewinnen an Stärke durch die Ausübung der Funktion. Durch den Kampf geeint, werden die Überich-Komponenten zusammengehalten, um als ausgeprägte Struktur hervorzutreten. Das ist der strukturelle Aspekt. Auf der Seite der Objektbeziehungen überwindet die Liebe zum gleichgeschlechtlichen Elternteil die Rivalität. Diesen Aspekt der Überich-Bildung, von Jacobson erstmals vorgestellt, wird von Schafer genauer beschrieben. Er findet,
»daß das Überich einen liebenden und einen geliebten Aspekt aufweist. Es repräsentiert die geliebten und bewunderten ödipalen und präödipalen Eltern, die Liebe, Schutz, Trost und Lenkung bieten, die gewisse ideale und moralische Strukturen, welche für ihre Gesellschaft mehr oder weniger repräsentativ sind, verkörpern und vermitteln, und die, selbst wo sie strafen, die benötigte elterliche Sorge, Kontakt und Liebe zum Ausdruck bringen« (1960, S. 186).
Jacobson sagt:
»Alles in allem stellt das Überich eine Sicherheitsmaßnahme ersten Ranges dar, die das Selbst vor gefährlichen inneren Triebreizen, vor gefährlichen äußeren Reizen und vor narzißtischer Verwundung schützt« (1964, S. 144).
»Ich habe behauptet, daß *die zentralisierte regulierende Macht des Überichs* den Ablauf der selbst- und objektgerichteten Abfuhrprozesse in einheitlicher Weise modifizieren kann« (ibid.; Hervorhebung von uns).
Wenn das Überich zu einem System *sui generis* wird, ist es eine funktionale Einheit, die aus ethischen Prinzipien und Verhaltensregeln besteht.
Jacobson zählt die Funktionen des Überichs auf und fügt einige hinzu, die übergeordnete Qualitäten nahelegen. Davon leiten wir den Gedanken ab, daß es für die Theoriebildung von Nutzen ist, sich Struktur als den Instanzen der Strukturtheorie übergeordnet vorzustellen. Jacobson beschreibt
1. eine regulierende und richtungweisende Funktion,
2. lenkende und selbstkritische Funktionen,
3. eine verstärkende Funktion und

4. die Vermittlung einer neuen affektiven Erfahrung – des Schuldgefühls.

Dies unterscheidet sich nicht von den allgemein akzeptierten Funktionen des Überichs, wie sie Freud beschrieben hat. Jacobson fügt jedoch die nachstehenden hinzu:

5. Bewahrung eines stabilen Gleichgewichts der Triebenergie,
6. Regulierung der Triebabfuhr,
7. Besetzung von Selbst- und Objektrepräsentanzen,
8. Regulierung des Selbstwertgefühls durch Wahrung der Harmonie zwischen Moralkodex und Ich-Manifestationen,
9. Beherrschung von Stimmungen,
10. Regulierung des gesamten Ichzustands und
11. Entwicklung und Bewahrung einer kohärenten, konsistenten Abwehrorganisation.

Die Funktionen 5 bis 11 werden normalerweise nicht als Über-ich-Funktionen betrachtet. Wir glauben, daß Jacobson klarzumachen beabsichtigte, daß diese Funktionen administrativer Art sind. So ist beispielsweise die Abwehrfunktion stets dem Ich zugeschrieben worden. Doch bei der Beschreibung einer kohärenten, konsistenten Abwehrorganisation bezieht sich Jacobson weder auf Abwehren noch auf Abwehrmechanismen, sondern auf die Organisation. Wir erblicken darin den Schlüssel zur Beschreibung von Funktionen, die über die Funktionen 1 bis 4 hinausgehen. Es sind Funktionen, die mit Organisation und Administration im Gegensatz zur Exekution auf einer operationalen Ebene zu tun haben. Tatsächlich beschreibt Jacobson eine Instanz, die den gesamten Ichzustand überschaut. Sie erwähnt nicht, daß sich ihr Denken hier mit Freuds Gedanken über ein übergeordnetes Ich trifft. Man darf jedoch vermuten, daß sie mit Freuds Werk hinreichend vertraut war, um sich seine Vorstellung zu eigen zu machen, daß es Strukturen jenseits der Strukturtheorie gibt.

3 Das übergeordnete Ich

Im Jahr 1921 hatte Freud, kurz bevor er die Strukturtheorie vorlegte, über Struktur im weiten Sinne als auch im engeren Sinne einer dreistufigen Struktur nachzudenken begonnen. Er ließ diesen Gedanken aber auf sich beruhen, vielleicht mit der Absicht, ihn zu einem späteren Zeitpunkt weiterzuentwickeln. Obwohl er seine grundlegende Vorstellung einer Struktur, die den Instanzen der Strukturtheorie übergeordnet ist, nicht wieder aufgriff, kamen andere darauf zurück. Wir haben gezeigt, wie das Konzept von Jacobson auf die Überich-Theorie angewendet wurde. Wir führen das Thema an dieser Stelle weiter aus, um die Vorzüge der Idee eines übergeordneten Ichs für die Theoriebildung darzulegen.

Im Rückblick auf die Geschichte der Entwicklung des *Ich*-Begriffs in Freuds Denken zeigt Hartmann (1964), daß sie mit Freuds (1900) früher Erwähnung einer Gegenkraft oder eines Zensors (woraus später Ich und Überich werden sollten) begann. Schon 1921 hatte Freud gesagt:

»Denken wir daran, daß das Ich nun in die Beziehung eines Objekts zu dem aus ihm entwickelten Ichideal tritt und daß möglicherweise alle Wechselwirkungen, die wir zwischen äußerem Objekt und *Gesamt-Ich* in der Neurosenlehre kennen gelernt haben, auf diesem neuen Schauplatz innerhalb des Ichs zur Wiederholung kommen« (S. 145; Hervorhebung von uns).

Obgleich sein Hauptziel hier nicht rein zufällig die Herausarbeitung der Beziehung zwischen Ich und Ich-Ideal (Überich) ist, führt er ein Gesamt-Ich ein. Die Weiterführung dieses Keims einer Idee wurde verschoben oder in eine andere Richtung gelenkt, weil der zukunftsträchtige Charakter die Theoretiker veranlaßte, ihr Interesse auf Ich und Überich zu konzentrieren, wie sie von Freud 1923 beschrieben wurden. Wir stellen fest:

»Die vorwärtstreibende Kraft der Strukturtheorie ist

solcherart, daß nicht abzusehen ist, wann ihr ungeheures Potential für die Theoriebildung erschöpft sein wird. Nach fast fünfzig Jahren reicht ihre Stoßkraft noch immer weit in die Zukunft« (1972, S. 668).

In den Jahrzehnten nach 1923 folgt die Theoriebildung in der Tat der von der Strukturtheorie vorgezeichneten Richtung. Es wurde modern – wahrscheinlich weil es so bequem ist –, sich militärischer Vergleiche zu bedienen. Freud lieferte das Muster, indem er von Streitkräften sprach. Mit der Aufstellung der Hauptkräfte und ihrer Vorhut kann man Fixierung beschreiben und den Analytiker warnen, sich nicht in die Irre führen zu lassen, wenn er in der Praxis feststellt, daß gewisse Entwicklungsaspekte über das »Hauptheer« hinweggegangen sind. Anna Freuds Arbeit über die Abwehrfunktion des Ichs übernimmt ganz zwanglos diesen deskriptiven Stil. Weil es sich um Konflikt und Abwehr handelt, ist die militärische Metapher an der Tagesordnung. Ein sich verteidigendes Ich wehrt »Angriffe benachbarter Mächte« ab, die in das »umliegende Territorium eindringen«. Als Wilhelm Reichs Arbeiten sich einer kurzlebigen Popularität erfreuten, sprach man vom Charakter»panzer«, einem Wort, das im militärischen Vokabular des Zweiten Weltkriegs einen unrühmlichen Klang bekommen sollte. Auch wir waren nicht immun gegen die Militarisierung der Psychoanalyse, als wir die Metapher eines »vorgeschobenen Artilleriebeobachters« auf den Patienten anwendeten, dessen Aufgabe es ist, die vom Therapeuten »abgefeuerten Salven« zu korrigieren. Eine Konflikttheorie macht diese militärischen Bezeichnungen scheinbar unwiderstehlich. Wir werden aber zeigen, daß Konflikt zwar ein Aspekt der Strukturtheorie ist, doch nicht diese selbst.

Einige Theoretiker verweisen ab und zu auf eine einigende oder ausführende Funktion. Zu ihnen gehören Rangell (unveröffentlichte Arbeit) und Glover, der sagt:

»Kein psychisches Geschehen kann ausschließlich unter dem Aspekt des Triebes, der Ich-Struktur oder eines funktionalen Mechanismus beschrieben werden... Jedes Geschehen

53

sollte auch . . . im Sinne der Beziehung des *Gesamt-Ichs* zu seiner Umwelt betrachtet werden. Dies legt nahe, daß das praktischste (klinische) Kriterium Schwäche oder Stärke auf die Anpassung bezogen werden sollte« (1943, S. 310 f.; Hervorhebung von uns).

Im Jahre 1959 führte Spitz mit seinem Organisationskonzept die Theorie zur Betrachtung des Ichs als eines Ganzen zurück. Seine Beobachtungen veranlaßten ihn, zu beschreiben, wie die Psyche auf immer höheren Integrationsstufen organisiert wird. Der erste Organisator schließt die Erkenntnis der Existenz einer Objektwelt ein, der zweite bezieht sich auf die Errichtung des spezifischen libidinösen Objekts und der dritte auf den ungeheuer erweiterten Umfang der Objektbeziehungen, der durch den Erwerb der semantischen Kommunikation und der Fähigkeit, nein zu sagen, gekennzeichnet ist. Er führt auch den Begriff eines Kraftfeldes ein:

»Auf der Seite der Psyche haben die Entwicklung von Erinnerungssystemen und die Verschiebung von Energie entlang den Erinnerungsspuren zur Möglichkeit eines Aufschubs der Triebabfuhr geführt. Damit wird das *systematische Lenken* von Trieben möglich, ihre Koordination und ihre Abhängigkeit voneinander. Diesen Sachverhalt meinen wir, wenn wir von der Organisation eines Kraftfeldes in der Psyche sprechen« (1959, S. 23 f.; Hervorhebung von uns).

Die Vorstellung eines Kraftfeldes ist für eine einheitliche Theorie so nützlich, weil sie Raum für die Möglichkeit läßt, daß Ansprüche des Es und das Funktionieren des Ichs nicht immer miteinander im Streit liegen müssen, sondern daß sie gelegentlich auch als integrierte Einheit wirken. Selbst auf sehr frühen Differenzierungsstufen gibt es Aspekte von Trieb- und Ichfunktionen, die bereits zu einer kohärenten, wenngleich primitiven Einheit von Verhalten, Funktion und somit Struktur organisiert sind.

Bei der Beschreibung des zweiten Organisators sagt Spitz: »Eine metapsychologische Untersuchung dieser Erscheinungen führt zu der Annahme, daß sich in der zentralen Steuerungsorganisation, im Ich, eine bedeutsame Veränderung vollzogen hat« (1959, S. 36).

Die Bezeichnung *zentrale Steuerungsorganisation* bezieht sich auf die geordnete Ausrichtung von Energie, Affekt und Trieb durch bereits existierende Strukturen sowie auf die zunehmende Fähigkeit zum Verständnis der äußeren Umwelt. Die psychischen Systeme selbst werden koordiniert und durch diese übergeordnete Struktur mit der Umwelt in Einklang gebracht, selbst während sie differenziert werden.

Jacobsons Vorstellungen von den Funktionen des Überichs sind unzweifelhaft durch Überlegungen hinsichtlich einer übergeordneten Struktur beeinflußt. Im nachhinein wird evident, daß sowohl Jacobson als auch Spitz durch Freuds Vorstellungen von einem Gesamt-Ich beeinflußt sind. Diesen Faden nimmt Loewald auf, der sich ganz klar über Freuds Absicht äußert, den Begriff eines übergeordneten Ichs einzuführen, das sich vom Ich der Strukturtheorie unterscheidet. Loewald sagt: »Freud sprach gelegentlich in bezug auf dieses Ich vom ›Gesamt-Ich‹« (1921, S. 145), »wenn er es von dem Ich zu unterscheiden wünschte, das als Gegenstück zu Es und Überich angesehen wird« ([1978] 1980, S. 203).

Wir betrachten die *zentrale Steuerungsorganisation* und das *übergeordnete Ich* als Synonyme. In unserem früheren Buch (1979) nannten wir es den *Organisierungsprozeß*, obgleich es als eine Funktion des Ichs der Strukturtheorie erschien.

Nunmehr können wir darüber hinausgehen. Der Organisierungsprozeß schafft Systeme aufgrund wiederholter Erfahrung, die nach einer anfänglichen Übergangsperiode eher stabiler als schwächer werden. Hartmann (1939) bezeichnet diese Systeme als *Automatismen* und bemerkt, daß sie für die Erhaltung psychischer Energie entscheidend sind. Wir erweitern den Begriff der Automatismen, indem wir nahelegen, daß sie sich mittels wiederholter prototypischer Erfahrungen entwickeln, die durch die Verwendung spezifischer Wege, Programme, Abwehren und Anpassungen zum Zwecke ständig wachsender Stabilität zu kohärenter Organisation gelangen. Sie bestehen aus physischen Handlungen, Abwehrarrangements, Gedächtnisstrukturen, integrativen Funktionen und vor allem aus den Systemen, die aus der Interaktion der angeborenen Ausstattung mit der nährenden Umwelt hervorgehen. Dies sind die Ich-Systeme, die sich aufgrund unserer täglichen Erfahrung entfalten.

Eingeschlossen sind jene programmierten Muster der Bezogenheit auf das Selbst und andere, genannt *Objektbeziehungen*, was natürlich Übertragungsphänomene umfaßt. Diese haben ihre Wurzeln im frühesten Lebensabschnitt, der durch koenästhetische Rezeption (Spitz) gekennzeichnet ist. Spitz macht die wichtige und oft übersehene Feststellung, daß diese Funktionsweise unsere Gefühle und Handlungen auf machtvolle, aber natürlich unbewußte Art *das ganze Leben hindurch* bestimmt. Automatismen (Hartmann) wie koenästhetisches Funktionieren werden zu einer Einheit geordnet, denn sie bestehen aus fundamentalen Aspekten des Objekterlebens. So bleiben sie in Verbindung mit unserem primären Objekterleben und bilden unsere eigentlichen Wurzeln. Menschen, denen diese Verbindung fehlt, sind innerlich und in ihren Objektwelten desorientiert.

Die Aufnahme des Begriffs eines übergeordneten Ichs in unsere Metapsychologie ermöglicht uns auch die Erklärung der Prozesse, die Anpassung im weiteren und engeren Sinne, wie von Hartmann vorgeschlagen, einschließen. Die Ichfunktionen des hinreichend ausgestatteten Kindes entfalten sich und wandeln sich radikal, wenn die Entwicklung in einer fördernden Umwelt vor sich geht, denn die Anpassung beruht auf der Kombination von angeborenen und Umweltfaktoren. Unter solch günstigen Bedingungen kann sich das übergeordnete Ich der umfassenderen Aufgabe der Integration spezifischer individueller Funktionen zuwenden, die errichtet und wirksam wurden, während die Anpassungsfähigkeit im engeren Sinne weiterhin neue Systeme schafft, um den Erfordernissen neuer täglicher Erfahrungen gerecht zu werden. Damit wird ein zwei- (oder mehr-)schichtiger struktureller Apparat und seine Funktionsfähigkeit beschrieben, der in völligem Einklang mit der Strukturtheorie steht. Wo keine optimalen Anpassungsbedingungen vorliegen, ist das Funktionieren der zentralen Steuerungsorganisation, wie Spitz (1945) bei seiner Untersuchung des Hospitalismus entdeckte, auf Versuche beschränkt, das Überleben sicherzustellen, und kann hinsichtlich dieser Funktion sogar versagen. In Übereinstimmung mit der dualen Triebtheorie wird der sogenannte Selbsterhaltungstrieb jetzt dem libidinösen Trieb zugerechnet. Betrachten wir ihn aber für einen Augenblick als wichtigen Aspekt dieses Triebs, wird deutlich, daß Selbsterhaltung beim Menschenkind fast mit Anpassung gleichzusetzen und unentwirrbar mit der Objektbeziehung verknüpft ist.

Vielleicht wird alles klarer werden, wenn man es im Sinne einer spezifischen Funktion des übergeordneten Ichs neu formuliert. Die Beschleunigung individueller Ichfunktionen, die das Funktionieren von Anpassungsmechanismen im engeren Bereich unmittelbarer Erfahrung einleitet, wird im Kontext sich entwickelnder Fähigkeiten auf einer breiteren Anpassungsebene erreicht. Dies umfaßt die Modifizierung, Änderung, Ausdehnung, Verringerung oder selbst den Verzicht auf vorhandene Funktionen, um neu erstehenden Trieb- und Ichansprüchen gerecht zu werden. Das übergeordnete Ich hat die globale Aufgabe, die verschiedenen Strukturen zu einer kohärenten Form zusammenzufügen und auch sicherzustellen, daß sie mit Triebbedürfnissen und Realitätserfordernissen übereinstimmen. Wie kompetent diese übergeordnete Organisation funktioniert, wird durch die Kombination angeborener Fähigkeiten und früher Erfahrungen bestimmt. Das übergeordnete Ich ist für die Erfüllung der Aufgabe, individuelle Funktionen den umfassenderen Anpassungszwecken zu unterwerfen, die der Gesamtorganisation dienen, von wesentlicher Bedeutung. Hier liegt der Unterschied zwischen rigiden Strukturen, die schlecht angepaßt sind, und jenen, die sich auf die Erfordernisse der Realität flexibler einstellen können – ein Punkt, den wir bei unserer Betrachtung der verschiedenen Übertragungsformen näher beleuchten werden (8. Kapitel).

Unter optimalen Verhältnissen benutzt das übergeordnete

Ich die bereits vorhandenen Systeme in flexibler adaptiver Weise, um den Organismus und die nährende Umwelt zusammenzufügen. Wo die Verhältnisse nicht optimal sind, erleichtert es die Regression auf Fixierungspunkte, die relativ sicherer sind. So strebt es stets nach der Erhaltung des Organismus, indem es Konflikte löst und laufende Entwicklungsprozesse fördert. Eine optimale Lösung, die von neurotischem Kompromiß zu regressivem Rückzug oder zu Restitutionsversuchen in der Psychose reichen kann, hängt von folgenden Faktoren ab:

1. den angeborenen Fähigkeiten des Individuums,
2. der Beschaffenheit der nährenden Umwelt,
3. der Effizienz der vielschichtigen Systeme, die organisiert worden sind, und
4. vom Umfang des Umwelteinflusses.

Das übergeordnete Ich organisiert die frühesten Systeme. Instinkt, Trieb, Physis, psychische Entschlußkraft – in jeglicher Kombination – werden zu einer kohärenten Organisation zusammengefügt. Und wenn Systeme organisiert worden sind, bleibt es die Funktion des übergeordneten Ichs, die Stabilität des Arrangements im Aufruhr radikaler Veränderungen zu überwachen. Wenn beispielsweise die Funktion des Gedächtnisses beim Neugeborenen den Punkt erreicht hat, wo die Gestalt des menschlichen Gesichts mit der Erleichterung organismischen Unbehagens verknüpft wird, wird eine weitere Ichfunktion – die Antizipation – beschleunigt. Doch diese Entwicklung verläuft nicht einfach linear. Es handelt sich um einen qualitativen Unterschied, der eine neue Integrationsebene bezeichnet. Auch das muß sich ändern, wenn zunehmend höhere und komplexere Objektbeziehungsebenen erreicht werden.

In den folgenden Lebensmonaten ist das Kombinieren von Erfahrungen zum Zweck der Schaffung neuer Strukturen ein laufender Prozeß, der sich exponentiell erweitert. Die Lächelreaktion erscheint, wenn das Kind die Konfiguration des ganzen Menschengesichts in Bewegung erkennt, was den Beginn einer nichtspezifischen Objektbeziehung in sich schließt. Sobald Vereinigungsansprüche des libidinösen Triebs die Wahrnehmungsfähigkeit verstärken, macht der erste Organisator dem zweiten Platz. Das Kind lächelt nicht mehr Fremde an, sondern reserviert die Besetzung für das »eigentliche libidinöse Objekt« (Spitz). Zu diesem Zeitpunkt ist das übergeordnete Ich bei hinreichend guten Verhältnissen nicht mehr unmittelbar mit dem Überleben befaßt. Das Bedürfnis nach Objektbeziehung, vom libidinösen Trieb vorangetrieben, wird durch vorhandene Strukturen erfüllt, die in diesem Lebensabschnitt ein höheres Niveau der Wahrnehmung, der Kognition, der Ansammlung visueller Eindrücke und eine höhere Speicherungsfähigkeit des Gedächtnisses aufweisen. Diese tragen zur Änderung des Dreimonatsprogramms zugunsten der Besetzung des spezifischen Objekts bei. So wird der nächsthöhere Organisator der Psyche, die Fremdenangst, errichtet und ein früheres »Programm« einer Modifizierung unterworfen.

Doch selbst wenn die Veränderung stattfindet, wird viel Früheres bewahrt. Spitz bezeichnete diesen Vorgang als *Kumulation*. Kumulative Systeme entstehen, wenn die Realitätsprüfung andere Muster von Objektbeziehungen verlangt.

Wir stellen uns demnach das übergeordnete Ich als ausführendes Organ der Psyche vor, das letztlich die Funktion hat, die Hartmann für wichtiger als die Anpassung hält – nämlich das Zusammenpassen. Viel von dem, was wir hier beschreiben, ist bei früheren Begriffsbildungen stets stillschweigend akzeptiert worden. Nunberg (1931) hat eine etwas engere Vorstellung einer synthetischen Funktion. Umfassendere Konzeptualisierungen desselben Grundthemas (Hartmann) verweisen auf eine Integrationsfunktion und auf einer noch breiteren Ebene auf eine Organisationsfunktion. Obgleich diese mit Freuds Definition des Ichs als einer kohärenten Organisation gut zusammenpassen, sind sie eingeengt, wenn sie in den Grenzen der Strukturtheorie von 1923 verbleiben. Werden solche Funktionen einer übergeordneten Struktur auferlegt, werden nicht nur einzelne Instanzen entlastet, sondern es wird auch möglich, sich eine harmonische Vereinheitlichung der gesamten psychischen Struktur vorzustellen, selbst wenn sie von Konflikt und Veränderung erschüttert wird. Dieses Konzept macht es auch weniger notwendig, darüber nachzudenken, ob man eine bestimmte Funktion dem Es, dem Ich, dem Überich oder gar dem Ich-Ideal zuschreiben soll. Zwar ist es weiterhin von Nutzen, die Teile des Ganzen heuristisch zu untersuchen, doch eine übermäßige Konzentration auf die Einzelteile lenkt von der Tatsache ab, daß der physische Organismus und die psychische Struktur Teile eines einheitlichen Ganzen sind. Das übergeordnete Ich hält daran fest, daß die Einheitlichkeit für den Organismus jederzeit fortbesteht – sei es in Konfliktsituationen, in den einzelnen Entwicklungsphasen, in regressiven oder progressiven Stadien.

4 Das Wesen von Struktur

Der Terminus *Struktur* ist in der psychoanalytischen Theorie ein Gemeinplatz. Wie sein häufiges Auftauchen in der Literatur anzeigt, ist das Funktionieren von Strukturen stets Teil psychoanalytischer Konzeptualisierungen psychischer Prozesse gewesen. Die dreistufige Struktur – Es, Ich und Überich – wird »wegen der relativen Konstanz ihrer Ziele und der Konsistenz ihrer Operationsweisen« (Moore und Fine, 1967, S. 86) so genannt. Rapaport und Gill definieren Struktur als Konfiguration mit geringem Veränderungsgrad, da keine Besetzung vergeudet wird. Sie fügen hinzu, daß »Strukturen Konfigurationen [seien], innerhalb derer, zwischen denen und mittels derer psychische Prozesse stattfinden« (1959, S. 803). Diese Definitionen beziehen sich auf den feststehenden Charakter, die Stabilität von Strukturen.

Die Bezeichnungen *Struktur* und *Konfiguration* sind Tautologien. Sie bieten keinen Bezugsrahmen zum Verständnis der Mittel, die psychische Prozesse ermöglichen. Der Begriff der Besetzung hingegen läßt eine Richtung erkennen. Er repräsentiert einen Einsatz von Energie, der an das Triebbedürfnis gebunden ist, d. h. den Treibstoff für Besetzungen. Triebe benötigen ein Objekt zur Abfuhr. Triebbedürfnis, »Objektsuche«, »Objektfindung« und Triebabfuhr beschleunigen sämtlich die Ichfunktionen und ebnen die Wege, damit diese ausgeübt werden können. Gedächtnis, bewußteres Sprechen, Antizipation und ähnliches werden so durch Erfahrung initiiert. Sie müssen anfangs von der bemutternden Person bereitgestellt werden, da die Fähigkeit des Neugeborenen, zu suchen und zu finden, auf den Wühlreflex beschränkt ist. Mit der Beschleunigung kommt es zu einer Verschiebung, wenn das Neugeborene durch Ausübung der Funktion ein relativ höheres Maß an Autonomie erlangt.

Daß es das Es, das Ich und das Überich gibt, hat mit dem

Paradigma von Struktur – der Übertragung – nichts zu tun, das in der Behandlungssituation niemals fehlt. Freud erkannte dies an, indem er es als eine der beiden fundamentalen Komponenten der psychoanalytischen Situation bezeichnete, während die andere Komponente der Widerstand ist. Die Begriffe Struktur und Übertragung sind unentwirrbar miteinander und mit Objektbeziehungen verwoben. Übertragungsphänomene spiegeln die Existenz von Mustern der Organisation von Gedächtnis und Affekt wider, die die Reaktionen auf andere Menschen auf Dauer beeinflussen. Mitunter scheinen diese Reaktionen mit der Realität in Einklang zu stehen. Dann wieder weichen sie in wechselndem Maße von der Realität ab, ohne daß sich das durch frühe Objekterfahrung errichtete Muster ändert. Daß das Triebbedürfnis das Urteilsvermögen trüben kann (»Liebe macht blind«), ist seit Jahrhunderten bekannt. Man kann daher sagen, daß Muster eine dauerhafte Beschaffenheit besitzen, die konstant zu bleiben pflegt und kraft dieser Konstanz den Status einer Struktur erwirbt.

Edgcumbe erkennt das ebenfalls an. Sie sagt: »Eine andere Reihe von Kernannahmen... betrifft die Rolle dauerhafter psychologischer und physiologischer Tendenzen, auf spezifische Reize mit individuell spezifischen Mustern kognitiver, emotionaler, Verhaltens- und physiologischer Reaktionen zu antworten. Diese sind zum Teil angeboren, zum Teil erlernt, und sie sind der Modifizierung und Selbstkontrolle unterworfen. Entwicklungs- und Umweltfaktoren, insbesondere solche, die während der frühen Entwicklung auftreten, helfen künftige Muster formen« (1984, S. 138).

Derzeitige Entdeckungen hinsichtlich der Entwicklung von Objektbeziehungen eröffnen Perspektiven für eine Ausdehnung unseres Wissens über die psychische Struktur. Diese Entdeckungen standen Freud (1914 b) nicht zur Verfügung, als er glaubte, daß narzißtische Strukturen unbehandelbar seien, weil der Analytiker keinen wirksamen Zugang haben könne. Die Verbindungsstraße zum narzißtischen Menschen ist so weit entfernt, meinte Freud, daß man nur von fern einen Blick darauf werfen könne. Die Übertragungsneurosen andererseits wurden gerade deshalb für behandelbar gehalten, weil die Person des Analytikers besetzt werden konnte, wenngleich in verzerrter Form. Freud kam jedoch dem modernen Verständnis des narzißtischen Arrangements sehr nahe, als er darüber nachdachte, daß die verlängerte Abhängigkeit des Menschenkindes einen entscheidenden Einfluß auf die psychische Struktur hat. Er berührt hier die Einwirkung der Objekterfahrung und der Bildung von Objektbeziehungen.

Die psychische Struktur ist so komplex, daß eine Diagnose allein auf der Grundlage der Objektbeziehungskomponente zu Reduktionismus führt. Es ist zu einfach, wenn man sagt, daß narzißtische Entwicklungen verursacht werden, weil die symbiotische Beziehung in den ersten Lebensmonaten versagt hat. Es ist ebenso simpel, wenn man sagt, daß das Gegenteil des Narzißmus – die symbiotische Psychose – darauf zurückzuführen sei, daß die Trennung vom primären Objekt nicht gelungen ist, und daß das Mittelfeld vom Erleben der normalen Symbiose und der Loslösungs- und Individuationsprozesse eingenommen wird. Die Simplifizierung wird deutlicher, wenn wir die Tatsache in Betracht ziehen, daß jene, die die frühe Kindheit hinter sich lassen, in irgendeiner Weise den menschlichen »touch« erlebt haben; es ist stets ein gewisses Maß an Objektbesetzung vorhanden, das Teil der Struktur ist.

Glovers Theorie der Ich-Entwicklung bleibt, so nützlich sie ist, abstrakt und metaphorisch und bringt uns einem spezifischen Wissen um den tatsächlichen Strukturierungsprozeß nicht näher. Wir können uns eine »Insel der Erfahrung« in der Psyche nicht vorstellen, außer durch Konkretisierung, noch vermögen wir zu erklären, wie und warum diese »Inseln« miteinander verschmelzen, es sei denn, wir würden einen solchen Vorgang – wie wir es mit so vielen unerklärlichen Erscheinungen machen – der synthetischen Funktion zuschreiben (Nunberg, 1931). Glover bietet jedoch Informationen über elementare Bestandteile. Diese umfassen Affekt und Erfahrung, wobei letztere die Existenz der Ichfunktion des Gedächtnisses impliziert.

Rapaport kommentiert unser geringes Wissen in bezug auf die Struktur. Er sagt:

»In der psychoanalytischen Theorie spielt die Struktur eine so entscheidende Rolle, daß, solange die Tendenzen und Veränderungen psychischer Struktur nicht im selben Umfang wie psychische Prozesse ausgedrückt werden können, eine dimensionale Quantifizierung nur ein frommer Wunsch bleibt. Mit anderen Worten , die Erforschung des Vorgangs psychischer Strukturbildungen scheint die wichtigste Voraussetzung eines Fortschritts in Richtung auf eine dimensionale Quantifizierung zu sein. Wir müssen darlegen, wie sich Prozesse in Strukturen verwandeln, wie sich eine einmal gebildete Struktur verändert und wie sie Prozesse in Gang setzt und beeinflußt« (1959, S. 98 f.).

Um der Frage, wie Struktur gebildet wird, nachzugehen, verweisen wir auf einige Phänomene der kindlichen Existenz. Aufgrund der Ergebnisse neuerer Kinderbeobachtung scheint es nunmehr gerechtfertigt anzunehmen, daß eine gewisse primitive Auseinandersetzung mit dem äußeren Objekt bei der Geburt beginnt. Es wurde darauf hingewiesen, vor allem von Mahler, daß Objektauseinandersetzungen in den ersten Lebensmonaten interpersonal ablaufen.

Als erstes interpersonales Erleben zwischen dem Neugeborenen und der bemutternden Person wurde üblicherweise das Füttern angesehen. Manche modernen Geburtshilfetechniken sehen verdunkelte Räume vor; das Neugeborene wird auf den Leib der Mutter gelegt, um seinen Eintritt in die extrauterine Welt angenehmer zu gestalten. Diese Praktiken beruhen auf der Annahme, daß das Erleben der Außenwelt bereits vor dem Füttern beginnt. Es kann aber kein Zweifel bestehen, daß das Füttern die erste Erfahrung ist, die sich regelmäßig wiederholt.

Das Neugeborene schreit, weil Hunger ihm organisches Unbehagen bereitet. Der Klang sich nähernder Schritte, vierzigmal oder öfter in der Woche vernommen, wird im Hörbereich registriert. Darauf folgt fast unmittelbar das Eintreffen der bemutternden Person und sofort darauf die Erlösung vom Hunger. Das wiederholte, mit Erleichterung zusammenfallende Erscheinen der Mutter hat langwährende Konsequenzen für die Objektbeziehungen. Hier gibt es drei, möglicherweise vier, getrennte »Inseln der Erfahrung« – den Klang, das Eintreffen von »jemand«, Erleichterung und möglicherweise ein rudimentäres Zeitgefühl –, die zu einer größeren Struktur verschmelzen. Der Indikator, daß dies stattgefunden hat, ist die qualitative Veränderung des Hungergeschreis und die quantitative Veränderung des Dezibelpegels, sobald näherkommende Schritte gehört werden. Ein ausgeprägter, spezifischer Weg, der sowohl neurologische als auch psychologische Komponenten einschließt, ist gebahnt worden, ähnlich dem Programm in einem Computer. Die Veränderung des Schreis ist der Indikator, daß sich die folgenden Bestandteile vereinigt haben: Erinnerungsspuren, Affekt, Antizipation, akustische Wahrnehmung und Veränderung des Triebabfuhrmechanismus auf der schmalen Anpassungsebene sowie die Fähigkeit, all diese unterschiedlichen Elemente zu einer Einheit auf der breiteren Ebene zu kombinieren. Der Säugling läßt demnach bereits am Beginn des Lebens die Fähigkeit erkennen, multiple Faktoren zu organisieren.

Um die inneren Wirkungsmechanismen zu verstehen, muß man bedenken, daß das Leben im Mutterleib durch eine konstante, automatische Regulierung gekennzeichnet ist. Soweit bekannt, erlebt der Fötus kein oder nur ein geringfügiges Ungleichgewicht. Die Geburt läßt das »automatische« Versorgungssystem zusammenbrechen und fordert vom Organismus, die Regulationsfunktionen zu übernehmen. Das Menschenkind ist für diese Aufgabe schlecht gerüstet. Anders als manche niederen Tiere muß der Säugling »lernen«, das organismische Unbehagen zu regulieren, welches man beim Eintritt ins extrauterine Leben erstmals erlebt.

Die Regulationsfähigkeit wird selbst bei optimaler Unterstützung von außen nur langsam erworben und schwankt von Kind zu Kind in bezug auf Kompetenz und Tempo erheblich. Der Wühlreflex läßt das Kind die Brustwarze finden; sein

Zweck ist die Wiederherstellung des durch den Hunger gestörten Gleichgewichts. Doch er ist ein kümmerliches Instrument, weil er zunächst zufällig funktioniert. Der Säugling empfindet Unbehagen verschiedenen Grades, bis er die Brustwarze sicher festhält. Erst wenn zum Wühlreflex die Ichfunktion der Antizipation hinzutritt, wird er zuverlässiger. Selbst dann kann das Kind nicht aufhören zu schreien, obwohl die Brustwarze eingeführt ist, wenn die Erleichterung länger auf sich warten läßt, als die antizipatorische Funktion wirksam ist (Spitz, 1965).

Der Schrei ist zunächst ein reflexiver Akt, möglicherweise durch die Notwendigkeit ausgelöst, Sauerstoff auf eine neue Art zu erlangen. Es gibt viele Variablen bei Kindern in bezug auf die Fähigkeit, äußere Hilfe bei der Errichtung von Regulationssystemen zu »akzeptieren«. Wenn der reflexive Schrei eine Reaktion auslöst, beginnt ein Verbindungsweg (Gedächtnis) zu entstehen – wahrscheinlich ein dämmerndes Gewahrwerden von Ursache und Wirkung. Der Schrei ruft hilfreiche Unterstützung im Kampf um das Erlangen der Regulierung herbei. Der Säugling vermag diese Unterstützung jedoch nicht als hilfreich zu erkennen.

Ursprünglich reflexiv, hat der Schrei nun den Status einer Funktion erworben, wird als Instrument besetzt und vom Willen gelenkt. Doch die Beseitigung des Unbehagens ist noch kein Ziel; nur die Funktion des Schreis wird zunächst besetzt. Funktionen müssen ausgeübt werden, und so hat der Beobachter oft den Eindruck, als schreie das Kind um des Schreiens willen. Das ist natürlich allzu einfach. Die Funktion des Schreis bleibt besetzt, bis neue Lösungen oder Programme gefunden werden, um an seine Stelle zu treten. In letzter Konsequenz wird der Schrei – unser erster Überlebensmechanismus – niemals vollständig durch die neueren Programme ersetzt, und in Augenblicken der Bedrängnis wird das ganze Leben hindurch von ihm Gebrauch gemacht.

Allmählich muß den magischen Eigenschaften des Schreis die Besetzung entzogen werden, damit er eine objektbezogene Funktion übernehmen kann. Das muß äußerst behutsam dargestellt werden; es wäre falsch, zu glauben, daß es in den allerersten Lebenswochen Objektbilder gäbe. Man kann nur vage von einem verschwommen wahrgenommenen »Außen« sprechen. Es wäre deshalb vielleicht richtiger, dies als Verschiebung von der Besetzung des Schreis »um seiner selbst willen« zur Besetzung eines Ziels – Unterstützung im Kampf um die Errichtung eines verläßlichen Regulationssystems – zu beschreiben.

Dieser neue Aspekt des Schreis als einer Funktion führt nur in dem Umfang zur Errichtung eines Verbindungsweges, als die Funktion wirksam wird. Dieser Faktor wird nicht nur durch die Qualität der äußeren Reaktion bestimmt, sondern auch durch die Fähigkeit des Kindes, damit umzugehen, die Reaktion als Regulationshilfe zu benutzen. Hier ist die Fähigkeit, aus der Umwelt Nutzen zu ziehen, lange vor dem Eintritt in die symbiotische Einheit wirksam und bereitet zweifellos auf die Symbiose vor. Diese Überlegung stützt unsere Auffassung, daß die ersten Lebenswochen eher als Vorbereitung auf die Symbiose denn als Autismus oder primärer Narzißmus anzusehen sind. Es ist die Zeit, in der Säugling und bemutternde Person ein wohltuendes Zusammenpassen suchen. Die wechselseitige Beziehung zwischen dem Organismus und seiner Umwelt beruht auf ständigem Kampf und Angleichung. So gesehen, stellt die Symbiose das Gelingen dieser Angleichung dar.

Eine weitere Wirkung des allmählichen Abzugs der Besetzung von den magischen Eigenschaften des Schreis und statt dessen der Besetzung des Schreis als objekt- und zielbezogener Funktion ist der Beginn der Angsttoleranz. An diesem Punkt der Entwicklung kann man nicht von einer Sequenz von Frustration und Enttäuschung sprechen, sondern nur von einer Sequenz von Unbehagen und Verlust des Gleichgewichts. Zu den Bestandteilen eines wachstumsfördernden Prozesses, der sich auf die Entwicklung der Angsttoleranz zubewegt, gehören positive Erfahrungen, zunehmende Besetzung der Funktion und zunehmendes Vertrauen auf die Möglichkeit eines günstigen Ergebnisses, was letztlich zum Objektverständnis führt.

Was ist nötig, um das Kind zu befähigen, neue Lösungen zu

suchen, statt sich weiterhin auf frühere Programme zu verlassen? Das Fortschreiten der psychischen Entwicklung wird durch den Verlust des Gleichgewichts schwer gestört und führt zur Regression auf organismisches Unbehagen. Das Erreichen immer höherer Schwellen der Toleranz von Angst und Frustration und die ständig wachsende Fähigkeit, der Regression Einhalt zu gebieten, befähigen das Kind, flexiblere und komplexere Programme zu kreieren.

In den folgenden Lebensmonaten geht das Kombinieren von Erfahrungen zum Zweck der Schaffung neuer, immer ausgefeilterer und komplexerer Strukturen weiter und nimmt exponentiell zu. Zur Illustration: Mit fortschreitender Entwicklung verstärken Vereinigungsansprüche des libidinösen Triebs die Wahrnehmungsfähigkeit, indem sie das Kind dem eigentlichen libidinösen Objekt zutreiben. Der erste Organisator weicht dem zweiten. Dann lächelt das Kind nicht mehr Fremden zu, sondern reserviert die Besetzung für dieses spezifische Objekt (Spitz). Hier hat die Anpassungsfunktion das Kind in die Symbiose geführt. Der Eintritt in die erste Subphase des Loslösungs- und Individuationsprozesses läßt das Individuum einen großen Schritt in die Richtung autonomen Funktionierens tun, während paradoxerweise die symbiotische Suche nach einer Beziehung fortbesteht und durch Fremdenangst sogar verstärkt wird. Es gibt einen Vorgeschmack der Wünschbarkeit der Loslösung wie auch der damit verbundenen Angst. Ein früheres »Programm« ist modifiziert worden. Wir wissen aber, daß dieses frühere Programm – die Lächelreaktion – nur bei hinreichend guter Entwicklung geändert wird. In manchen unglücklichen Fällen bleibt das Lächeln, wenn es überhaupt erscheint, unspezifisch, weil es symbiotisch fixiert ist; das eigentliche libidinöse Objekt wird nicht errichtet. Eine so schwere Entwicklungsstörung kann die Folge von Umweltversagen oder eines angeborenen Defekts sein.

Da unzählige Strukturen (»Programme«) geschaffen werden und nach einem anfänglichen Übergangsstadium Konstanz und Stabilität erlangen, wirkt das übergeordnete Ich darauf hin, den verschiedenen funktionalen Strukturen Kohärenz und Harmonie zu verleihen – ein Ziel, das manchmal in höherem, manchmal in geringerem Maße erreicht wird. Ist das Maß des Erfolges geringer, geraten die separaten Ich-Komponenten in einen intrasystemischen Konflikt. Dies ist eine Fortführung der Vorstellungen Freuds und Jacobsons von übergeordneter Struktur. Es modifiziert Hartmanns (1939) Anpassungsbegriff nur leicht und stimmt genau mit seiner Vorstellung überein, daß es eine Anpassung im weiteren und engeren Sinne gebe.

Man kann Struktur demnach so auffassen, daß sie aus einer vielschichtigen Reihe von »Programmen« besteht, die von einem ausführenden Organ, dem übergeordneten Ich, aufrechterhalten und in eine kohärente Form gebracht werden. Der Versuch, die Bedeutung der Struktur mit Hilfe der Metapher »Programme« zu vermitteln, scheint uns besonders sinnvoll, weil dieser Begriff aus der Computerwelt impliziert, daß es feststehende Formen organisierten Verhaltens gibt, die auf ein bestimmtes Signal hin ablaufen. Er beschreibt auch das Vorhandensein modellhafter Formen von Auseinandersetzungen zwischen den Selbstrepräsentanzen und den Objektrepräsentanzen, nämlich die Objektbeziehungen. Und er ist natürlich die Ursache der Übertragungswiederholung. Diese »programmierten« Abläufe von Auseinandersetzungen mit der Objektwelt beginnen bei der Geburt, sobald der innere Apparat die Fähigkeit entwickelt, eingegebenes Material zu bearbeiten. Zufallserlebnisse, außer wenn sie von besonderer Bedeutung oder Wirkung sind, würden nicht programmiert werden, doch die täglich wiederkehrenden Ereignisse würden früher oder später stereotype Verhaltensformen hervorbringen. Dadurch werden diese Auseinandersetzungen zwischen Neugeborenem und primärem Objekt, die zunächst interpersonal sind, verinnerlicht, anfangs als isolierte Programme (Inseln) und dann als Bündelungen von Programmen, die schließlich auf höheren Ebenen von Komplexität und Effektivität integriert werden.

Wir haben hier eine etwas detailliertere Erklärung des Prozesses vorgelegt, der von Hartmann (1939) als Differenzierung

69

und Integration beschrieben wurde. Eben diese Hartmannsche Definition der Differenzierung, die Spezialisierung einer Funktion, verweist darauf, daß ein spezieller Weg für eine psychische Operation gebahnt wird. Das bezeichnen wir hier als ein Programm.

Solche Programme, anfänglich innerhalb der Kind-Mutter-Matrix geschaffen, scheinen mit Vorformen zu beginnen, die, wie man vermutet, Produkte prägender, reflexiver Prozesse sind. In wenigen Wochen beginnt das angeborene Potential, von der Umwelt eingegebenes Material zu bearbeiten. Dann werden in zunehmendem Maße autonome Programme geschaffen. Wenn dies geschieht, werden Integrationsbemühungen auf einer neuen Ebene erforderlich, die für das in Gang befindliche Wachstum wesentlich wird. Hinsichtlich der täglichen Erfahrungen genügen weiterhin einfache Programme. So fährt der Säugling beispielsweise fort, jeder Konfiguration des Menschenantlitzes in Bewegung, doch nicht im Profil, zuzulächeln. Doch die fortschreitende Entwicklung fordert die Fähigkeit, dieses Programm zu ändern, damit es neuerworbenen Fertigkeiten und Bedürfnissen gerecht wird. Die auf der schmalen Ebene täglicher Bedürfnisse und Erfahrungen gebildeten Anpassungsstrukturen erfordern daher einen weiter reichenden Überblick über funktionale Arbeitsvorgänge auf einer breiteren Anpassungsebene. An dieser Stelle muß das übergeordnete Ich in den Prozeß eingreifen, weil die engeren Strukturen diese umfassenderen Aufgaben nicht erfüllen können. Diese Wendung in den psychischen Abläufen wiederholt sich bei fortschreitender Entwicklung immer aufs neue.

Rekapitulieren wir: Die früheren Strukturen bestehen aus verschiedenen Verinnerlichungen, primitiveren Abwehrformen, frühen Formen der Verbindung mit Objekten und Objektbildern. Sie bilden in Wahrheit Kette und Schuß des Materials, aus dem Übertragungsmanifestationen gewebt werden. Sie sind die elementaren Bestandteile nicht nur der Übertragungen, sondern repräsentieren auch frühe Formen von Objektbeziehungen. Wenn sich diese elementaren Komponenten den Be-

70

mühungen des Gesamt-Ichs (dem übergeordneten Ich) entziehen, deren Funktion es ist, alle einzelnen Programme zu Kohärenz und Harmonie miteinander und mit der Realität zu führen, dann bleiben Restprogramme aktiv, die Übertragungsphänomene hervorrufen sowie Formen von Auseinandersetzungen mit dem Objekt, welche mit der Realität in weniger gutem Einklang stehen.

Daß psychotische Strukturen existieren, ist ein klarer Hinweis, daß es zwar gelungen ist, Programme von Ichfunktionen wie Motilität, Sprache, geordnete Wahrnehmung und ähnliches zu erstellen, daß das übergeordnete Ich aber an seiner wichtigsten Aufgabe – spezifische Funktionen in Einklang mit der Realität zu bringen – gescheitert ist. Das psychotische paranoide Individuum wird durch ein Programm an seiner Weiterentwicklung gehindert, das seine Auffassung von einer feindlichen Objektwelt widerspiegelt. Der Schizophrene nimmt die äußere Realität grob verzerrt wahr und versucht sie mit den unveränderlichen Programmen seiner Innenwelt in Übereinstimmung zu bringen – Programmen, die vom übergeordneten Ich nicht modifiziert wurden.

Diese Anschauung ist uns durch empirische Erfahrung aufgezwungen worden, nach der eine andernfalls unerklärliche Mischung von Anpassungsstrukturen mit hochgradig pathologischem Denken Hand in Hand gehen kann. Sogenanntes normales Funktionieren kann trotz außergewöhnlich magischem Denken fortbestehen. Schreber zum Beispiel führte viele Jahre hindurch das Leben eines nützlichen Mitglieds der Gesellschaft, bevor er auf eine völlig psychotische Ideenbildung regredierte. Wir schildern unsere Vorstellung von psychotischer Struktur im 1. und 12. Kapitel, wo wir die Auffassung in Frage stellen, daß eine Psychose bei normal verlaufener Strukturierung ausbrechen kann.

5 Realitätsprüfung

Die wichtigste Funktion des übergeordneten Ichs besteht darin, bereits errichtete Strukturen miteinander und mit der Realität in Einklang zu bringen. Wir haben gesehen, daß, insbesondere hinsichtlich der Objektwahrnehmung, dieses harmonische Ziel nicht in vollem Umfang erreichbar ist. Zwar stellt die Entwicklung der Realitätsprüfung einen wesentlichen Aspekt des Strukturierungsprozesses dar, doch wie weit sich die Realitätswahrnehmung der »wahren Realität« annähert, ist bei jedem Individuum verschieden, da es vom Wesen, der Qualität und dem Niveau der errichteten Objektbeziehungen abhängt. Der Erwerb der Fähigkeit zur Realitätsprüfung wird stark von den frühesten Rezeptionsprozessen beeinflußt, die ihrem Wesen nach global und einer Mutation am wenigsten zugänglich sind. Allein die Existenz von Übertragungsphänomenen in der klinischen Situation bestätigt die Tatsache, daß bei allen Strukturen die Realitätsprüfung, vornehmlich hinsichtlich der Objektwahrnehmung, in hohem Maße subjektiv ist.

Hartmann (1939) wußte dies, als er sagte: »Wir müssen sogar zugeben, daß auch das Seelenleben des gesunden Erwachsenen von Elementen einer Verleugnung der Realität und ihrer Ersetzung durch Phantasiebildungen wohl niemals ganz frei ist« (S. 21). Wir möchten dies leicht korrigieren, indem wir hinzufügen, daß Phantasiebildung nicht aus »reiner« Phantasie besteht, sondern in ihrem Kern frühere Erfahrungen einschließen muß, die zu Programmen geordnet, modifiziert und in scheinbar rationaler Weise mit der gegenwärtigen Erfahrung verknüpft wurden.

Auch Spitz verweist auf den Einfluß der frühesten Erfahrung auf die spätere Fähigkeit zur Realitätsprüfung. Bei der Beschreibung der Wirkungen der koenästhetischen Organisation sagt er, »daß die coenästhetische Organisation, so sehr sie auch im Bewußtsein des westlichen Menschen zum Schweigen gebracht worden ist, insgeheim weiter funktioniert« (1965, S. 63).

Spitz meint hier zwar das zugrundeliegende affektive Potential, doch seine Botschaft, daß die koenästhetische Organisation »in unserem Fühlen, Denken und Handeln eine folgenschwere, entscheidende Rolle spielt« (S. 63 f.), kann auch auf jene frühen Erfahrungen angewendet werden, die in der Gegenwart in Übertragungsmanifestationen weiterleben, welche das übergeordnete Ich nicht in vollen Einklang mit der Realität zu bringen vermochte.

Um genau zu sein, sollte man nur von Realitätswahrnehmung, statt von Realitätsprüfung sprechen, da Realitätsprüfung subjektiv bleibt und durch den jeweiligen Gemütszustand leicht zu modifizieren ist. Schafer (1970) hat diese Vorstellung gut auf den Begriff gebracht, als er die Bezeichnung »Realitätsvisionen« prägte. Das Kind in der Übungsphase kann sich sehr über seine Mutter aufregen, die es beschützen will und es deshalb daran hindert, auf eine stark befahrene Straße zu laufen. Die Realitätswahrnehmung des Kindes wird durch sein Bedürfnis begrenzt, wichtige Funktionen wie Motilität, Neugier, Forschungsdrang und das Sammeln von Erfahrungen in der weiteren Objektwelt fern von mütterlichen Einschränkungen zu üben. Diese »Vision« der Realität unterscheidet sich sehr von der der Mutter, deren Sorge in dieser Situation der körperlichen Sicherheit des Kindes gilt. Beide Visionen – das heißt, Wahrnehmungen –, die des Kleinkindes und die der Mutter, sind völlig richtig, obschon offensichtlich die bessere Erfassung der *totalen* Realität durch die Mutter über die begrenztere Fähigkeit des Kindes, die Gesamtsituation wahrzunehmen, dominieren muß. Mit der Zeit wird sich die Fähigkeit des Kindes erweitern, doch Begrenzungen der perzeptuellen Erfassung der Realität bleiben für immer bestehen, wenngleich sie sich, wie man hofft, mit zunehmender Erfahrung verringern.

Obgleich man lieber glauben würde, daß objektive Erfahrungen beim Erwerb der Fähigkeit zur Realitätsprüfung die

Hauptrolle spielen, gehen wir davon aus, daß die in frühen Lebensabschnitten festgelegten Muster oder Programme einen entscheidenden Einfluß darauf haben, wie Realität später wahrgenommen wird. Während das sich entwickelnde Kind immer mehr Funktionen der Objektrepräsentanzen übernimmt, hat es Gelegenheit, die Realität der Welt im großen näher kennenzulernen. Damit erwirbt es eine weitere Realität. Es gibt die Realität der subjektiven Erfahrung, die Realität, wie sie das Objekt wahrnimmt, und die einvernehmliche Realität – das heißt, die Anerkennung der Realität, wie sie vom Objekt oder Objekten präsentiert wird, und die Realität der weiteren Welt, die anders ist als die Welt, wie sie von den primären Objekten wahrgenommen wird. Während der Loslösungs- und Individuationsprozeß voranschreitet, bietet er Gelegenheit, eine flexiblere adaptive Anschauung der Objektwelt zu entwickeln, welche gleichwohl das Ziel einer wahrhaft objektiven Einschätzung der Realität nie ganz erreicht. Eine »Vision« der Realität bleibt stets erhalten. Daran, bis zu welchem Grad Visionen das Verhalten bestimmen, läßt sich messen, ob die Fähigkeit des übergeordneten Ichs, die Oberhand zu gewinnen, einigermaßen ausgereicht hat oder nicht. Im besten Fall wird die »wahre« Realität durch Wahrnehmung nur geringfügig verändert, doch sie wird stets bis zu einem gewissen Grad verzerrt, um die Objektverbindung aufrechtzuerhalten.

So hat beispielsweise das Kind, das von seiner Mutter daran gehindert wurde, auf die Straße zu laufen, noch nicht gelernt, daß diese für es ein gefährlicher Ort ist. Es hat nur gelernt, daß das Hinlaufen eine überraschende Wirkung auf die Mutter hat – eine Wirkung, die das Kind, entsprechend dem Status der Beziehung, für wünschenswert halten mag oder nicht. Sollte das Kind den Schluß ziehen, daß die Straße gefährlich ist und gemieden werden muß, so würde dies nur auf die Reaktion der Mutter zurückzuführen sein, die nun verinnerlicht worden ist. Die objektive reale Gefahr würde erst zu einem späteren Zeitpunkt wahrgenommen werden.

Freud war überzeugt, daß die objektive Realitätsprüfung

mit dem Erkennen des mütterlichen Antlitzes beginnt, wenn es dem psychischen Abbild entspricht. Loewald (1980) verweist auf jene Stelle in *Das Unbehagen in der Kultur*, wo es heißt: »Das Es aber ist seine [des Ichs] andere Außenwelt« (1923, S. 285). Loewald führt dies weiter aus, indem er sagt: ». . . der psychologische Aufbau von Ich und Außenwelt geht Hand in Hand . . . Die wiederholte Erfahrung des Säuglings, daß etwas – seinem ursprünglichen Gefühl nach ein Teil von ihm – nicht jederzeit verfügbar ist – diese wiederholte Erfahrung des Getrenntseins führt zur Entwicklung eines Ichs, dessen Aufgabe es ist, zu vermitteln, zu vereinigen« (1980, S. 17 f.).

Loewald postuliert aufgrund dessen, daß es eine »primäre Realität« gibt, die sich von der »Realität« als Endprodukt, das mit dem »reifen« Ich verbunden ist, sehr unterscheidet.

Mit fortschreitender Strukturbildung und wenn das Kind immer mehr Funktionen seiner beschützenden Objekte übernimmt, gibt es mehr Möglichkeiten, die tatsächliche Realität der Welt im großen losgelöst und von den Wahrnehmungen des Objektes verschieden näher kennenzulernen. So bieten die wachstumsfördernden, der Loslösung und Individuation dienenden Prozesse jedem Individuum die Möglichkeit, eine flexiblere, adaptive Sicht der Objektwelt zu gewinnen, die dem objektiven Status der Dinge näherkommt, doch stets hinter der wahren Realität zurückbleibt. Diese Funktion versagt bei jedem Menschen in höherem oder geringerem Maße. So wird beispielsweise die Vision der Realität des Adoleszenten durch die normalen Loslösungs- und Individuationsbedürfnisse dieses Lebensabschnitts erheblich verzerrt. Deshalb werden bestimmte Strukturelemente von der Fähigkeit, die Realität wahrzunehmen, nicht erfaßt und bleiben als Übertragungsbereitschaft erhalten. Allein aus diesem Grunde ist es von Nutzen für das präzise Verständnis der Übertragung, wenn man messen kann, bis zu welchem Grad diese Strukturelemente fixiert sind, in welchem Maße das übergeordnete Ich fähig war, sie der objektiven Realität näherzubringen und – was für die therapeutische

Situation wichtiger ist – inwieweit die Bemühungen des Therapeuten, zum Verbündeten des übergeordneten Ichs zu werden, dazu führen können, der »wahren« Realität näherzukommen. Dies ist letztlich der Sinn der Deutung und Auflösung der Übertragung. Wenn der Analytiker oder Therapeut so »real« erscheint, wie es eine verbesserte Wahrnehmungsfähigkeit ermöglicht, dann ist die Übertragung aufgelöst.

6 Objektbeziehungen

Freud behauptet, daß die »Beziehung zur Außenwelt für das Ich entscheidend geworden ist« (1933 a, S. 82). Er bemerkt wiederholt, daß die menschliche Entwicklung in erheblichem Maße durch den Umstand einer langen und totalen Abhängigkeit bestimmt wird. Es war aber zu seinen Lebzeiten noch nicht möglich, den Objektbeziehungsaspekt der psychoanalytischen Theorie zu entwickeln, und daher konnte er auch nicht genau schildern, auf welche Weise das primäre Objekt jene Außenwelt für das Kind *erschafft*.

Selbst- und Objektbilder entstehen aus Myriaden täglicher Gefühlserlebnisse, die am ersten Lebenstag oder davor beginnen. In eine Umwelt geworfen, die von der im Mutterleib grundverschieden ist, reagiert das Kind koenästhetisch auf tröstende und befriedigende Erfahrungen, während es die schmerzlichen und frustrierenden Erfahrungen bearbeiten muß, die selbst unter optimalen Bedingungen unweigerlich Bestandteil der neuen Umgebung sind. Unfähig, das Innere vom Äußeren zu unterscheiden, glaubt es, daß unlustvolle, schmerzhafte Reize, die sowohl vom Körper als auch vom Umfeld ausgehen, nach außen projiziert werden. Wenn dem so ist, gibt es dem Kind psychologisch Zeit, überwiegend positive Selbst- und Objekterfahrungen zu machen, die später dazu dienen werden, es in die Objektwelt hineinzubefördern. Diese Erfahrungen bestehen aus positiven, affektiv getönten Erinnerungsspuren eines freundlichen Selbst, das mit einem freundlichen Objekt verschmolzen ist.

Neben der emotionalen Interaktion oder, wie wir sagen könnten, als ein Aspekt von ihr beschleunigt mütterliche Stimulierung latente Ichfunktionen, deren Potentiale in der undifferenzierten Matrix angesiedelt sind. Sie werden zu Funktionen wie die Wahrnehmung, wenn die bemutternde Person sorgfältig titrierte Reize liefert. Das Gedächtnis wird durch wiederholte

Erfahrungen gefördert, die das Kind befähigen, Erinnerungsspuren zu legen. Die Antizipation wird durch Interaktion mit dem Gedächtnis beschleunigt, wenn wiederholte Erfahrungen vorhersehbar werden. Die Motilität wird beschleunigt, sobald das Kind mit dem ganzen Körper auf die Lust an der Bewegung reagiert. Die Zielstrebigkeit wird beschleunigt, wenn das Kind mit der Gestalt des Menschenantlitzes vertraut wird und ihm zuzulächeln beginnt. Die anderen konfliktfreien Funktionen werden beschleunigt, wenn Grundbedürfnisse befriedigt werden, so daß das Kind ihretwegen keine Angst haben muß und sich neuen Ichfunktionen zuwenden kann – Laute bilden, vielleicht auf primitive Weise zu denken versuchen, ein Körperbild formen, indem es Daumen, Zehen, Genitalien entdeckt.

Struktur bildet sich, indem sich einzelne Erfahrungen zu »Inseln« und »Kontinenten« konsolidieren, und dies schließt Anpassungsvorgänge im engeren und weiteren Sinne ein, insbesondere da die Reize so ungleichartig sind, daß sie auf verschiedene Sinnesorgane einwirken. Im engeren Sinne ist beispielsweise die antizipierte Stillung des Hungers das Ergebnis vieler gleichartiger Erfahrungen, die zur qualitativen Veränderung des Hungerschreis von objektlosem Jammern zum durchdringenden Befehl führen. Die Ichfunktionen der Antizipation und des Gedächtnisses sind nun in Tätigkeit. Im weiteren Sinne von Anpassung verbindet sich die Antizipation der Befriedigung mit einer weiteren Sinneswahrnehmung – der akustischen – (und vielleicht mit einem Zeitgefühl) zu einer höheren, stärker integrierten Funktionsebene, wenngleich noch auf primitiver Stufe. In diesem Fall tritt das akustische Erlebnis zu den Erinnerungsspuren hinzu und verbindet sich mit der Antizipation von Befriedigung, um eine neue Art der Reaktion auf innere und äußere Reize hervorzubringen.

Ist die Umwelt weniger günstig, scheitert die Organisation. Das Lächeln wird hinausgezögert, und der zweite und der dritte Organisator entwickeln sich nicht zur phasengerechten Zeit, was darauf hindeutet, daß sich eine andere und sozial weniger effiziente Form der Organisation der Psyche herausbildet.

Zwar hängt viel von der angeborenen Fähigkeit des Neugeborenen ab, aus seiner Umwelt Nutzen zu ziehen, doch die Gelegenheit dazu und das benötigte Material, das die bemutternde Person liefern kann, sind ebenfalls entscheidend. Das Milieu, in dem diese Strukturen gebildet werden, besteht aus dem primären Objekt, das die durchschnittlich erwartbare Umwelt schafft, in die das Kind seine einzigartige Fähigkeit zur Interaktion einbringt.

Gut aufeinander abgestimmte Mutter-Kind-Paare wären:

1. Ein Kind, das auf eine einfühlsame Mutter reagiert,
2. ein weniger empfängliches Kind in glücklicher Verbindung mit einer Mutter, die sich ihm stark zuwendet,
3. ein Kind, das sich einer weniger empfänglichen Mutter zuwenden und sie dadurch zwingen kann, zu reagieren.

Schlecht aufeinander abgestimmte Paare sind:

1. Ein Kind, das wenig oder gar keine Reaktion auslöst, selbst wenn es sich der Mutter energisch zuwendet,
2. ein Kind, das keine Beziehung zur bemutternden Person herstellen kann, gleichgültig, wie sehr sie sich ihm zuwendet.

Man kann sagen, daß die Bereitschaft der Mutter zur spezifischen Begegnung mit ihrem Kind in ihrer eigenen Kindheit ihren Ursprung hat: in der Verstärkung ihrer primären Weiblichkeit, die von den Eltern anerkannt wurde, im lebenslangen Wissen um ihr biologisches Schicksal, Kinder zu gebären, im ödipalen Wunsch, das Kind ihres Vaters auszutragen und im Verzicht auf diesen Wunsch mit dem Resultat, daß sie nach einem Mann ihrer eigenen Generation sucht, der der Vater ihres Kindes wird. Das Leben des Mädchens und der Frau schließt demnach die bewußte und unbewußte Vorbereitung auf die Mutterschaft ein. Ihre Wahl eines Gatten wird mitunter bewußt durch ihre Einschätzung seines Potentials zur Vaterschaft bestimmt. Mit Empfängnis und Schwangerschaft wirkt sich die frühere Vorbereitung auf die Phantasieproduktion aus, wenn die werdende Mutter ihren Teil der Beziehung zu der noch unbekannten Person aufnimmt, die das dyadische Erleben mit ihr teilen, die Entwicklung des Kindes entscheidend beeinflussen und auch bei der Mutter eine entwicklungsbedingte Veränderung hervorrufen wird (Benedek, 1959).

Die zunächst verschmolzenen Selbst- und Objektbilder lösen sich allmählich voneinander, wenn das Kind das, was es selbst ist, von dem trennt, was der andere ist. Die Physiologie spielt eine Rolle, sobald der Trennungsdrang, vom Aggressionstrieb angespornt, den langen Loslösungs- und Individuationsprozeß einleitet. Das sich differenzierende Kind reift physisch bis zu einem Punkt, wo es sich nicht länger nach dem Körper der Mutter formen kann. Es beginnt das Objekt aus der Entfernung zu sehen und errichtet dadurch sowohl physische als auch psychische Grenzen. An die Stelle der früheren Laut- und Wortbildung tritt die semantische Kommunikation und erhält vorübergehend eine negative Färbung durch die Identifizierung mit dem neinsagenden Aggressor. Von diesem Zeitpunkt an schreitet die Differenzierung rasch fort, indem sie die Subphasen der Übung und der Wiederannäherung durchläuft. Es sind normale Rückschritte wie Fortschritte zu verzeichnen, doch mit einiger Mühe ist das Kind mit ungefähr drei Jahren auf dem Weg zur Objektkonstanz (Mahler).

Die Triebe entwickeln sich quantitativ verschieden. Am Anfang des Lebens hat die Libido die Oberhand, um das Kind in die symbiotische Einheit hineinzubefördern. Gegen Ende der Symbiose nimmt die Libido ab, da sie nun vom Aggressionstrieb überflügelt wird, der seine Schubkraft dem Loslösungs- und Individuationsprozeß zuführt.

Im ersten Lebensjahr werden durch den Strukturierungsprozeß einige prototypische Organisationsmuster geschaffen, die frühe Formen von Objektbeziehungen darstellen. Jede Entwicklung fordert Verinnerlichung – das heißt, Prozesse, welche bewirken, daß positive wie negative Gefühlserlebnisse, die der Interaktion entstammen, ins Innere genommen werden. Auf welche Weise jedes Erleben nutzbar gemacht wird, hängt vom Zustand der Strukturierung zum Zeitpunkt seines Geschehens ab, denn dieser Zustand bestimmt die Fähigkeit, Erfahrung zu verarbeiten. Wir halten es für praktisch und informativ, eine moderne Metapher zu benutzen und diese Strukturen als »Programme« zu bezeichnen, die auf undifferenzierte psychophysiologische Weise erstellt werden.

Neuere Kinderbeobachtungen (Brazelton u. a., 1975; Osovsky, 1979; Stern, 1980) lassen vermuten, daß es kurz nach der Geburt zu einer primitiven Auseinandersetzung mit dem Objekt kommt. Brazeltons Filme zeigen einen drei oder vier Wochen alten Säugling, der Mundbewegungen macht, die denen seiner Mutter ähneln oder ihnen genau entsprechen. Es scheint sich hier um Reaktionen des Kindes zu handeln, die relativ lange anhalten, wenn die Mutter anwesend ist, in Gegenwart des Vaters kürzere Zeit dauern und in Anwesenheit eines Fremden überhaupt nicht eintreten. Diese Beobachtungen werfen Fragen auf, die nicht leicht zu beantworten sind.

Eine solche Aktivität kann in so frühem Alter kaum willkürlich sein, noch kann sie einen Hinweis auf das Vorhandensein psychischer Struktur darstellen. Ebensowenig kann die Frage nach ihrem Auftreten dadurch vollständig beantwortet werden, daß man sie als reflexiv bezeichnet. Da die Gefahr adultomorpher Spekulation so groß ist, wird man genauere Untersuchungen anstellen müssen, weshalb ein Säugling, von dem wir glauben, daß ihm die Fähigkeit, zwischen Innen und Außen zu unterscheiden, ebenso fehle wie ihm Verinnerlichungen und Struktur abgehen, trotzdem offenbar durch Nachahmung auf das äußere Objekt reagiert.

Üblicherweise glaubte man, daß die Imitation der erste Hereinnahmevorgang sei. Diese Untersuchungen von Neugeborenen lassen es möglich erscheinen, daß etwas Ähnliches wie eine Prägung unmittelbar nach der Geburt erfolgt, wie es Spitz bereits angedeutet hatte. Doch nach Mahler gibt es einen angeborenen Trieb zur Individuation. Deshalb kann die Prägung beim Menschenkind nur eine geringfügige und kurzlebige Rolle spielen; sie wird schon bald von den Bemühungen des Kindes um Eigenständigkeit überholt, in denen sich das Funktionieren des Aggressionstriebes widerspiegelt.

Die Schlußfolgerungen der Kinderbeobachter führen unvermeidlich zu der Frage: »Säuglinge hat es immer gegeben; warum hat man das nicht früher gewußt?« Die Antwort lautet natürlich, daß Säuglinge nicht von ausgebildeten Beobachtern versorgt werden. Freud (1905 b) bemerkt in seinen *Drei Abhandlungen zur Sexualtheorie*, daß er »entdeckt« habe, was jedes Kindermädchen bereits wußte.

Ebenso muß man feststellen, daß manche Faktoren sich der Beobachtung entziehen, bevor es einen Bezugsrahmen gibt, nach dem Wissenschaftler ihre Untersuchungen ausrichten. Die Ursache des Marasmus war unbekannt, bevor Spitz hinzugezogen wurde, um die alarmierende Zahl von Todesfällen in einer Kinderklinik zu untersuchen. Sein psychoanalytisches Wissen in Verbindung mit seiner Erfahrung in der Säuglingsbeobachtung lieferte den Bezugsrahmen für die Lösung der verwirrenden Frage, weshalb diese Kinder auf so mysteriöse Weise starben, obwohl ihnen eine ausgezeichnete körperliche Versorgung zuteil wurde.

Über seine Arbeit von 1905 sagt Freud: »Verstünden es die Menschen, aus der direkten Beobachtung der Kinder zu lernen, so hätten diese drei Abhandlungen überhaupt ungeschrieben bleiben können« (1920 b, S. 32). Seine Bemerkung galt der Tatsache, daß Hinweise auf die kindliche Sexualität von jedem beobachtet werden konnten, der fähig war, das Offensichtliche wahrzunehmen. Auch das postviktorianische Tabu in Sachen Sexualität verhinderte diese Erkenntnis. Freud konnte zu dieser Erkennntis gelangen, weil seine psychoanalytischen Forschungen den Bezugsrahmen lieferten, in den die neuen Fakten hineinpaßten.

Es ist jedoch eine Tatsache, daß die Kinderbeobachtung nicht im Vordergrund der psychoanalytischen Forschung steht. Lange Zeit hindurch gab es nur die Untersuchungen von Spitz und Mahler. Ihre Arbeit ist selbst von Psychoanalytikern nicht uneingeschränkt akzeptiert worden. Kohut übersieht, daß ein ausgebildeter Beobachter dank seiner Vorstellungsgabe in alltäglich erscheinendem Verhalten außergewöhnliche Züge zu entdecken vermag.

Neuerdings kommt die Kinderbeobachtung bei einigen Kinderanalytikern etwas mehr in Mode, wie auch bei Kinderärzten und anderen nichtanalytischen Beobachtern, etwa Kinderpsychiatern und -psychologen. Nichtanalytische Deutungen von Fakten scheinen die Begriffsbildungen, zu denen die psychoanalytische Kinderbeobachtung gelangt ist, zu widerlegen. Nachdem wir nunmehr kindlichem Verhalten größere Aufmerksamkeit schenken, wird beispielsweise berichtet, Kinder lächelten lange vor dem dritten Monat. Die allzu rasche Schlußfolgerung lautet, daß Spitz sich irrte. Tatsächlich irrt er aber nur in bezug auf den Zeitplan, der etwas verzögert erscheint – wahrscheinlich weil er seine Beobachtungen größtenteils an Kindern in Heimen gemacht hat. Doch die Zeitbestimmung stellt den unwichtigsten und am ehesten zu vernachlässigenden Aspekt seiner Arbeit dar. Bei Kindern in Familien, in denen ein adäquates partnerschaftliches Verhältnis in der Dyade herrscht, hat man beobachtet, daß sie vor dem dritten Lebensmonat lächeln. Der Irrtum in der Zeitbestimmung nimmt den wichtigen Schlußfolgerungen über die Organisatoren der Psyche nicht ihren Wert. Er zeigt vielmehr, daß Organisation durch mütterliche Stimulierung beschleunigt wird; daher treten die Indikatoren der Organisationsebene früher in Erscheinung.

Mahlers Schlußfolgerungen hinsichtlich einer normalen autistischen Phase werden in ähnlicher Weise in Frage gestellt, weil beobachtet wurde, daß sich normale Neugeborene nicht in einem total dämmerhaften, vegetativen, splanchnischen Zustand befinden (Stern, 1980). Auch wir haben einige Zweifel, ob es eine normale autistische Phase gibt. Wir glauben aber nicht, daß die bloße Tatsache, daß das Neugeborene die Mutter am ersten Lebenstag anstarrt und auf sie reagiert, indem es kurz danach ihre Mundbewegungen »imitiert«, ausreicht, Mahler diesbezüglich zu widerlegen. Unser Zweifel beruht auf der Berücksichtigung der angeborenen Fähigkeiten des Säuglings. Normale Säuglinge besitzen Apparate, die durch den Kontakt mit der durchschnittlich erwartbaren Umwelt potenziert werden, weil sich das Neugeborene in der Tat auf dem Höhepunkt der Anpassungsfähigkeit befindet. Die neuen Beweise zeigen nur, daß Aufgewecktheit früher vorhanden ist und eingegebenes Material früher rezipiert wird, als man bisher angenommen hatte.

Wir stellen uns die frühen Lebenstage und -wochen als eine Zeit vor, die damit zugebracht wird, als Vorbereitung auf die eigentliche symbiotische Phase eine Verbindung zum primären Objekt herzustellen. Wenn diese frühe Verbindung infolge eines Mangels auf seiten eines der Partner der Dyade scheitert, nimmt die weitere Entwicklung einen derart abweichenden Verlauf, daß durchaus ein pathologischer Autismus die Folge sein kann; angeborene Apparate werden nicht zur altersentsprechenden Zeit beschleunigt. Sie bleiben als nicht verwirklichtes Potential zurück und können auch später nicht beschleunigt werden, weil für manche Funktionen die richtige Zeitwahl von ausschlaggebender Bedeutung ist. Da es sich beim Autismus eindeutig um ein pathologisches Phänomen handelt, können wir uns nicht vorstellen, daß er auch als eine normale Phase auftreten kann, weil sich Apparate nach der Beschleunigung normalerweise sehr rasch entwickeln. Nach unserer Auffassung sind die neueren Informationen über das Verhalten Neugeborener keine direkte Widerlegung Mahlers, wie behauptet wurde. Sie korrigieren eine falsche Wahrnehmung, die zustande gekommen sein mag, weil Mahler ihre ersten Untersuchungen an psychotischen Kindern vorgenommen hat.

Spitz (1965) stellte fest, daß die Rezeption des Neugeborenen in koenästhetischer Weise vor sich geht. Wenn die Verschiebung zur diakritischen Wahrnehmung erfolgt, wird die frühere Form der Bearbeitung eingegebenen Materials nicht völlig aufgegeben. Frühere Formen der Objektsuche dauern das ganze Leben hindurch an und beeinflussen das Verhalten in subtiler Weise. Spitz sagt:

>»Es ist schwierig, wenn nicht unmöglich, eine Formel zu finden, die das vielgestaltige, ruhige Kommen und Gehen, die unhörbaren und unsichtbaren Strömungen, zugleich machtvoll und sanft, die in diesen Beziehungen leben und

weben, zum Ausdruck bringen könnte. Man kann nicht genug betonen und nicht zu oft wiederholen, daß die Objektbeziehungen sich als ständiges Wechselspiel zwischen zwei sehr ungleichen Partnern ... abspielen, daß jeder Partner die Reaktionen des anderen hervorruft, daß diese interpersonale Beziehung ein Feld von Kräften schafft, die sich ständig verändern« (S. 218).

Die Bedeutung des koenästhetischen Modus und sein Einfluß auf das spätere Verhalten sind für die Theoriebildung nicht genügend ausgenutzt worden. Daß er fortbesteht, erklärt, weshalb die frühen Lebensabschnitte – das Unvergeßliche und das Unerinnerbare – unbewußt bleiben und nur in reflektierter (übertragener) Form wiedergefunden werden können. Es erklärt auch, weshalb die vielen Gefühle, Stimmungen und Einstellungen bei manchen Individuen starrer Fixierung anheimfallen, während sie bei anderen flexibel und der Realitätsprüfung zugänglich sind, je nachdem, ob das übergeordnete Ich versagt hat oder erfolgreich war.

Die neueren Kinderbeobachtungen entstammende Information – daß Neugeborene aufgeweckter und empfänglicher sind, als man es bisher für möglich hielt – hat sich in einer Weise als wertvoll erwiesen, wie es sich die betreffenden Forscher nicht vorgestellt hatten. Sie liefert das Mittelstück eines Puzzlespiels, das uns in die Lage versetzt, mehrere Konzepte, die seit einiger Zeit bekannt waren, besser zusammenzufügen. Im nachhinein können diese wohlverstandenen Aspekte nun als Teile eines größeren Ganzen betrachtet werden. Die neue Information bestätigt sowohl Hartmann als auch Spitz und löst vor allem das Rätsel der menschlichen Entwicklung, indem sie ein Organisationsprinzip liefert, mit dessen Hilfe wohlbekannte Vorgänge besser verstanden werden können.

Bewiesen ist,

1. daß das Unbewußte existiert und von den frühesten Lebenserfahrungen abgeleitet ist,
2. daß die Begegnung des normal ausgestatteten Neugebore-

nen mit einer durchschnittlich erwartbaren Umwelt für die Entwicklung von entscheidender Bedeutung ist,

3. daß das symbiotische Erleben für die weitere Entwicklung ebenso wesentlich ist wie der Schub in den Loslösungs- und Individuationsprozeß und

4. daß frühe Formen der Objektverbindung niemals verlorengehen und einen machtvollen Einfluß auf Übertragungsphänomene ausüben.

Die zentrale Bedeutung des Objektbeziehungsfaktors für die menschliche Entwicklung wird nachdrücklich bestätigt.

Wenn das Wachstum zu höheren Ebenen von Loslösung und Individuation fortschreitet, werden konstante psychische Repräsentanzen gebildet. Wir benutzen den Terminus *Repräsentanz* hier im Sinne Lichtenbergs (1976), um auszudrücken, daß Strukturen, die zuvor als flüchtige Bilder existierten, sich vereinigt und Stabilität und Konstanz erworben haben. Als Resultat der Stabilisierung werden sie mehr oder weniger fixiert, und man kann sich dann die Objektrepräsentanzen als eine Art von »Versenkung« vorstellen, in der sich Eigenschaften und Merkmale befinden, die den spezifischen affektiven Erlebnissen mit dem primären Objekt entstammen und nun durch die individuelle Reaktion zu einer einzigartigen Schöpfung zusammengefügt werden.

Zu einem früheren Zeitpunkt der Theoriebildung glaubte man, daß die ersten Erfahrungen zur Errichtung von Selbst- und Objektrepräsentanzen führen (Jacobson). Jetzt sehen wir, daß die Sache weitaus komplexer ist. Was errichtet wird, sind nicht einfach psychische Repräsentanzen, es sind vielmehr *Resultanten* der Interaktion oder der Auseinandersetzungen zwischen Selbst und Objekt auf wechselnden Differenzierungsstufen, die während des gesamten Verlaufs des Loslösungs- und Individuationsprozesses bestehen. Diese Resultanten werden verinnerlicht und bilden Strukturen. Auf diese Weise wird schließlich die ausgeprägte, jedem Individuum allein eigene Gestaltung des Selbst- und Objekterlebens zur Schablone aller späterer Objektbeziehungen. Der Begriff *Objektbeziehungen* verweist hier auf den Charakter und die Qualität dieser »Versenkung«, in der sich eine spezifische Bereitschaft zu künftigen Auseinandersetzungen und zur Herstellung von Objektbeziehungen entwickelt.

Im späteren Leben werden Bilder neuer äußerer Objekte, von denen einige gut, andere weniger gut hineinpassen, in diese Versenkung eingefüttert. Sie enthält das in den ersten Jahren entwickelte Programm, und sie ist das Modell, an dem alle anderen Menschen gemessen werden. Im Leben des Erwachsenen werden daher aktuelle Objekte der Realitätsprüfung unterzogen – manchmal genauer, manchmal weniger genau. Genauer, wenn das Programm durch die Realitätsprüfung in flexibler Weise geändert werden kann, weil das übergeordnete Ich kompetent funktioniert; weniger genau, wenn die programmierte Reaktion starr fixiert ist. Unter allen Umständen gibt es ein nicht reduzierbares Minimum der Einwirkung vergangener Objektbeziehungsmuster auf gegenwärtige Objektauseinandersetzungen, weil die Realitätsprüfung selbst unter den besten Bedingungen bis zu einem gewissen Grad zurücktritt, um Objektbindungen aufrechterhalten zu können.

7 Die Funktionen
der Objektrepräsentanzen

Wir sind nicht an die Vorstellung gewöhnt, daß die Objektrepräsentanzen Funktionen haben. Dennoch impliziert die bloße Tatsache, daß das Objekt als wesentlicher Partner des dyadischen Geschehens benötigt wird, in dem sich die Entwicklung vollzieht, daß es sich um eine Funktion handelt. Die offensichtliche Funktion des Objekts ist die Bereitstellung der körperlichen und seelischen Versorgung, ohne die das Neugeborene nicht überleben kann. Etwas weniger offensichtlich ist der Umstand, daß die psychischen Bilder des Objekts – einschließlich der frühesten –, sobald sie entstehen, für das Selbst und die Objektbeziehungen von wesentlicher Bedeutung sind.

Diese Bilder – sowohl die befriedigenden als auch die frustrierenden – entstehen mittels affektiv getönter Erfahrungen. Man glaubt, daß der Säugling negativ getönte Bilder nach außen projiziere, um ein Gefühl lustvoller Stabilität zu bewahren – ein »gutes« Selbst-Objekt-Bild, um die Grundlage für das Selbstwertgefühl zu legen. Sobald die Fähigkeit zur Realitätsprüfung geringfügig gesteigert wird, vermag der Säugling zu erkennen, daß sowohl befriedigende als auch frustrierende Erlebnisse der Interaktion mit derselben Reihe von Objektbildern entstammen. Wo befriedigende Erfahrungen überwiegen, führt diese Erkenntnis zur Verschmelzung beider Arten von Bildern in der Repräsentanz einer einzelnen, ganzen, anderen Person. Wo negativ gefärbte Erfahrungen die Oberhand haben, wird die Entwicklung der Fähigkeit, zu erkennen, daß die Objektbilder eine einzelne, ganze, andere Person repräsentieren, bestenfalls verzögert, schlimmstenfalls überhaupt nicht erreicht. Wo das geschieht, dauert die müßige Suche nach guten Selbst- und Objektbildern möglicherweise das ganze Leben hindurch an. Mit anderen Worten, unter hinreichend guten Bedingungen verschmelzen getrennte Objektbilder zu stabilen Repräsentanzen. Das heißt auch, daß dieser wesentliche Entwicklungsschritt bei vielen narzißtischen und Borderline-Zuständen nicht ohne therapeutische Hilfe getan werden kann.

Es gibt einen Prozeß, der mit der Verinnerlichung parallel läuft – die Veränderung bereits erworbener Selbst- und Objektrepräsentanzen zum Zweck der Einbeziehung neuer Erfahrungen, sobald sie eintreten. Diese Veränderungen sind qualitativer Art; sie werden durch größere Eigenständigkeit und zunehmende Kompetenz der Ichfunktionen – insbesondere der Funktion der Realitätsprüfung – gefördert. Normale Enttäuschung und Desillusionierung können von einer Organisation toleriert werden, die frühere Frustrationen integriert hat, indem sie sie durch genügend gute Erfahrungen im Gleichgewicht gehalten hat. In erträglichen Mengen zwingen sogenannte negative oder frustrierende Erfahrungen zu wichtigen Veränderungen der Objektrepräsentanzen, etwa einem verringerten Glauben an ihre Allwissenheit und Allmacht, und zu größerem Vertrauen auf die Kompetenz des Selbst. Wo sich positive und negative Erfahrungen die Waage halten, werden die negativen Aspekte in einem fortlaufenden Organisierungsprozeß assimiliert und zugunsten der Anpassung umgewandelt.

Daß Allwissenheit und Allmacht geringer erscheinen, resultiert aus einer verbesserten Wahrnehmung der Realität. Dies wird jedoch durch die Kapazität des Wahrnehmungsapparats des Säuglings und Kleinkindes begrenzt. Für ein Kind (vielleicht in geringerem Maße für uns alle) gibt es keine objektive Realität. Das vollständige Instrument der Wahrnehmung setzt sich aus mehreren Sinnen zusammen, mit denen der Mensch ausgestattet ist, und schließt die Fähigkeit zur Bearbeitung der Information ein, sobald sie aufgenommen wird. Selbst wenn die Sinne – etwa Gesicht, Gehör, Tastgefühl usw. – unbeeinträchtigt sind, muß das Empfundene durch einen psychischen Apparat gefiltert werden, der vergangene ebenso wie gegenwärtige Erfahrung zur Schaffung eines neuen Wahrnehmungsgegenstandes benutzt. Gelegenheiten zur Verzerrung bestehen in allen Teilen dieses Prozesses.

Wir haben auf die verschiedenen Versuche hingewiesen, die Vorgänge der »Hereinnahme« zu beschreiben und zu definieren, und wir haben gezeigt, daß die feinen Unterschiede zwischen Introjektion, Einverleibung und Identifizierung nicht mehr von Bedeutung sind, weil sie unter dem Konzept subsumiert werden, das wir hier einführen – daß Aspekte und Funktionen der Objektrepräsentanzen auf allen Entwicklungsstufen auf die Selbstrepräsentanzen übertragen werden. Ob der Säugling »introjiziert«, während das ältere Kind »einverleibt« oder »sich identifiziert«, wird aus dieser neuen Sicht irrelevant. Sandler und Rosenblatt (1962) versuchen den Unterschied zwischen Identifizierung und Introjektion zu veranschaulichen. Sie liefern das Beispiel eines Kindes, das von seinen Eltern, wenn sie abends ausgehen, ermahnt wird, nicht zu lange aufzubleiben. Wenn sich das Kind identifiziert, wird es aufbleiben, während es, wenn es introjiziert, früh zu Bett gehen wird. Nach der alternativen Auffassung, die wir vertreten, ist es überflüssig, sich wegen feiner Unterschiede den Kopf zu zerbrechen. Der Grad der Strukturierung bestimmt den Intelligenzgrad des Vorgangs der Hereinnahme, der seinerseits die Art der Verhaltensreaktion bestimmt.

Strukturierung, Differenzierung und Verinnerlichung sind fortlaufende Prozesse. Der Säugling verschmilzt mit den befriedigenden Objektbildern, die er als Teil der Selbstbilder erlebt; das sich loslösende und individuierende Kleinkind »absorbiert« oder überträgt Aspekte der Objektrepräsentanzen auf die sich ständig differenzierenden Selbstrepräsentanzen; das Kind der ödipalen Phase beginnt den Niederschlag der elterlichen Werte (die bis zur ersten Runde der Lösung des Ödipuskomplexes als Überich-Komponenten existierten) in einem eigenen Wertsystem zu ordnen.

Stellt man sich Entwicklung als fortlaufend, fortgesetzt und unaufhörlich vor, legt dies nahe, daß wir all diese Vorgänge als Verinnerlichungen betrachten, die qualitativ differieren, um die wachsende Fähigkeit des Individuums, immer höhere Schranken zwischen Selbst- und Objektbildern und -repräsentanzen zu errichten, zu korrelieren. Aber eben dieser Verinnerlichungsprozeß, wie wir ihn verstehen, besteht nicht schlichtweg darin, so wie das Objekt zu werden. Verinnerlichung operiert kreativ. Hier müssen wir die individuelle Ausstattung und die Entwicklungsstufe in Betracht ziehen, insoweit sie Erfahrungen in immer weiteren Realitätszusammenhängen liefert, sowie die Tatsache, die für unsere Objektbeziehungstheorie von zentraler Bedeutung ist – nämlich, daß das Verinnerlichte die *Resultante* beziehungsweise das Produkt der einzigartigen Weise ist, wie jedes Individuum Erfahrung verabeitet. Entscheidend für diesen Vorgang ist das Wirken des Ichs als eines Ganzen, des übergeordneten Ichs.

Verinnerlichung ist wesentlich, um immer höhere Grade der Ich-Autonomie zu erreichen, die sich steigert, sobald einige Funktionen der Objektrepräsentanzen von den Selbstrepräsentanzen übernommen werden.

Mit zunehmender Autonomie treten die Funktionen der Objektrepräsentanzen allmählich in den Hintergrund. Das Kind, das besänftigt wurde, beginnt sich selbst zu besänftigen. Das Kind, das gefüttert wurde, greift in einem Eigenständigkeitsschub nach dem Löffel. Es besteht darauf, sich selbst anzuziehen. Auf diese Weise eignen sich die Selbstrepräsentanzen neue, höherrangige Funktionen an. Dies wurde bereits von Sandler und Rosenblatt (1962) nahegelegt, die die Identifizierung als eine Modifizierung der Selbstrepräsentanz dergestalt beschreiben, daß sie einer Objektrepräsentanz nachgebildet ist.

Die wichtigste Funktion der Objektrepräsentanz ist es, »Material« bereitzustellen, das vom sich entwickelnden Kind bearbeitet wird. Dieses Material besteht zum großen Teil aus den zahllosen täglichen affektiven Interaktionen, die zur Strukturbildung beitragen. Mit dieser Auffassung wird natürlich lediglich aufs neue das Bedürfnis nach dem Objekt in der menschlichen Entwicklung unterstrichen. Sie erschließt auch Wege, ein geordneteres System der psychologischen Entwicklung auszuarbeiten.

Weiß (1960) beschreibt eine mittlere oder Übergangsposition im laufenden Verinnerlichungsprozeß, einen Augenblick in der Entwicklungszeit, wo das abwesende äußere Objekt als »psychische Präsenz« erlebt wird, bevor es umfassender verinnerlicht wird. Vom Objekt (moderner ausgedrückt: der Objektrepräsentanz) wird angenommen, daß es führt oder Befehle erteilt und mit dem Individuum auf imaginäre Weise verbunden ist. Wenn die Verinnerlichung immer höhere Stufen erreicht, wird diese psychische Repräsentanz des wirklichen äußeren Objekts nicht mehr benötigt, weil das Individuum diese Funktion nun in seinem eigenen Inneren ausüben kann. Man kann dann sagen, daß die Selbstrepräsentanz die zuvor von der Objektrepräsentanz ausgeübte Funktion absorbiert habe. Diese Funktion verändert sich ständig durch die einzigartigen Modifizierungen, die jedes Individuum vornimmt, um sie sich zu eigen zu machen, vorausgesetzt, daß ein funktionierendes übergeordnetes Ich existiert. Damit sind wir nahe bei Hartmann und Loewenstein, wenn sie sagen: »Kritische Situationen lassen die Integrationsschwelle erkennen, d. h. bis zu welchem Grade die Resultate der Identifizierung Teil unserer selbst geworden sind« (1962, S. 52 f.).

Die Funktionen der Objektrepräsentanzen sind die folgenden:
1. Vermittlung eines Sicherheitsgefühls,
2. Errichtung innerer Regulationsfunktionen,
3. Förderung der Ich-Autonomie,
4. als Modell der Charakterbildung zu dienen,
5. Förderung der Überich-Entwicklung,
6. Bereitstellung eines »Ich-Ideals« und
7. zunehmender Verzicht auf ödipale Wünsche, wodurch dem Kind ermöglicht wird, in die Latenzphase einzutreten.

1. Vermittlung eines Sicherheitsgefühls

Man glaubt jetzt, daß der objektlose Zustand von kürzerer Dauer sein könnte, als man bisher annahm. Damit wird bestätigt, daß zwischen dem Kind und der bemutternden Person von Anfang an ein psychischer Verbindungsweg besteht und verschmolzene Selbst- und Objektbilder zu einem sehr frühen Zeitpunkt der kindlichen Existenz entstehen. Dieser Verbindungsweg ist zunächst reflexiv. Sobald mehr Sinne ins Spiel kommen, wird er zu einer gut ausgebauten Straße, die einen Zuwachs stärker ausgeprägter Selbst- und Objektbilder herbeiführt, welche zunächst verschmolzen sind und dann allmählich differenziert werden.

Wenn wir beobachten, wie Kinder die Aufgaben der körperlichen Reifung angehen, entdecken wir Hinweise, die zum Verständnis der damit einhergehenden psychischen Prozesse führen. Kinder kämpfen darum, den Kopf zu heben, ihre Gliedmaßen zu beherrschen, zu krabbeln und zu stehen. Hier erweist sich das Konstrukt der psychischen Repräsentanz als äußerst nützlich, um beobachtete Vorgänge einzuordnen. Wir können gerade auf Grund der Intensität ihrer Anstrengungen vermuten, daß sich Selbstbilder mit ausgeprägten Zielen formen. Diese Kinder befinden sich tatsächlich auf dem Höhepunkt ihrer Anpassungsfähigkeit.

Die körperliche Reifung schreitet am wirkungsvollsten in einem Klima der Sicherheit voran – der Harmonie zwischen den psychischen Selbstbildern und den Bildern des Objekts. Unter solchen Bedingungen verändern sich die Funktionen der Objektbilder oder -repräsentanzen; sie beginnen an Bedeutung zu verlieren, da die Selbstbilder diese Funktionen übernehmen. Sandler (1960) glaubt, daß ein Gefühl der Sicherheit einen integralen Aspekt von Struktur darstellt. Sandler und Joffe sagen: »Wenn sich Gefühle differenzieren, beginnt ein Gefühlstyp eine wichtige Rolle für die Regulierung von Erfahrungen zu spielen, und zwar in so hohem Maße, daß seine Aufrechterhaltung über ein minimales Niveau hinaus (wenn es unter dieses Niveau fällt oder zu fallen droht) zum beherrschenden Kriterium für die Bestimmung der Aktivität des psychischen Apparats wird« (1969, S. 84).
Bildung und Verinnerlichung von Objektbildern ermöglichen

es, Perioden zu bewältigen, in denen das äußere Objekt abwesend ist. Das dient nicht nur der Anpassung, weil das Objekt nicht jederzeit anwesend sein kann, sondern es trägt auch durch den Funktionswandel (Hartmann) zur Ich-Autonomie bei. Das bedeutet, daß gerade die Abwesenheit des sicherheitspendenden äußeren Objekts wachstumsfördernd ist, wenn die Abwesenheit nicht länger dauert, als es der noch sehr geringe Verinnerlichungsgrad des Kindes ertragen kann. Überschreitet die Abwesenheit des Objekts die Grenzen der Fähigkeit des Kindes, Objektbilder zu bewahren, tritt Objektverlust ein. Dieser ist schwer wiedergutzumachen, und wenn das reale Objekt zu lange abwesend ist, kann eine anaklitische Depression (Spitz) sogar irreversibel werden. Bei optimaler, jedoch nicht exzessiver körperlicher Trennung verstärkt die Errichtung von Bildern des abwesenden Objekts auch die Errichtung der Selbstbilder. Trotz der Frustration infolge der Abwesenheit des Objekts erstehen die Selbstbilder durch die Errichtung zunehmend komplexer werdender psychischer Bilder von Selbst und Objekt. In diesen Prozeß sind natürlich die Ichfunktionen des Gedächtnisses und der Antizipation einbezogen.

Die Funktion der Motilität reift ebenfalls während dieser Entwicklungsphase, da sie täglich mit zunehmender motorischer Kompetenz geübt wird. Das Kind wird den täglichen Katastrophen des Lebens in der weiteren Welt ausgesetzt. Wir nennen sie Katastrophen, weil ein Ereignis wie ein Stoß oder ein Fall, das dem Erwachsenen unbedeutend erscheint, beim Kind eine Reaktion auslösen kann, welche die besänftigende Gegenwart des mütterlichen Objekts erfordert. Äußere Einschränkung, wenn sie um der Sicherheit willen auferlegt wird, verletzt das Allmachtsempfinden des Kindes, behindert aber gewöhnlich seine Strebungen nicht und verstärkt das Sicherheitsgefühl.

Unter optimalen Bedingungen entstammt das Gefühl innerer Sicherheit des Kindes inmitten großer Veränderungen einem angenehmen Gleichgewicht zwischen den noch immer ein wenig verschmolzenen Selbst- und Objektbildern und der weiteren Objektwelt. Dieses Gefühl der Sicherheit erlaubt es dem Kind,

Aufgaben zu übernehmen, die ihm ungeheuer riskant vorkommen müssen, etwa das Aufstehen und Loslassen.

Der physische Akt des Loslassens hat ein psychisches Gegenstück. Der Greifreflex der Hand ist bei der Geburt vorhanden. Wenn die körperliche Entwicklung fortschreitet, sieht man, daß das Kind seine Hände umklammert und voneinander zieht. Was ein Reflex war, kommt unter die Kontrolle des Willens. Doch die Kontrolle dieser Bewegung wird in zwei Phasen erworben – zuerst vermag das Kind zu klammern; die Fähigkeit, die Umklammerung zu lösen, loszulassen, entwickelt sich später. Zur Zeit des zweiten Organisators wird das primäre Objekt besetzt, oder metaphorisch gesprochen, umklammert. In der Übungssubphase bringt die Erforschung der weiteren Welt ein vorübergehendes Loslassen mit sich, aber die meiste Zeit ist die Anwesenheit des Objekts noch immer erforderlich. Doch wie meist beim Hinausstreben in die weitere Welt entdeckt das Kind bald, daß es nicht alles haben kann (Mahler). Diese Erkenntnis und die damit einhergehende Trennungsangst bewirken die Rückkehr zur Heimatbasis. Sie ist charakteristisch für die Subphase der Wiederannäherung, die nun als Prozeß der Wiederherstellung des äußeren Objekts als sicherem Mittelpunkt neu definiert werden kann.

Wenn die rasch wachsenden körperlichen Fähigkeiten das Kind in die weitere Welt hinausdrängen, muß das primäre Objekt als psychische Repräsentanz stark besetzt werden, damit das Sicherheitsgefühl während des Vordringens in diese Welt erhalten bleibt. Das Loslassen des realen äußeren Objekts wird durch die Verinnerlichung ermöglicht, durch »Anklammern« auf einer höheren (abstrakteren) Ebene, was die Absorption des Sicherheitsgefühls während dieses Prozesses einschließt. Auf diese Weise kann das äußere Objekt demnach erstmals beruhigt »losgelassen« werden, da sich die Funktion der Objektrepräsentanz vermindert, eine neue Stufe der Eigenständigkeit erreicht ist.

Zu gleicher Zeit beginnt sich der Prozeß der Identitätsbildung zu beschleunigen. Das Kind wird widerspenstig, was den partiell differenzierten Zustand der Selbst- und Objektbilder widerspiegelt. Unter nicht ganz optimalen Verhältnissen kann hier eine Vielzahl von Symptomen – etwa Ernährungsstörungen und andere Probleme – auftreten, die fehlende Harmonie zwischen den Selbst- und Objektbildern anzeigen. Das Wachstum schreitet fort, aber nicht konfliktlos. Ob es sich um einen Konflikt zwischen den unvollständig differenzierten Selbst- und Objektbildern handelt oder ob er intersystemisch ist, wird durch den Grad von Loslösung und Verinnerlichung bestimmt.

Bei gewissen pathologischen Strukturen Erwachsener besteht nur ein minimales Sicherheitsgefühl, das leicht verlorengeht. Obgleich die Objektrepräsentanz ohne weiteres Zugang zur Selbstrepräsentanz hat, ist sie überwiegend negativ, weil sie die Funktion der Bestätigung der Autonomie nicht ausgeübt hat.

Ein Patient berichtete, er sei sehr aufgeregt, weil ein Freund ihn zum Mittagessen eingeladen hatte. Er empfand dies als eine Forderung, die viel Angst und Unbehagen auslöste. Wie der Patient es ausdrückte:»Das ist eine Menge Angst für ein lausiges Mittagessen«, was trotz der Angst auf eine ziemlich intakte Realitätsprüfung hinwies.

Die Selbstrepräsentanz war durch die fixierte Annahme einer starken, übermächtigen Objektrepräsentanz, die eigenständiges Funktionieren nicht erlaubte, überwältigt worden. Das hatte wenig mit dem realen Objekt in der Gegenwart zu tun, dafür aber um so mehr mit der Existenz einer relativ unveränderbaren »Versenkung«.

Der Therapeut half ihm, die ganz simple Alternative zu sehen, die ihm entgangen war. Er konnte beschließen, die Einladung abzulehnen. Diese Intervention stützt sich stark auf eine intakte Fähigkeit zur Realitätsprüfung, die vorübergehend außer Kraft gesetzt wird, wenn das reale Objekt in eine prästabilierte, starr fixierte »Versenkung« hineingepreßt wird. Indem man an die Fähigkeit zur Realitätsprüfung appelliert, hilft man dem Patienten, die Vergangenheit von der Gegenwart zu unterscheiden, die schwankende Ich-Autonomie wiederherzustellen und die Selbstrepräsentanz schärfer zu definieren.

Dies veranschaulicht, wie die Ich-Autonomie durch ein negativ besetztes Objektbild beeinträchtigt wird. Trotz der negativen Besetzung wird das Objekt dringend benötigt; deshalb wird seine Macht gewaltig überschätzt. Das Resultat ist ein narzißtisches Ungleichgewicht. In der starken, aber negativen Objektbeziehung wird jedes noch so geringfügige Sicherheitsempfinden ausgelöscht. Freud war dies in gewisser Weise bewußt. Er sagt: »Es ist eine Abschweifung von unserem Ziel und doch nicht zu vermeiden, daß wir unsere Aufmerksamkeit für einen Moment bei Objektidentifizierungen des Ichs verweilen lassen. Nehmen diese überhand, werden allzu zahlreich und überstark und miteinander unverträglich, so liegt ein pathologisches Ergebnis nahe« (1923, S. 258 f.).

In diesen Fällen hat die Objektrepräsentanz in bezug auf die wichtige Funktion, Loslösung und Individuation ungestört fortschreiten zu lassen, versagt und damit auch hinsichtlich der Förderung eigenständigen Funktionierens. Dies steht im Gegensatz zu der normalen Erfahrung, wo der durch die Trennungsangst erregte Konflikt eher besser als schlechter gelöst wird.

2. Errichtung innerer Regulationsfunktionen

Eine weitere Funktion der Objektrepräsentanz ist das Ziehen von Grenzen. Die Sozialisation des Kindes ist erreicht, wenn Regeln, die von außen auferlegt wurden, von der Selbstrepräsentanz übernommen werden. Dies ist eine ungeheure Aufgabe für das Kind. Äußere Einschränkungen müssen nicht nur verinnerlicht werden, sondern das Kind muß sie mit Hilfe von Reaktionsbildung und Funktionswandel lieben lernen. Diese Kehrtwendung erfolgt im Dienste der Wiederherstellung eines einigermaßen positiven affektiven Gleichgewichts zwischen den psychischen Repräsentanzen der bisher lustsuchenden Selbstbilder und der verbietenden Objektbilder. Wo es beim Ungleichgewicht bleibt, ist die Folge entweder zu große Passivität oder übermäßiges Aufbegehren.

3. Förderung der Ich-Autonomie

Der hinreichend gute, wachstumsfördernde Elternteil erlaubt, daß das Kind, entsprechend seinen zunehmenden Fähigkeiten, allmählich körperliche und seelische Funktionen übernimmt. Auf diesem Wege, der im Normalfall selten reibungslos oder bequem ist, werden dem Kind Funktionen zugewiesen, die fast in seiner Reichweite liegen. Das erfordert auf seiten der Eltern die Fähigkeit, sowohl festzuhalten als loszulassen – das heißt, das Kind zurückzuhalten, wenn es Funktionen vorzeitig übernimmt. Spitz sieht die Rolle der Eltern darin, sicherzustellen, daß Reifung und Entwicklung miteinander Schritt halten. Es gibt kritische Phasen, in denen sie zusammenfallen *müssen*, wenn die weitere Entwicklung reibungslos verlaufen soll.

Es besteht eine Neigung, *Unabhängigkeit* mit *Ich-Autonomie* zu verwechseln. Unabhängigkeit wird am deutlichsten durch Aktion repräsentiert, wenngleich sie nicht darauf beschränkt ist. Ein Kind tut einen unabhängigen Schritt, wenn es sich beim Versuch zu laufen nicht mehr festhalten muß. *Autonomie* im Sinne Hartmanns bedeutet, daß das Ich autonom funktioniert, wenn es nicht in einen Konflikt verwickelt ist. Relative Autonomie wird zwanglos erworben, indem Funktionen der Objektrepräsentanzen so konfliktlos wie möglich übernommen werden.

Zur Illustration möchten wir noch einmal auf Kris' Vergleich der »guten Stunde« mit der »pseudo-guten Stunde« hinweisen. Der Patient funktioniert in der »guten Stunde« autonom, weil die Analyse einen Punkt erreicht hat, wo Funktionen des Analytikers auf den Patienten übertragen worden sind. Es gibt einen Traum, zu dem der Patient ohne weiteres assoziiert, und die Assoziationen führen zu einer Deutung, die der Patient leicht selber vornehmen kann. Die Analyse geht zu Ende, wenn die Funktionen des Analytikers überflüssig werden.

In der »pseudo-guten Stunde« ist das Gefühlsklima feindselig. Der Patient lehnt die Interventionen des Analytikers ab und erklärt, imstande zu sein, die Stunde auf seine Weise weiterzuführen; er beharrt vorzeitig auf einer Unabhängigkeit, die Aufbegehren, aber noch keine Autonomie darstellt. Der negative Affekt ist ein Zeichen, daß die Objektbeziehung (Übertragung) noch konfliktvoll ist, da sie ein Ungleichgewicht zwischen feindseligen und positiven Affekten aufweist.

4. Modell der Charakterbildung

In seinen frühen Schriften beschreibt Freud Charakter im Sinne einer kannibalistischen Phase, in der der Akt des Verschlingens der Prototyp der Identifizierung ist. 1917 bezeichnet er die Identifizierung als Vorstufe der Objektwahl. 1921 kann er das Konzept der Identifizierung erweitern, indem er drei Formen anführt: die ursprüngliche der emotionalen Bindung an ein Objekt vor der Objektbesetzung; einen regressiven Ersatz für eine verlorene libidinöse Objektbindung und Identifizierung als Ergebnis einer neuen Wahrnehmung einer Eigenschaft, die man mit einer anderen Person teilt. Mit dieser dritten Definition beginnt Freud die Identifizierung als normalen Entwicklungsprozeß zu verstehen. 1923 wird er in bezug auf diesen Prozeß sehr viel deutlicher. Er verweist dort auf die Ersetzung einer Objektbesetzung durch Identifizierung und fügt hinzu:
»Damals erkannten wir aber noch nicht die ganze Bedeutung dieses Vorganges und wußten nicht, wie häufig und typisch er ist. Wir haben seither verstanden, daß solche Ersetzung einen großen Anteil an der Gestaltung des Ichs hat und wesentlich dazu beiträgt, das herzustellen, was man seinen Charakter heißt« (S. 56 f.).
Jacobson befreit den frühen Identifizierungsbegriff von seiner einzigen Funktion der Abwehr, indem sie den Begriff der selektiven Identifizierung einführt. Sie ist nicht mehr nur das Resultat aufgegebener Objektbesetzungen. Sie wird zum wachstumsfördernden Weg zur Ausdehnung der Objektwelt, läßt aber Raum für die Aufrechterhaltung der Sicherheit durch die Objektbeziehung. Mit dem Fortschreiten der Wegbewegung vom realen äußeren Objekt dient die Objektrepräsentanz als Stimu-

lus dieser Bewegung sowie als Lenker und Moderator des Tempos, um sicherzustellen, daß das sich entwickelnde Kind seine Fähigkeit, körperliche und seelische Distanz zu ertragen, nicht überschätzt.

Die Nützlichkeit der Objektrepräsentanz als Modell verringert sich, wenn autonome Fähigkeiten in Aktion treten. Das Modell muß »losgelassen« werden. Bei diesem Vorgang erfolgt die Lockerung der Verbindung ohne Objektverlust, weil die ausgewählten Aspekte der Objektrepräsentanz verinnerlicht werden, um Teil der Selbstrepräsentanz zu werden.

5. Förderung der Überich-Entwicklung

An keinem anderen Punkt der Entwicklung sind Verinnerlichungsprozesse und die Übertragung von Funktionen von der Objektrepräsentanz auf die Selbstrepräsentanz von so vitaler Bedeutung wie bei der Überich-Bildung.

Die Überich-Bildung (2. Kapitel) ist ein langer Prozeß, der mit der Errichtung der Überich-Komponenten beginnt (Hartmann und Loewenstein, 1962). Diese sind verinnerlichte »Inseln« elterlicher Verbote, Forderungen und Werte. Jacobson sagt, die Überich-Bildung sei

»ein langsam verlaufender Prozeß. Er beginnt mit der Anerkennung der ›Sphinktermoral‹. Aber erst am Ende der ödipalen Phase sind der Aufbau, die Integration und Organisation von Überich-Identifizierungen soweit vorangeschritten, daß feste moralische Codes aus ihnen erwachsen können. Ihre zentralen Inhalte sind zunächst das Inzesttabu und das Verbot des Vatermords. In diesem Stadium beginnen sie, unabhängig von den Eltern zu funktionieren und die Konflikte ... auf die innere, seelische Bühne zu verlagern« (1964, S. 131).

Positive, liebevolle Identifizierungen mit beiden Eltern spielen bei der Überich-Bildung eine entscheidende Rolle. Obgleich man immer noch glaubt, daß das Überich als eine getrennte Instanz, die aus ihren Komponenten zusammengesetzt ist, der

100

»Erbe« des Ödipuskomplexes sei, hat sich der Zeitplan geändert, seit man nicht mehr wie früher annimmt, daß seine Auflösung in der Kindheit erfolgt. Jacobson glaubt, daß sie sich in die Adoleszenz erstreckt. Wir (1968) betrachten die Auflösung des Ödipuskomplexes und damit die Überich-Bildung als einen Vorgang, der in mehreren Runden durch den ganzen Lebenszyklus fortgesetzt wird.

Das führt zu dem Gedanken, daß nicht nur Raum für die Übertragung von Funktionen *primärer* Objektrepräsentanzen auf die Selbstrepräsentanz vorhanden ist, sondern daß auch Objekte, denen man im späteren Leben begegnet, im Entwicklungsprozeß eine Rolle spielen. In diesem Sinne betrachten wir (1968) Ehe und Elternschaft als Entwicklungsphasen.

6. Bereitstellung eines »Ich-Ideals«

Moore und Fine definieren das Ich-Ideal als
»die Bilder des *Selbst*, dem das Individuum bewußt und unbewußt nacheifert und an dem es sich mißt. Es beruht auf der Identifizierung mit den Eltern und anderen Personen aus der frühen Kindheit, wie sie tatsächlich sind, in der Vergangenheit waren oder wie sie idealisiert wurden« (1967, S. 93).
Jacobson spricht davon, daß »die primitiven Wunschimagines des Selbst und der Liebesobjekte zu einem vereinheitlichten Ich-Ideal« (1964, S. 105) umgewandelt werden. Wir verwenden zwar die vertraute Bezeichnung *Ich-Ideal*, halten es aber nicht für nützlich, dem Ich-Ideal, Überich oder Ich spezifische differenzierte Funktionen zuzuschreiben. Daß gewisse Eigenschaften des Objekts verinnerlicht und zu Charaktermerkmalen des Selbst werden, steht außer Frage. Schon seine Definition läßt erkennen, daß der Begriff des Ich-Ideals die Übertragung von Funktionen einschließt. Funktion ist hier nicht etwas Konkretes, vom Objekt *Geleistetes*, sondern eher ein abstrakter Aspekt des Charakters, etwas, was da Objekt *ist* oder wie es wahrgenommen wird. Die Bereitstellung eines Ich-Ideals ist demnach mit Charakterbildung nahe verwandt.

7. Zunehmender Verzicht auf ödipale Wünsche, wodurch dem Kind ermöglicht wird, in die Latenzphase einzutreten

Die Realitätsprüfung zwingt das ödipale Kind zu der Erkenntnis, daß es weder biologisch noch psychologisch gerüstet ist, eine Erwachsenenrolle auszufüllen. Inzestuöse Wünsche in der ersten Runde des ödipalen Konflikts sind die Folge – nicht der Fähigkeit, wie Erwachsene zu lieben und sich sexuell zu betätigen, sondern der Tatsache, daß eine neue Entwicklungsstufe erreicht ist, die den genitalen Apparat erstmals in objektgerichteter Weise beansprucht und nicht zu autoerotischen Zwecken.

Die Identifizierung – des Jungen mit dem Vater, des Mädchens mit der Mutter – intensiviert sich auf dieser Stufe und wird zu einem Mechanismus, der die Rivalität überwinden soll. Von den Objektrepräsentanzen auf die Selbstrepräsentanz übertragen werden hier Haltungen der Opposition gegen Rivalitätsgefühle. Empfindungen von Sicherheit bleiben durch die Verdrängung sexueller Wünsche bestehen. Dies führt zunächst zum Eintritt in die Latenzphase und fördert im späteren Leben die Fähigkeit, sich neue, nichtinzestuöse Objekte zu suchen.

8 Übertragungsformen

Seit Freuds Erkenntnis, daß die Übertragung ein Schlüsselelement des psychoanalytischen Behandlungsprozesses ist, wurde ihre Verwendung in der Literatur eifrig beschrieben. Es gibt Kontroversen darüber, was sie ist und wie sie verwendet werden sollte (Friedman, 1984; Gill, 1954, 1984). Bis vor relativ kurzer Zeit war ihre Verwendung in der Psychotherapie eng begrenzt. Vor etwa zwanzig Jahren glaubten Psychiater, daß die Entwicklung einer Übertragung in der Psychotherapie nicht wünschenswert sei, und es wurden Mittel ersonnen, sie zu verhindern. Wenn sich Übertragungen unausweichlich einstellten, bestand die Methode, mit ihnen umzugehen, darin, daß man sie »dämpfte«, indem man das Interesse des Patienten auf Objekte außerhalb der therapeutischen Situation lenkte. Mit dem aufkeimenden Wissen um ungenügend strukturierte Persönlichkeiten und der Erkenntnis, daß sich Übertragungen, ob willkommen oder nicht, einstellen, wurde diese Technik revidiert.

Übertragung wird definiert als »Verschiebung von Gefühls- und Verhaltensmustern, die man ursprünglich mit wichtigen Figuren der Kindheit erlebte, auf Individuen, mit denen man gegenwärtig in Beziehung steht. Dieser nicht bewußt wahrgenommene Prozeß führt zur Wiederholung von Einstellungen, Phantasien und Empfindungen von Liebe, Haß, Wut usw. unter vielen verschiedenartigen Umständen« (Moore und Fine, 1967, S. 89). Diese Definition unterstreicht das Unbewußte, die Wiederholung, die Verschiebung und den affektiven Charakter der Übertragungsphänomene. Unserem gegenwärtigen Zweck angemessener ist Freuds Definition von 1905. Er bezeichnet die Übertragung als »eine besondere Art von meist unbewußten Gedanken*bildungen* ... Neuauflagen, Nachbildungen ... Ersetzung einer früheren Person« (1905 a, S. 279; Hervorhebung von uns).

Beide Definitionen enthalten folgende Komponenten:

1. Die Übertragung hat mit Strukturen zu tun – das heißt, mit vorgeprägten Formen der Organisation von Gedächtnis, Affekt und Verhalten.

2. Das Vorhandensein solcher Strukturen deutet darauf hin, daß die frühen Erfahrungen, die ihre einzigartigen und spezifischen Formen hervorgebracht haben, das ganze Leben hindurch fortbestehen, die Formen der Objektbeziehungen und damit die Übertragungsweisen beeinflussen.

3. Das Fortbestehen dieser Strukturen ist dafür verantwortlich, daß eine affektive Erinnerung aus der Vergangenheit auf ein reales Objekt in der Gegenwart verschoben wird. Hier versagt in der Tat die Realitätsprüfung; die Realität wird verzerrt. Es herrscht nicht nur Verwirrung zwischen Vergangenheit und Gegenwart, sondern auch zwischen den Objektrepräsentanzen und realen Personen der Außenwelt.

Wir unterscheiden zwischen den Übertragungen der strukturierten Persönlichkeiten und denen der ungenügend strukturierten, da die verschiedenen Grade von Strukturierung und Verinnerlichung qualitative Unterschiede bei den Übertragungsformen oder -modalitäten zur Folge haben. Diese Denkweise spiegelt sich in den diagnostischen Überlegungen über den Angelpunkt der Entwicklung (1979, S. 64–86) wider.

Die Sache ist jedoch nicht einfach. Während alle strukturierten Persönlichkeiten zu Übertragungen von ganzen Objektrepräsentanzen aus der Vergangenheit neigen, variiert die Fähigkeit, das zu tun, von einer ungenügend strukturierten Persönlichkeit zur anderen, weil, bis Selbst- und Objektkonstanz erreicht sind, die Objektbeziehungsebenen bei den einzelnen Individuen verschieden sind und sogar von Zeit zu Zeit bei ein und demselben Individuum schwanken. Man kann daher nicht von allen ungenügend strukturierten Persönlichkeiten sagen, daß sie qualitativ ähnliche Übertragungen entwickeln, wie es bei den strukturierten Persönlichkeiten möglich ist.

Die Form der Übertragung hängt von der Entwicklungsstufe ab. Diese Stufen werden davon bestimmt, wie der Therapeut (und alle anderen Menschen) als Teil der Selbstrepräsentanzen auf wechselnden Ebenen der Selbst-Objekt-Differenzierung erlebt wird. Der Therapeut kann jemand sein, mit dem man Erlebnisse mit dem primären Objekt wiederholt, weil diese Erlebnisse übermäßig befriedigend waren oder weil im Gegensatz dazu eine Deprivation ausgeglichen werden muß. Die »Übertragung« kann auch durch den Wunsch bestimmt werden, das negativ besetzte Objekt aus Angst vor Objektverlust behalten zu wollen. Diese Übertragungsformen weichen erheblich von denen eines Menschen ab, der zur Selbst- und Objektkonstanz gelangt ist und andere als getrennte, ganze Personen erlebt. Nur wenn Selbst- und Objektkonstanz erreicht worden sind, können Gefühle, Einstellungen und Verhaltensweisen, die zuerst einem primären Objekt galten, auf das Objekt in der Gegenwart *übertragen* werden.

Zwar schreiten Strukturierung und Verinnerlichung eher in einer Art Wechselbeziehung voran, doch tun sie es nicht immer im gleichen Zeitmaß. Die ungenügend strukturierten Persönlichkeiten, die einen höheren Verinnerlichungsgrad aufweisen, bringen Übertragungen hervor, die sich nur leicht von denen der strukturierten Persönlichkeiten unterscheiden. Wer über weniger Struktur, weniger Verinnerlichung und eine niedrigere Ebene der Selbst- und Objektbeziehungen verfügt, pflegt die Beziehung zum Analytiker oder Therapeuten (und zu allen anderen Menschen, nebenbei bemerkt) so zu gestalten, als wäre der andere bis zu einem gewissen Grad Teil des Selbst. Eine Zeitlang widerstrebte es uns, die Verzerrungen in den Objektbeziehungen der ungenügend strukturierten Persönlichkeiten, wie sie in der therapeutischen Situation zutage treten, als *Übertragung* zu bezeichnen. Diese Position hatte den Vorteil, den Begriff der Übertragung in seiner ursprünglichen Bedeutung bewahren und das Verhalten des ungenügend strukturierten Patienten gegenüber dem Analytiker oder Therapeuten in eine andere Kategorie einordnen zu können. Wir wurden aber veranlaßt (hauptsächlich durch eine persönliche Mitteilung Flemings), auf diese Präzisierung zu verzichten, um an dem

Vokabular festzuhalten, das die meisten Analytiker und Therapeuten benutzen. Wir gelangten dann zu der Unterscheidung zwischen einer Übertragung, die gedeutet, und einer, die nicht gedeutet werden kann. Wir wollten zu verstehen geben, daß in den »Übertragungen« der ungenügend strukturierten Persönlichkeiten nicht allzuviel übertragen wird. Diese Patienten versuchen vielmehr, frühere Objekterfahrungen zu wiederholen oder frühere Objektbedürfnisse zu befriedigen. Man wird bemerken, daß dies nicht allzu verschieden von Freuds Unterscheidung zwischen narzißtischen Neurosen und Übertragungsneurosen ist.

Die psychoanalytische Technik wurde entwickelt, um verdrängte Erinnerungen aufzudecken – das heißt, um festzustellen, was *war*. Die Ausgrabung dessen, was *war*, bleibt das Ziel der Behandlung sowohl der strukturierten (neurotischen) als auch bestimmter ungenügend strukturierter Patienten. Der ungenügend strukturierte Patient, der allzu sehr verwöhnt wurde, legt eine Anspruchshaltung an den Tag, die in der Übertragung greifbar wird und seine Erwartung widerspiegelt, mit Nachgiebigkeit behandelt zu werden. Man könnte sagen, was *war*, war zuviel. Diese ungenügend strukturierten Persönlichkeiten wollen frühere Objekterlebnisse wiederholen, indem sie den Therapeuten in die vorbestimmte »Versenkung« eines allmächtigen Teils des Selbst einzupassen versuchen, der sich nie etwas versagt.

Der Patient, den es nach der Erfüllung eines früheren Objektbedürfnisses verlangt, strebt ebenfalls nach Befriedigung, ist aber unfähig, dieses Bedürfnis zu definieren. Es existiert in Form von etwas Unbestimmtem, das fehlt. Diese Patienten sind auf der Suche nach dem, was *nicht war*. In einem äußerst interessanten Beitrag zum umstrittenen Begriff des Penisneides gehen Grossman und Stewart (1976) davon aus, daß der Penis, der zu fehlen scheint, etwas Konkretes sei, welches das Mädchen als Metapher benutzen kann, um eine vage Unbefriedigtheit zum Ausdruck zu bringen, die sich nicht in Worte fassen läßt. In gewissem Sinne hat das Mädchen, das glaubt, etwas

fehle ihm, den »Vorteil«, ein Mittel zu entdecken, um dies auszudrücken, während im Jungen ein Verlangen zurückbleiben
mag, das er nicht mitteilen kann. Die Deutung, daß er sich
kastriert fühle, kompliziert das Problem nur, weil er sich durch
Augenschein davon überzeugen kann, daß ihm der Penis nicht
fehlt. Aber was geschieht mit dem beharrlichen Gefühl, daß
doch etwas fehlt?

Bei ungenügend strukturierten Patienten mit unzureichen-
der Subphasenerfahrung, die deshalb übermäßig benachteiligt
waren, wird in der Therapie nicht nur nach dem geforscht, was
nicht war, sondern auch nach der (gewöhnlich narzißtischen)
Lösung, die das Individuum gefunden hat.

Kein Erwachsener, der durch Deprivation in der Kindheit
verletzt wurde, kommt mit offenen »Wunden«, die der Therapeut heilen soll, in die Sprechstunde. Der schützende Schorf,
der sich gebildet hat, besteht aus einer narzißtischen Lösung,
die zur Zeit ihrer Entstehung der Anpassung diente (Blanck
und Blanck, 1979). Damit meinen wir, daß der fehlende Teil des
Selbst erworben wird, indem man sich mit dem vereinigt, was
gerade zur Hand ist. Die häufigste Lösung besteht darin, sich
die Gefühle des Objekts zu eigen zu machen – zum Beispiel, die
einer depressiven Mutter. Das Kind teilt ihre Gefühle, um aus
der unzulänglichen Umwelt zu ziehen, was allenfalls vorhanden
ist. Andere Lösungen schließen die Zuneigung zu verläßlichen
unbelebten Objekten ein, etwa dem Übergangsobjekt, das eher
zu einem bleibenden Objekt wird und damit den Status eines
Fetischs erwirbt. Wieder andere Lösungen fordern die Schaffung eines Phantasieobjekts. Ein Beispiel dafür ist der imaginäre Gefährte oder eine gute Fee. Wie beim Übergangsobjekt
kann es sich auch dabei um normale vorübergehende Kindheits-
phantasien handeln, die pathologisch werden, wenn sie bestehen bleiben. Narzißtische Lösungen werden auf jeder Entwicklungsstufe ersonnen, auf der die benötigte Partnerin in der
Dyade versagt hat.

Offensichtlich liegt es in der Natur der Sache, daß das, was
fehlte, schwerer zu finden ist, als das wiederzuentdecken, was

einmal vorhanden war. Das soll nicht heißen, daß der Therapeut Befriedigung bieten muß, selbst wenn die Art des Bedürfnisses genau erkannt wird. Doch das herauszufinden ist nicht leicht. Man muß danach suchen, welche Art von Leere zurückblieb, weil es im frühen, gewöhnlich präverbalen Leben qualitativ und quantitativ an phasenspezifischer, affektiver Selbst- und Objekterfahrung gefehlt hat. Und wegen des »Schorfs« ist der Patient für neue Objektbeziehungen relativ unzugänglich. Wer diesbezüglich vollkommen in Abwehr erstarrt ist, sucht wahrscheinlich keine Behandlung. Der Mensch, der im Sprechzimmer erscheint, tut es, weil seine Anpassungsversuche in der Kindheit gescheitert sind – die Anpassung in Gestalt einer narzißtischen Lösung beeinträchtigt die gegenwärtigen Beziehungen. Die relative Undurchdringlichkeit des Schorfs ist ein wichtiger Faktor in bezug auf die Prognose. In gewissem Sinne hat Freud recht, wenn er sagt, die narzißtischen Neurosen seien unbehandelbar (1914 b). Moderne Theorie und Technik stellen eine günstigere Prognose. Wahrscheinlich kommen jene narzißtischen Persönlichkeiten, die mit dem »Arrangement« zufrieden sind, nicht zur Behandlung, und diejenigen, welche eine Behandlung suchen, weisen tatsächlich einen »Schorf« auf. Doch der Therapeut, der nicht übereifrig ist, kann warten, bis der Schorf abfällt. Wir lassen die Metapher beiseite und sagen, daß der Therapeut verfügbar bleibt, die Möglichkeit einer Beziehung offenhält und darauf wartet, daß der Patient den Weg zu seinem Innern ebnet. Was die Prognose angeht, so ist Behandelbarkeit ein Faktor der Durchlässigkeit der narzißtischen Lösung (1979).

Wir wenden uns nun einem anderen Aspekt des Gebrauchs der Übertragung zu – der Beurteilung des Niveaus der Objektbeziehungen. Hierbei können die meisten Behandlungsfehler gemacht werden.

Selbst wenn es menschenmöglich wäre, würden wir es nicht für wünschenswert halten, daß der Analytiker oder Therapeut keine Fehler macht. Eine solche Vollkommenheit würde den Wunsch nach einem allmächtigen Objekt verstärken und damit dem Patienten den Anreiz nehmen, in die reale Objektwelt einzutreten. Es ist nicht zum Schaden und ohnehin unvermeidlich, daß die »normale« Persönlichkeit des Therapeuten, einschließlich seiner Fehlbarkeit, auf die Behandlung einwirkt. Einige Irrtümer sind bei jeder Behandlung unausweichlich, und sie können sich vorteilhaft auswirken, wenn der Analytiker oder Therapeut diesbezüglich ehrlich ist und sich nicht abwehrend verhält. Im großen und ganzen bekennt man einen Irrtum am besten, indem man seine Auswirkung deutet. Daß man sich geirrt hat, wird manchmal eingestanden, seltener ist eine Entschuldigung, und eine Gegenübertragung wird niemals gebeichtet.

Es ist wichtig, daß der Therapeut das Niveau der Selbst- und Objektkonstanz erreicht hat. In der Vergangenheit hörte man häufiger als jetzt, daß es für die Behandlung schwerer Leidenszustände von Nutzen sei, wenn der Therapeut »ein bißchen verrückt« ist. Dies ist ein verlockender Trugschluß, weil er ein Körnchen Wahrheit enthält. Ein »verrückter« Therapeut ist für die Kommunikation im Primärprozeß besser gerüstet. Doch wer wird den Patienten aus dieser gemeinsam bewohnten Wildnis hinausführen?

Ein gleichermaßen zwingender Grund, weshalb sich die Objektbeziehungen des Therapeuten auf der Ebene der Selbst- und Objektkonstanz befinden müssen, besteht darin, daß sie die absolute Zuverlässigkeit garantiert, die für die psychotherapeutische und psychoanalytische Praxis von wesentlicher Bedeutung ist. Wo der Therapeut sich selbst und andere als ganze Person erlebt, erübrigt es sich, den Patienten als Teil des eigenen Selbst – das heißt, zum Zwecke narzißtischer Befriedigung – zu benutzen. Die Tatsache der Ganzheit des Therapeuten verringert unerwünschte Gegenübertragungen außerordentlich und läßt Raum für eine produktive Verwendung der Gegenübertragung. Das Niveau der Objektbeziehungen des Therapeuten kann jedoch gewöhnlich nur angehoben werden, indem er sich einer Analyse unterzieht.

Nunmehr ist klar, daß sich viele Fragen in bezug auf Unterschiede zwischen höherentwickelten und den weniger oder ungenügend entwickelten Strukturen ergeben. Diese Fragen betreffen insbesondere die Diagnose des Niveaus der Objektbeziehungen, die Erwartungen hinsichtlich des Verhaltens des Patienten in der Übertragung berührt. Wir verweisen auf eine oft übersehene Beobachtung Jacobsons. Sie sagt: »Deshalb dürfen wir bei erwachsenen Patienten Übertragungsvorgänge, die auf Verschiebung von einer Objektimago zu einer anderen beruhen, wie etwa von der Mutter auf den Analytiker, nicht mit Projektionen verwechseln« (1964, S. 58).

Es wird nicht hinreichend erkannt, daß die schwereren Behandlungsfehler daher rühren, daß mit dem Patienten auf Ebenen umgegangen wird, die entweder zu hoch oder zu niedrig sind. Diese Fehler haben zweierlei Ursachen: einmal die Verwendung klassischer psychoanalytischer Vorgehensweisen in der Annahme, daß der Patient die Selbst- und Objektkonstanz erreicht habe, obwohl dies nicht der Fall ist, und umgekehrt die Infantilisierung des Patienten, der die Selbst- und Objektkonstanz erreicht hat, indem man regressive Verhaltensweisen als Fixierung statt als Abwehr behandelt.

Ein Beispiel einer Fehldiagnose auf zu hoher Ebene ist der Patient, der, sagen wir einmal, keine angemessene Subphasenreaktion erlebt hat. Er berichtet über seine Leistungen. Der Analytiker wendet die Abstinenzregel an, was bei einem besser strukturierten Patienten angebracht wäre. Wenn der Patient so beharrlich nach einer Reaktion verlangt, daß die Behandlung zum Stillstand kommt, denkt der Analytiker vielleicht darüber nach, weshalb ein so übermäßiges Bedürfnis nach Befriedigung – wahrscheinlich nebenbuhlerischer oder exhibitionistischer Wünsche – besteht. Dies ähnelt einem Widerstand des Es, und es mag sich in der Tat genau darum handeln. Wenn bei der Diagnose andererseits das Niveau der Objektbeziehungen in Betracht gezogen wird, kann es angezeigt sein, Subphasenbedürfnisse zu verstehen, nicht aber zu befriedigen. Eine Deutung des Widerstands oder nebenbuhlerischer und exhibitionistischer Wünsche in der Übertragung wäre falsch. Wir möchten klarmachen, daß die traditionelle psychoanalytische Übertragungsdeutung gegenüber einem ungenügend strukturierten Patienten keinen therapeutischen Wert hat, hingegen viel Schaden anrichten kann. »Sie wollen, daß ich Sie bewundere« mag auf den ersten Blick vernünftig klingen, weil es die phallische Ebene anspricht. Auf den zweiten Blick ist es vollkommen falsch, weil das Bedürfnis seinen Ursprung in einem Lebensabschnitt hat (und in der therapeutischen Situation fortbesteht), als es weder ein Selbst noch einen Anderen gab, sondern lediglich eine Verschmelzung beider bis zu einem gewissen Grad.

Ein Beispiel für eine Diagnose auf zu niedrigem Niveau ist der Patient, der ein verzweifeltes Bedürfnis nach Trost, Anerkennung, Gegenwart des Therapeuten, Liebe zeigt. Darin kann sich eine Regression auf die Sicherheit in der Vereinigung mit der präödipalen Mutter als Abwehr gegen angsterfüllte ödipale Wünsche ausdrücken. Ein solcher Patient hat trotz der Regression die Selbst- und Objektkonstanz erreicht. Geht man therapeutisch vom regressiven Niveau aus, wird der Patient infantilisiert, statt daß man ihn auffordert, sich mit dem Konflikt auseinanderzusetzen.

Es sind diese Varianten, die sowohl die Diagnose als auch die richtige therapeutische Intervention so schwierig gestalten. Der Grad der Verschmelzung kann eine Fixierung oder Regression auf einen Punkt des Loslösungs- und Individuationsprozesses anzeigen, wobei der Umstand, daß fast kein ungenügend strukturierter Patient sich stets auf demselben Objektbeziehungsniveau präsentiert, zu großen Komplikationen führt. Hingegen regrediert der strukturierte Patient, der über Selbst- und Objektkonstanz verfügt, kaum jemals auf einen Punkt, wo ihm nicht bewußt ist, daß der Analytiker oder Therapeut eine getrennte, ganze, andere Person ist.

Die Frage bleibt bestehen: Reden wir noch über Übertragung? Die Antwort lautet Ja, wenn die Definition der Übertragung so weit ausgedehnt wird, daß sie die gesamte therapeutische Begegnung betrifft. Widerstrebend gehen wir mit dieser Verwässerung des Übertragungsbegriffs ein Stück konform, und zwar um dessentwillen, was sich hoffentlich als der größere Gewinn erweisen mag – Kommunikation mit der therapeutischen Gemeinschaft. Wir gehen aber nicht davon ab, daß ein ausgeprägter Unterschied zwischen den stärker und den weniger strukturierten Persönlichkeiten hinsichtlich ihrer Übertragungsweisen besteht, die auf Faktoren im frühen Objekterleben zurückzuführen sind, welche die Qualität der Objektbeziehungen beeinflussen.

Wir sind davon ausgegangen, daß Objektbeziehungen weder aus Selbstimagines noch aus Objektimagines für sich genommen hervorgehen. Sie werden vielmehr aus den affektiven Erfahrungen des Selbst mit dem Objekt gebildet, die zu den verinnerlichten *Resultanten* der Interaktion werden. Sie sind daher bei jedem Individuum einzigartig. »Programme«, die Objektbereitschaft betreffend, werden durch frühe Erfahrungen entwickelt, welche Anpassung erfordern und im späteren Leben dem Umstand Rechnung tragen, daß reale, gegenwärtige, äußere Objekte nicht genau in die vorgesehenen »Versenkungen« passen.

Bei der Beschreibung von Übertragungsformen befassen wir uns mit dem Ursprung des Übertragungspotentials in

1. den allgemein verstandenen Übertragungsmanifestationen, die gedeutet werden können, weil Selbst- und Objektkonstanz festgegründet sind und im Lauf der Analyse nicht regressiv verlorengehen,

2. den fixierten Annahmen des Patienten, die frühem, präverbalem Erleben entstammen und zu einem unveränderlichen Charaktermerkmal geworden sind,

3. jenen Annahmen, die, obwohl gleichfalls fixiert, einem neuen, verschiedenartigen Erleben der Objektwelt – dem von Loewald (1980) beschriebenen therapeutischen Differential – weichen können, wenngleich sehr langsam.

In den letzten beiden Fällen werden die Objektbilder in wechselndem Maße als Teil der Selbstbilder erlebt. Bei der Erörterung von primärem Narzißmus und primärem Masochismus fragt Jacobson: »Doch was bedeuten genaugenommen Narzißmus und Masochismus in der primitiven psychischen Organisation, bevor das Kind sein eigenes Selbst und die Welt der Objekte entdeckt hat?« (1964, S. 18). Dieselbe Frage kann man hinsichtlich des Übertragungspotentials in dem Sinne stellen, daß man im allgemeinen glaubt, die Fähigkeit, eine Übertragung herzustellen, schließe die Fähigkeit ein, Objektbeziehungen zu getrennten, ganzen, anderen Personen herzustellen. Um also Jacobsons Äußerung aufzunehmen, welche Bedeutung können Objektbeziehungen und damit das Übertragungspotential für die primitive psychische Organisation haben?

Außer der Feststellung, daß Unterschiede in den drei Arten von Übertragungspotentialen ihren Ursprung in verschiedenen Graden der Bewältigung des Loslösungs- und Individuationsprozesses haben, ist nicht klar, welche spezifischen Schicksale dieses Prozesses darüber entscheiden, warum und wie es in manchen Fällen zur Differenzierung kommt, während in anderen die Selbst- und Objektrepräsentanzen in wechselndem Maße undifferenziert bleiben. Der Versuch lohnt sich, zu bestimmen, welche Faktoren dazu beitragen, daß die schwächer differenzierte Struktur zur besser differenzierten Struktur wird.

Wahrscheinlich lassen sich die drei umfassenden Kategorien, in die wir dieses Thema unterteilt haben, am besten an einem klinischen Beispiel veranschaulichen.

Herr A. ist ein junger Akademiker, der in vielen Bereichen seines Lebens recht tüchtig ist. Er beschreibt eine Situation, in der ihm seine Verlobte von Plänen für das Wochenende erzählt. Sie sollten Freunde, ein Ehepaar, besuchen, damit »Jane und ich Weihnachtstorten backen können, während du dir mit John das Fußballspiel ansiehst«. Er ist verwirrt über die Gefühle, die ihn überkamen, als er das hörte. Sie wären angemessen gewesen, hätte sie ihm quasi einen *Befehl* erteilt. Er stimmte zwar zu, aber mit schlecht verhohlenem Groll. Am Abend dieses Tages suchte er offenen Streit mit seiner Verlobten, die sich nun ihrerseits sein unpassendes Benehmen verbat.

Ähnlich verhält er sich in der Übertragung, wenn er um

Assoziationen zur Situation gebeten wird, nachdem er sie beschrieben hat. Er hat das Gefühl, man wolle ihm Befehle erteilen, kann aber die Situation ruhig beschreiben, nachdem sich der Sturm gelegt hat, und ist sehr überrascht über sich selbst.

Das ist offensichtlich ein sehr günstiges diagnostisches und prognostisches Zeichen, welches erkennen läßt, daß ein kompetentes beobachtendes Ich im traditionellen Sinne vorhanden ist. Er richtet die Wut nicht gegen sich selbst, ist aber in der Lage, sein Verhalten zu beobachten und sich ohne übertriebene Selbstvorwürfe und ohne einen mit ihnen einhergehenden Vorfall des Selbstwertgefühls damit auseinanderzusetzen. Er ist zwar überrascht, aber nicht zerstört. Außerdem kann er mit Hilfe des Analytikers sein Verhalten zur Vergangenheit in Beziehung setzen, in der es wegen seines rebellischen, ungehorsamen Benehmens ständige Schlachten mit seiner Mutter gegeben hatte. Er erwartet keine magische Heilung von dieser beginnenden Einsicht, sondern schätzt die vor ihm liegende Aufgabe des Durcharbeitens der Konflikte der Vergangenheit, die in der Gegenwart lebendig sind, nüchtern ein.

Das Fehlen magischer Erwartungen, die sehr begrenzten Selbstbeschuldigungen, die Erkenntnis des Charakters seines Kampfes um Autonomie – all das sind Widerspiegelungen des gut funktionierenden übergeordneten Ichs, welches ihm ermöglicht, gegen die Programme anzukämpfen, die in der Vergangenheit organisiert wurden, und sie im psychoanalytischen Prozeß zu reorganisieren.

Dieser Fall ist ein Abbild des vertrauten, gut strukturierten, analysierbaren Patienten, der imstande ist, eine Übertragungsneurose zu entwickeln. Wir haben hinzugefügt, daß das übergeordnete Ich hier Funktionen überwacht, von denen man üblicherweise annimmt, daß es Funktionen des Struktur-Ichs seien – etwa die Selbstbeobachtung.

Herr B. ist Mitte fünfzig. Er war bereits bei vielen verschiedenen Therapeuten in Behandlung. Er war ein einigermaßen erfolgreicher leitender Angestellter mittleren Ranges in einer Firma, bei der er über fünf Jahre beschäftigt war. Nach einer Fusion übernahm ein neuer Stab die Geschäftsleitung, aber obwohl sich der Generaldirektor sehr befriedigt über Herrn B.s Arbeit geäußert hatte, wurde er ein Jahr nach der Fusion entlassen.

Herr B. blieb über ein Jahr arbeitslos; er erhielt keine Sozialleistungen mehr, reduzierte seine Behandlungsstunden wegen der finanziellen Belastung und wurde depressiv. Schließlich fand er eine andere Stellung – auch diesmal als mittlerer leitender Angestellter in einer kleinen Firma. Trotz großer Ängstlichkeit machte er einen sehr guten Eindruck, weil er auf seinem Gebiet äußerst kompetent ist. Das Anfangsgehalt in seiner neuen Position war nur geringfügig niedriger als das vorige, und es wurde ihm definitiv eine rasche Beförderung in Aussicht gestellt, falls seine Leistungen entsprechend wären.

Die Erleichterung darüber, endlich eine Stellung gefunden zu haben, die seiner Erfahrung entsprach und seine wachsende finanzielle Bedrängnis beendete, dauerte etwa zwei Wochen. Nun kehrte nicht nur seine Depression zurück, er begann auch unbewußt, in seiner Stellung Sabotage zu üben. Es ärgerte ihn, daß er nicht um halb fünf Uhr heimgehen konnte; jede Aufgabe, die ihm übertragen wurde, empfand er als Zumutung. Dies trotz der Tatsache, daß Angestellte auf seinem Niveau keine regelmäßige Arbeitszeit haben und er sie auch in seiner vorigen Stellung nicht gehabt hatte. Aus langer Erfahrung mit ihm vermochte der Analytiker bald zu erkennen, daß er sich »auf die Hinterbeine stellte« – eine Formulierung, die er schon vorher oft gebraucht hatte, um sein widersetzliches Funktionsmuster zu beschreiben.

Im wohltuenden Klima einer langen therapeutischen Beziehung konnte Herr B. nicht nur den bisher unbewußten Groll wahrnehmen, sondern auch Worte finden, um seine Enttäuschung darüber auszudrücken, daß er eine Tätigkeit zu verrichten hatte, die er als unter seiner Würde empfand. Die Tatsache, daß die neue Position im Bereich seiner Kompetenz lag und zudem weitaus größere Aufstiegschancen bot, war vergessen. Nostalgisch und in idealisierender Weise erinnerte er sich an die frühere Stellung. Als ihm sein Verhalten bewußt wurde und er es verbalisieren konnte, vermochte er sich auch zu erinnern, daß es ihm in den ersten Monaten in der früheren Position genauso ergangen war. Diese Assoziationen führten zu einer Phantasie, die in großen Zügen einem Familienroman glich; sie weckte irgendwie das Gefühl in ihm, daß er aus seinem rechtmäßigen Königreich verjagt worden war.

Herr B. war über das Ergebnis der therapeutischen Arbeit glücklich und fühlte sich erheblich erleichtert, vor allem seit er sehr deutlich erkennen konnte, daß er sich in seiner Arbeitssituation äußerst ungeschickt verhalten hatte. Diese Erkenntnis schien zu verheißen, daß er an den unbewußten Determinanten arbeiten würde, aber das geschah nicht. Statt dessen wurde das Problem auf andere Situationen verschoben.

Herrn B.s Geschichte der wiederholten Stellungsverluste und der Beendigung sozialer Beziehungen, die mit Depressionen und Unbeweglichkeit einhergingen, trat ins Blickfeld und fiel in einen neuen Bezugsrahmen. Es lag sehr nahe, daß Gründe für die vielen Behandlungsabbrüche bei verschiedenen Therapeuten über Jahre hinweg in rationalisierter Form vorgebracht worden waren – daß die wahren Ursachen in seiner Neigung, Beziehungen abzubrechen, zu suchen waren und nicht bei äußeren Faktoren. Die diagnostischen Überlegungen drehten sich nun um die Tatsache, daß er zwar in bezug auf seine Alltagserfahrungen von der Therapie profitiert, daß es ihm aber nicht gelingt, elementare Programme zu reorganisieren, die ungestört ablaufen.

Wir (1979) haben auf die Fähigkeit zur Reorganisation als fundamentales diagnostisches Kriterium hingewiesen und glauben, diesen Faktor nunmehr klarer definieren zu können. Im Fall von Herrn B. war das übergeordnete Ich nicht imstande, die fundamentale Angst vor Identitätsverlust durch Verzicht auf Autonomie zu überwinden, und so kämpft er um sein Leben (Identität), indem er Mechanismen wie Rückzug, der fast an

116

katatone Unbeweglichkeit grenzt, und globale Zurückhaltung benutzt. Das wichtige Symptom einer Impotenz ohne physische Ursache bestätigt diese diagnostische Überlegung.

Herr B. spricht demnach zwar auf die Behandlung an, doch seine Verwendung des therapeutischen Mediums erstreckt sich nicht auf jenen Bereich, wo das übergeordnete Ich die Kontrolle übernehmen müßte. Er benötigt weiterhin die tatsächliche Anwesenheit des Therapeuten, der die Funktion der Organisation für ihn ausübt. In diesem spezifischen Sinne kann er nicht autonom funktionieren. Das »Auf-die-Hinterbeine-Stellen« kann als Einstellung der Funktion betrachtet werden. Wo das übergeordnete Ich derart unzulänglich ist, sind Einsicht und Durcharbeiten unbewußter Determinanten eines Verhaltens, das dem Ausagieren gleicht, keine realistischen Therapieziele.

Der letzte Fall, den wir erörtern wollen, zeigt, daß einem schlecht funktionierenden übergeordneten Ich im Lauf der Behandlung zu besserer Funktionsfähigkeit verholfen werden kann.

Frau C. fürchtet sich sehr vor dem Erfolg, doch scheint dies eher auf der Ebene der Vernichtungsangst als auf der ödipalen Ebene der Fall zu sein. Die Angst beeinträchtigt ihre Funktionsfähigkeit. Sie besitzt außergewöhnliche Talente, erschrickt aber vor ihren Fertigkeiten und schafft es gewöhnlich, Aufgaben nicht zu Ende zu führen, oder aber sie vollendet sie zähneknirschend, was sie in ihrer Entschlossenheit bestärkt, in Zukunft keinerlei Aufgaben mehr zu übernehmen. Dieses Verhalten diente eindeutig dem Zweck, einer antizipierten Katastrophe aus dem Wege zu gehen.

Es bedurfte langwieriger therapeutischer Arbeit, die mit laufenden diagnostischen Beurteilungen einherging, bevor der Therapeut sicher sein konnte, daß es sich bei ihrer Funktionsunfähigkeit nicht um die häufigere Widerspiegelung von ödipaler Angst und Schuldgefühlen handelte. Ihre nahezu unausrottbare Phantasie ist die, daß sie der Therapeut, indem er ihr

117

funktionieren hilft – was sie bewußt wünscht –, einen Schritt näher an die Vernichtung heranführt. Das ist eine fixierte Annahme, eine Überzeugung, die noch nicht mit ihren realen gegenwärtigen Erfahrungen in Einklang gebracht wurde.

Auf die üblichen analytischen Interventionen reagiert sie mit heftiger Wut, die durch schwere Trennungsangst hervorgerufen wird. Der Therapeut entschloß sich, ihre Angst vor einer zu harten Trennung zu verringern, indem er sich für die kleinsten Einzelheiten ihres Lebens interessierte. In dieser Übergangsphase der Behandlung erlangte Frau C. die Gewißheit, daß die Beziehung gesichert war. Sie konnte es nun wagen, sie zu lösen, indem sie entsprechend ihrem eigenen Tempo und nicht dem des Therapeuten funktionierte.

Im folgenden geben wir einen Teil eines Dialogs wieder, der sich um ein Thema dreht, welches durch Frau C.s Funktionsschwierigkeiten aufgetaucht war. Sie ist eine ausgezeichnete Musikerin; sie hat bei Lehrern studiert, die man als »Königsmacher« bezeichnen könnte, da sie an der Ausbildung erstklassiger Konzertmusiker beteiligt waren. Solche Lehrer wählen ihre Schüler sehr sorgfältig aus, so daß die außergewöhnliche Begabung von Frau C. außer Frage steht. Einige Wochen hindurch ist das Thema der Behandlungsstunden ein Konzert, für das sie ihre Mitwirkung zugesagt hat und auf das sie sich nun vorbereitet. Sie regrediert auf Drohungen, die der Therapeut aus der Vergangenheit kennt: Sie wird das Konzert absagen, dem Musiklehrer kündigen, die Therapie abbrechen und sich umbringen. Sie hat Angst, daß sie die Noten nicht mehr lesen kann, oder sie wird ihr Ansehen verlieren oder außerstande sein, überhaupt zu spielen, oder sie wird ohnmächtig werden und vom Klavierstuhl fallen. Hierin drückt sich die Furcht vor einem unmittelbar bevorstehenden Zerfall aus.

Patientin: Wenn ich dieses Gefühl habe, ist es, als hätte ich mich selbst verloren. Ein Teil von mir betrachtet den anderen Teil, der gelähmt ist.

(Die Depersonalisation ist offenkundig.)

Therapeut: Tatsächlich gelähmt?

P: Nein, ich nehme es vorweg. Während des Konzerts schaffe ich es, weiterzumachen. Aber es ist eine solche Qual, daß ich auf keinen Fall will, daß es wieder passiert.

Th: Und beschließen Sie dann, niemals wieder zu spielen?

P: Ja.

Die nächste Stunde beginnt mit einem etwa zehnminütigen Schweigen.

P: Ich wollte heute nicht kommen. Ich habe mich zwar gestern besser gefühlt, aber ich wurde wütend auf Sie, nachdem ich gegangen war. Ich tobte ein paar Stunden lang, bis ich erkannte, daß ich nicht mehr auftreten will und Sie mich nicht aufhören lassen.

Jetzt hat Frau C. eine gewisse Fähigkeit zu realistischer Selbstbeobachtung entwickelt – im Gegensatz zur früheren Depersonalisierung. Dies wurde dadurch erreicht, daß die Funktion des übergeordneten Ichs im Laufe der Behandlung erweitert wurde. Als sie fürchtete, der Therapeut wolle sie zu mehr Loslösung zwingen, als sie zu ertragen vermochte, empfand sie Vernichtungsangst und brachte dies in Form von Wut – das heißt, durch mangelnde Affektdifferenzierung (1979) – zum Ausdruck. Im jetzigen Behandlungsstadium hat sie ein besseres Gefühl der Intaktheit. Der Dialog zeigt indessen, daß es Vorwärts- und Rückwärtsbewegungen gibt.

Sie beginnt nun zu erkennen, daß ihre Vorstellung, gezwungen zu werden, eine Projektion ist. Man hat ihr geholfen, sich bewußt zu werden, daß sie beschlossen hatte, an dem Konzert teilzunehmen, ohne daß in den Behandlungsstunden darüber diskutiert worden war. Zu diesem Zeitpunkt wurde die charakterlich bedingte und projizierte fixierte Annahme dadurch abgeschwächt, daß sie das therapeutische Potential (Loewald) wahrnahm. Sie erkennt allmählich, daß der Therapeut ihre Autonomie schützt und mit ihr an der Erreichung ihrer Ziele arbeitet.

Sie kann den Therapeuten jetzt eher als wahres Übertragungsobjekt betrachten und weniger als ein Objekt, das dazu da ist, ihren früheren Objektbedürfnissen entgegenzukommen.

Trotz ihres Talents war sie von ihrer Mutter nicht ermutigt worden. Dies ist ein Beispiel für etwas, das *nicht war* – das Objekt war an der Anziehung, die das Klavier auf sie ausübte, nicht interessiert. Sie sehnt sich nach der Anteilnahme des Therapeuten, fürchtet sie aber als Bedrohung ihrer Identität, weil sie nur glauben kann, daß es eine Anteilnahme auf der Ebene von Objektbedürfnissen wäre, wo Selbst- und Objektimagines miteinander verschmolzen sind.

Th: Wie hindere ich Sie denn, aufzuhören?

P: Ach Gott, damit wollen wir doch nicht wieder von vorn anfangen. Ich weiß jetzt, daß Sie mich nicht am Aufhören hindern, aber ich habe das Gefühl, daß Sie es tun, und deshalb tun Sie es.

Th: Da muß ich in Ihrem Leben eine sehr seltsame Rolle spielen.

Der Zweck dieser Intervention ist es, Vorwärts- und Rückwärtsbewegungen innerhalb der Stunde zu erkennen. Zuerst befindet sich die Objektrepräsentanz in einer etwas losgelösteren Position als vorher; dann nimmt sie innerhalb desselben Satzes eine Position der Verschmelzung ein: »Ich habe das Gefühl, daß Sie es tun, und deshalb tun Sie es.« Es ist geplant, dem übergeordneten Ich die Aufgabe des »Nachdenkens« über diese widersprüchlichen Repräsentanzen zu übertragen, um sie besser miteinander in Einklang bringen zu können. Man kann es sich als ein Schwanken zwischen den verschmolzenen und den losgelösten Selbst- und Objektrepräsentanzen vorstellen. Stellt man die Patientin vor diese Aufgabe, erfordert dies die Ausübung der Funktion.

Anders ausgedrückt, es bezeichnet die Position ihrer Objektbeziehungen, insbesondere die Tatsache, daß es Vorwärts- und Rückwärtsbewegungen gibt. Man kann es sich so vorstellen, daß die Objektrepräsentanzen »dahintreiben« dürfen, daß sie jetzt vorwärtsdrängen, dann weiter regredieren können. Der Vorwärtsdrang wird, wie man hofft, die Objektbeziehungen allmählich auf ein höheres Niveau als das vor der Behandlung bestehende heben. Hätte man gesagt: »Aber Sie wissen jetzt, daß ich Sie nicht hindere«, hätte es sich um eine äußerliche Konfrontation gehandelt, die einer Änderung der Struktur nicht dienlich gewesen wäre.

P: Ja. Manchmal weiß ich, daß ich es war, die das Konzert arrangiert hat; also muß ich doch wünschen zu spielen und Konzerte zu geben. Aber wenn die Zeit näherrückt, vergesse ich das alles und betrachte Sie als denjenigen, der mich dazu zwingt, obwohl ich es besser weiß.

Hier sehen wir das Schwanken zwischen der realistischen Einschätzung der äußeren Wirklichkeit, weil man sich der Getrenntheit nähert, und der fast augenblicklichen Regression auf den stärker verschmolzenen Zustand der Vereinigung mit dem ersehnten Objekt, das Zwang auf sie ausübt. Sie setzt sich nicht mit Objektrepräsentanzen der Vergangenheit auseinander, die sie auf den Therapeuten projiziert. Die primären Objekte (Kindermädchen und Mutter) waren überaus gleichgültig. Der Wunsch nach einem Objekt, das sie zwingt, ist keine verinnerlichte Objektrepräsentanz, sondern der Wunsch nach einem realen Objekt. Die Objektbeziehungen verbleiben im interpersonalen Bereich. Es wird Aufgabe der Behandlung sein, die Verinnerlichung zu fördern.

Gezeigt wird auch eine Intervention, wo eine Übertragungsdeutung nicht möglich ist, sowie ferner, wie man dem übergeordneten Ich zum Funktionieren verhelfen kann, wo sich die Fähigkeit, sich den Therapeuten zunutze zu machen, steigern läßt.

Zusammenfassend kann man sagen: Ob die Übertragung gedeutet werden kann, hängt vom ursprünglichen Niveau der erreichten Objektbeziehungen ab sowie vom zur Zeit bestehenden Niveau. Die Fähigkeit, eine deutbare Übertragung zu nutzen, erwächst aus der erfolgreichen Bewältigung des Angelpunkts der Entwicklung. Es ist besonders wichtig, daß eher intrapsychische als interpersonale Objektbeziehungen, sekundärprozeßhaftes Denken, die Verwendung der Sprache zum Zweck semantischer Kommunikation und Selbst- und Objektkonstanz vorhanden sind.

Wir unterscheiden Verschiebung von Projektion. Verschiebung setzt ein *bearbeitetes, strukturiertes* Niveau der Objektbeziehungen voraus, wobei Einstellungen und Gefühle, die dem getrennten Objekt A angemessen sind, auf das getrennte Objekt B übertragen werden. Die Projektion hingegen ist nicht spezifisch objektbezogen. Sie bedient sich des anderen oder sogar nur der Vorstellung des anderen, um die eigenen Gedanken und Gefühle des Subjekts in Stellung zu bringen. Die Realitätsprüfung, obgleich in beiden Fällen ungenau, ist bedeutend unzulänglicher, wo Projektion verwendet wird.

9 Der Begriff des Selbst

Während der ganzen Geschichte der Theoriebildung herrschte hinsichtlich der Definition des *Selbst* und sogar des Begriffs als solchem eine gewisse Unklarheit. Freud benutzte das Wort *Ich* in der Weise, daß manchmal das Selbst und manchmal das Ich gemeint war. Um eine gewisse Übereinstimmung zu erreichen, übersetzte Strachey in der *Standard Edition* das Wort *Ich* in allen Fällen mit *Ego*. Dies ist besonders von einigen deutschsprechenden Analytikern beanstandet worden; offensichtlich meinte Freud mitunter das *Selbst*. Wo Freud in seinen Schriften doppeldeutig ist, zeigt eine nachträgliche Untersuchung gewöhnlich, daß er in seinen Gedanken über ein bestimmtes Thema noch nicht zu völliger Klarheit gelangt war. Erst 1923 – in *Das Ich und das Es* – konnte er eine präzise Definition des *Ichs* geben und damit der Doppeldeutigkeit seines früheren Sprachgebrauchs ein Ende bereiten. Wichtige psychoanalytische Erkenntnisse, etwa Anna Freuds Arbeit über die Abwehrfunktion des Ichs, wurden durch diese Definition vorangetrieben.

Es dauert erheblich länger, das *Selbst* im Kontext der Hauptströmung psychoanalytischen Denkens ganz zutreffend zu definieren, da das »Selbst« nur ein weiteres Konstrukt ist, zwar heuristisch von Nutzen, aber schwierig, wenn nicht unmöglich, mit einiger Genauigkeit zu definieren. Adler, Jung, Horney und Sullivan benutzen einen Begriff des Selbst ebenso wie Kohut (1971, 1977), doch jeder schreibt ihm eine andere Bedeutung zu. Erikson (1959) spricht von *Ich-Identität*, wenn er versucht, den Umfang des psychoanalytischen Verständnisses in dem Sinne zu erweitern, daß die ganze Person einbezogen wird und nicht die Triebe allein oder das Ich allein. Das entspricht der neuen Philosophie, die etwa um dieselbe Zeit Eingang in das medizinische Denken fand (Hinsie, *The Person in the Body*, 1945). Die Person wird als integrierte Einheit betrachtet und nicht als ein Konglomerat von Organen.

Obgleich mehr als zwanzig Jahre vergangen sind, seit Jacobson die folgende Feststellung traf, ist sie immer noch richtig: »Dem faszinierenden Problem der Identität haben die Psychoanalytiker neuerdings wachsende Aufmerksamkeit geschenkt. Eine fruchtbare Diskussion dieses Problems setzt natürlich präzise Definitionen solcher Begriffe wie *Selbst*, *Ich* und *Identität* oder *Ichidentität* voraus, die für einen konstruktiven analytischen Zugang zu dieser und vielen verwandten Fragen unentbehrlich sind. Während Hartmann (1950) die Unterscheidung zwischen den Begriffen Ich, Selbst und Selbstrepräsentanzen einführte und sorgfältig definierte, existiert keine solche allgemein akzeptierte psychoanalytische Definition des Begriffs der Identität. Die Autoren, die sich zuletzt mit dem Gegenstand befaßt haben, unterlegen diesen Begriffen in der Tat ganz unterschiedliche Bedeutungen und gelangen demgemäß zu anscheinend unterschiedlichen Schlußfolgerungen« (1964, S. 9).

Jacobsons eigene Definition bezieht sich auf »die gesamte Person eines Individuums, einschließlich seines Körpers und seiner Körperteile« (S. 17). Sie fügt jedoch hinzu, daß »das ›Selbst‹ ein auxiliärer deskriptiver Begriff [ist], der auf die Person als Subjekt verweist im Unterschied zu der sie umgebenden Welt der Objekte« (ebd.).

Das Selbst als Konstrukt bleibt abstrakt; es ist nützlich, um es von der Objektwelt zu unterscheiden. Keine Beschreibung der Bestandteile kann genügen. Wenn ein Individuum über sich nachdenkt, kann dieses Denken nicht annähernd die Gesamtheit dessen umfassen, was man das Selbst nennt.

Die Ich-Psychologen (Hartmann, Kris und Loewenstein), die in den späten vierziger Jahren so produktiv wurden, widmeten sich der Betrachtung des Inhalts und der Qualitäten der individuellen Komponenten, aus denen die psychische Struktur besteht – dem eigentlichen »Stoff« von Ich und Überich. Statt die Theorie zu vereinfachen, scheint Hartmann die Dinge noch

124

komplexer zu machen, indem er den besser verstandenen intersystemischen Aktivitäten Betrachtungen über intrapsychische Prozesse und Konflikte anfügt. Doch diese scheinbare Komplexität ergibt sich nur aus Hartmanns Beobachtung, daß es sowohl umfassende als auch begrenzte Anpassungsaspekte gibt, und dehnt sie auf Überlegungen über den Inhalt der Komponenten des Ichs aus. In ihr spiegelt sich auch eine genauere Einschätzung der unendlichen Variablen der psychischen Struktur wider.

Unser eigener Versuch sollte ursprünglich dazu dienen, Fakten zu umreißen und zu nutzen, die für spezifische Funktionen der individuellen Ich-Komponenten relevant sind, und sie in einem einzigen Bezugsrahmen zusammenzufassen. Im Jahre 1968 fertigten wir eine graphische Darstellung der Ich-Entwicklung an, der im Jahre 1974 eine verbesserte, umfassendere Version folgte. Die Beurteilung der Ich-Struktur ist für die Formulierung einer deskriptiven Entwicklungsdiagnose immer noch von Nutzen. Doch 1979 stellten wir fest, daß die neuesten Informationen über Entwicklungsprozesse mit dem schlichten Hilfsmittel einer Graphik nicht zu erfassen waren. Die gesamte Person war nicht zu verstehen, indem man sich nur an Ich, Überich und Triebe hielt, so wichtig diese sind. Außerstande, das Erfassen der gesamten Person in eine einzige diagnostische Tabelle zu pressen, entwarfen wir einen Angelpunkt der Entwicklung, um zu zeigen, daß es eine Achse gibt, an der sich die fortschreitende Entwicklung qualitativ verändert. Dies geschieht trotz der Tatsache, daß sich das Seelenleben bei erfolgreicher Bewältigung des Angelpunkts vom Interpersonalen zum Intrapsychischen verschiebt, daß die Pathologie der ungenügend strukturierten Persönlichkeit als Resultat der Nichtbewältigung des Angelpunkts zu verstehen ist, und daß die Pathologie (Neurose) der strukturierten Persönlichkeit die Folge einerompromißlösung intersystemischer Konflikte ist.

Wir begannen nun auch, Pathologie im Hinblick auf die Person als Ganzes zu betrachten. Wir gingen davon aus, daß das Ich der übergreifende Organisierungsprozeß *ist*. Statt ihn durch seine Funktionen zu definieren (Hartmann), schlugen wir eine Definition anhand seines Funktionierens vor – das heißt, wir richten unsere Aufmerksamkeit nunmehr auf die gesamte Person, die funktioniert, statt auf die separaten Funktionen. Damit wird auch der Begriff der Anpassung so weit gefaßt, daß er die Vorstellung einschließt, fehlangepaßtes Verhalten könne einen Anpassungszweck verfolgen. Abwehren dienen Anpassungszwecken, wenn sie anfangs organisiert sind und erst später zur Fehlanpassung führen.

Es bedarf auch einer Neueinschätzung des Begriffs des Entwicklungsstillstands. Ein einfaches Aufhören von Entwicklung ist kaum möglich in einem Schema, das Entwicklung als unaufhörlich betrachtet. Im anhaltenden Entwicklungsgang werden Unzulänglichkeiten demnach organisiert; sie können auch positiv reorganisiert werden oder als Fehlbildungen in der Organisation bestehen bleiben. Die Organisation des Ganzen umfaßt mehr als die Summe der Teile, selbst jener besonderen Teile, denen es nicht gelungen ist, sich in vollem Ausmaß zu entwickeln. Im folgenden ein Beispiel:

Ein Patient war mehrere Jahre wegen eines anderen Leidens in Behandlung, bevor er bekennen konnte, daß er ein Schmutzproblem von irrationalen phobischen Ausmaßen hat. Nichts an seiner Art zu funktionieren läßt dies vermuten. Der einzige Hinweis besteht darin, daß dieser für gewöhnlich sprachgewandte, gebildete Mann gelegentlich in Neologismen verfällt. Die Therapie, die sich auf das Problem der Schuld und Depression nach dem Tod seiner Frau konzentriert hatte, schien recht gut voranzugehen. Er konnte seine Berufstätigkeit wieder aufnehmen und war seinen mutterlosen Kindern ein hinreichend kompetenter Vater.

Es ist möglich, daß sich das »Symptom« im Laufe der Behandlung verschlimmert hatte – das heißt, das verbesserte Funktionsniveau wurde dadurch erkauft, daß eine so verzweifelte Abwehr gegen die Dekompensation mobilisiert werden mußte. Andererseits hatte es vielleicht die ganze Zeit über im Vordergrund gestanden, konnte aber erst zur Sprache gebracht werden, als das wachsende Vertrauen zum Therapeuten die Enthüllung möglich machte.

In jedem Fall stellt es einen schweren Strukturmangel dar. Kliniker sind seit langem mit dem qualitativen, strukturellen Unterschied zwischen zwanghafter Sauberkeit einerseits und der Abwehr gegen die Dekompensation andererseits vertraut. Wir müssen darüber nachdenken, weshalb dieses seit über vierzig Jahren bestehende Problem das Funktionieren nicht bis zur Arbeitsunfähigkeit beeinträchtigt hatte. Die Objektbeziehungen hatte es beeinträchtigt, weil er verzweifelt darauf bestand, daß die Familie einen unerreichbaren Grad von Sauberkeit aufrechtzuerhalten habe. Es war dem Therapeuten nicht möglich, vom Patienten zu erfahren, wann das Symptom zum erstenmal aufgetreten war. Sehr wahrscheinlich entwickelte es sich langsam und unmerklich von gewöhnlichen hygienischen Vorsichtsmaßnahmen zu phobischen Proportionen. Zudem liegt nur der subjektive Bericht des Patienten vor; er unterscheidet nicht zwischen normaler und pathologischer Sauberkeit.

Anscheinend war er in der Lage, das Problem besser unter Kontrolle zu halten, während er mit dem realen Problem der langen Krebskrankheit seiner Frau befaßt war. Man könnte sogar vermuten, daß die hygienische Atmosphäre des Krankenzimmers als entscheidende Determinante zur Phobie beitrug. Das erscheint sinnvoll, weil es nahelegt, daß sie zum fehlgeleiteten Versuch wurde, die Objektverbindung zur verstorbenen Ehefrau aufrechtzuerhalten. Klar ist, daß er zwar fähig war, mit der bedrängenden Realität einer kranken, sterbenden Frau fertigzuwerden, das empfindliche Gleichgewicht der Strukturierung jedoch durch den Objektverlust zerstört wurde. Unter dem Aspekt des Angelpunktes würde man glauben, daß es sich gerade in die Richtung der Strukturierung und damit kompetenteren Funktionierens geneigt hatte, daß dann aber dieses prekäre Gleichgewicht sich der Pathologie zuneigte, die immer Bestandteil der Gesamtstruktur gewesen war. Was noch an Abwehrfähigkeit vorhanden ist, muß dazu verwendet werden, dem totalen Zerfall der Persönlichkeit einen Riegel vorzuschieben.

In diesem Prozeß verliert die Fähigkeit zur Symbolisierung ihren Sinn. Was immer Schmutz im Unbewußten repräsentiert (gewöhnlich Fäzes, Sexualität und Feindseligkeit beim besser strukturierten Zwangsneurotiker), es wird von dieser ungenügend strukturierten Persönlichkeit seiner symbolischen Bedeutung entkleidet und nunmehr als verzweifelte Abwehrmaßnahme benutzt. Manchmal wird dadurch die weitere Dekompensation verhindert.

Die Diagnose des »Selbst« dieses Patienten wäre in verschiedenen Abschnitten seines Lebens jeweils verschieden ausgefallen; sicherlich hätten die Neologismen bei gesellschaftlichen Anlässen charmant gewirkt. Nur ein Therapeut wäre imstande, die strukturellen Defizite auszumachen, die eine Denkstörung nahelegen.

Doch der Hauptpunkt dieser Diskussion ist der, daß die gesamte Person zu komplex ist, um mit all ihren Facetten wahrgenommen zu werden – selbst vom klinisch geschulten Auge. Aus dieser Sicht unterstützen wir die gegenwärtigen Bemühungen, zu einem besseren Verständnis des Funktionierens der gesamten Person zu gelangen. Wir sind jedoch überzeugt, daß dies am besten mit Hilfe eines Ansatzes geschieht, der in Betracht zieht, daß es notwendig ist, zu verstehen, wie sich die Bestandteile der Struktur entwickeln. Erst dann kann ein umfassenderes Verständnis des Ganzen erreicht werden.

Es ist zum Beispiel nützlich zu wissen, daß der Narzißmus bei einem Erwachsenen, der von seinen Altersgenossen oft so negativ empfunden wird, beim normalen zweijährigen Kind reizend ist. Beim Kind kann narzißtische Grandiosität nicht der Selbsterhaltung dienen; sie spiegelt nur wider, daß das Kind an der von ihm wahrgenommenen Allmacht und Allwissenheit des Erwachsenen teilhat. Ich-psychologisch ausgedrückt heißt das, daß sich seine Selbstrepräsentanzen an diesem Punkt der Entwicklung deutlich von den psychischen Repräsentanzen der Objekte unterscheiden, und so partizipiert es an trügerischer Grandiosität, die sich auf die täglich geteilte Freude über seine wachsenden Fähigkeiten stützt. Das ist kein Spiel für das Kind, sondern eine äußerst wichtige Entwicklungsaufgabe. Doch wenn diese Grandiosität andauert und sich ins Erwachsenenalter erstreckt, wird sie pathologisch. Daß sie dann nicht phasengerecht ist, ist die Spitze des Eisbergs und zeigt an, daß sich darunter eine schwere Störung der Objektbeziehungen verbirgt. Objektrepräsentanzen wurde die Besetzung entzogen, oder sie ist negativ geworden – mit dem Ergebnis, daß die Selbstrepräsentanzen in der psychischen Struktur die beherrschende Stellung eingenommen haben. An welcher Stelle des Entwicklungskontinuums dies auch stattfinden mag, die Selbstrepräsentanzen werden danach des regulierenden Einflusses beraubt, den positivere Besetzungen der Objektrepräsentanzen ausgeübt hätten. Die gleichmäßige Verteilung von Besetzungen auf Selbst- und Objektrepräsentanzen, die für adäquate Selbst- und Objektbeziehungen so wesentlich ist, kann nicht erreicht werden.

Daraus ergibt sich zwingend, daß alle Entwicklungsprozesse interdependent sind und ineinandergreifen. Um das Individuum zu verstehen, ist daher ein dualer Ansatz erforderlich – erstens die Beurteilung der gesamten Person in ihrer spezifischen augenblicklichen Umwelt und zweitens das Verstehen der getrennt funktionierenden Aspekte der Gesamtstruktur, die mit einem Modell normaler Entwicklung verglichen und daran gemessen werden muß. Das hat mit der üblichen Exploration der psychosozialen Entwicklung wenig zu tun. Es bezieht sich auf die Beobachtung des Patienten innerhalb des begrifflichen Bezugsrahmens, der von der psychoanalytischen Entwicklungspsychologie bereitgestellt wird.

Der sechzigjährige Patient, der mit einem ebenfalls bejahrten Geschwister in eine nie endende Debatte darüber verstrickt ist, welchen von beiden die Eltern in der Kindheit vorgezogen hätten, zeigt ein beharrliches Bedürfnis nach den elterlichen Repräsentanzen, weil die Funktionen der Beurteilung und der Achtung nicht auf die Selbstrepräsentanzen übertragen wurden. Es ist unwahrscheinlich, daß in diesem fortgeschrittenen Alter ein solcher Entwicklungsrückstand ohne therapeutische Intervention ausgeglichen werden kann.

129

Die Eheleute, die durchs Leben gehen, als seien sie aneinander gekettet, und die kaum individuelle Aktivitäten entfalten, lassen erkennen, daß sie den Loslösungs- und Individuationsprozeß nicht angemessen vollendet haben.

Der Mann, der behauptet, seiner Schwester sehr nahe zu stehen, sie zärtlich zu lieben, sie aber nur alle zwei Jahre sieht, obgleich sie geographisch nicht weit getrennt sind, informiert den Therapeuten unbewußt über den Zustand und die Qualität seiner Fähigkeit, Objektbeziehungen zu unterhalten.

Diese Beispiele können aus der Perspektive des Vergleichs von Ichfunktionen mit einem Modell normaler Entwicklung der gesamten Person gesehen werden. Es ist nicht möglich, Entwicklungsdefizite zu diagnostizieren, ohne in Betracht zu ziehen, daß sie im Gesamtverlauf des Organisationsprozesses einverleibt, modifiziert, abgewehrt wurden. Das wirft ein Schlaglicht auf die Tatsache, daß keine zwei Borderline-Fälle gleich sind. Man kann sie, wie Kernberg (1976), als auf höherem, mittlerem oder niederem Strukturniveau stehend klassifizieren. Diese Denkweise ist hilfreich, erklärt aber, für sich genommen, nicht, wie es kommt, daß sowohl manche Psychotiker als auch Borderline-Fälle ein alltägliches Leben ohne Störungen, die mit bloßem Auge wahrzunehmen sind, führen, bis die Zerbrechlichkeit ihrer Strukturen durch schwere Streßsituationen zutage gefördert wird.

Unser Denken richtet sich daher weiterhin an spezifischen Funktionen, Komponenten, Trieben und Affekten aus, und dennoch sind wir auch bestrebt, die gesamte Person im Auge zu behalten. Wir glauben jedoch, daß wir noch weit von dem Punkt entfernt sind, wo wir das ganze Selbst verstehen können, weil seine angeborene Komplexität so tiefgreifend und verschlungen ist, daß noch viel mehr hinsichtlich seiner Bestandteile und ihrer Entwicklung zu entdecken bleibt. Rangell drückt es folgendermaßen aus:

»Das Ganze ist ein Zusammenwirken auf verschiedenen Ebenen der Harmonie oder des Ungleichgewichts. Ein Verzicht auf unser Wissen über innere Strukturen, verbunden mit einer Rückkehr zu einer Psychologie, die sich lediglich dem zusammengesetzten Ganzen widmet, bedeutet jedoch meines Erachtens eher einen wissenschaftlichen Rückschritt als einen Fortschritt. Was verloren geht, sind die von der psychoanalytischen Theorie insgesamt zusammengetragenen Erklärungsmöglichkeiten – Erklärungen von Träumen, Symptomen und Charaktermerkmalen als Kompromißbildung, die Analyse der Angst, der Konflikte und ihres Ursprungs, das Verstehen einer Phobie, eines Zwangs, der Struktur einer Depression« (1982, S. 869 f.).

Wir würden hinzufügen, daß zwar die ganze Person mehr ist als die Summe ihrer Teile, das Ganze aber ohne ein grundlegendes Verständnis für die Entwicklung der Teile nicht begriffen werden kann.

10 Konflikttheorie

Die bekannteste Leistung Freuds ist seine Entdeckung des neurosogenen Einflusses von Wünschen, Widerstand, Konflikt, Abwehr und Symptombildung. Als Freud die Konflikttheorie von 1895 an zu formulieren begann, stellte sie eine weit fortgeschrittene Alternative zu der damaligen psychiatrischen Theorie der erblichen Anormalität dar. Mit der Einführung der Strukturtheorie im Jahre 1923 wurde die Konflikttheorie gegenüber der früheren Version um vieles verfeinert. Bis zum heutigen Tag ist die psychoanalytische Neurosentheorie eine Konflikttheorie geblieben, und ihre erläuternde Literatur stützt sich weitgehend, wie wir gezeigt haben, auf militärische Vergleiche. Das Überich kämpft mit dem Es; manchmal werden Überich und Ich zu Verbündeten; das Ich ist ein Schlachtfeld; das Ich kann auch ein Vermittler sein; das Es kann das Ich überwältigen; das Überich kann das Ich angreifen. Der ödipale Konflikt wird gewöhnlich als ein Konflikt beschrieben, bei dem Feindseligkeit und Lust dominierender sind als Liebe, wo die Aktion im Drama durch den Wunsch zu kastrieren und zu morden motiviert wird.

Man liest von einfallenden Armeen und angreifenden Mächten (A. Freud, 1936). Wenn das Ich stark genug ist, zwingt es die kriegführenden Parteien zum Kompromiß. Durch solchen Zwist wird die Psyche geschwächt; um unerträgliche Angst zu vermeiden, muß Energie in Gegenbesetzung verausgabt werden. Ist das Ich hinreichend kompetent, erkennt es die Angst als Signal und kann sie abwehren. Die Parteien schließen einen Kompromiß, der beiden eine Scheinbefriedigung gewährt. Dies ruft Symptome hervor, die aus dem Kompromiß resultieren, und diese Symptome repräsentieren demnach auch den Konflikt. Oft ist eine Neurose asymptomatisch; das Resultat des Konflikts ist ich-synton – das heißt, das Individuum kann relativ gut damit umgehen, weil es Teil seines Charakters geworden ist. Daß heutzutage, im Gegensatz zu Freuds Zeiten, eine arbeitsunfähig machende Symptomatologie selten ist, mag die Tatsache erklären, daß manche Menschen nicht bereit sind, sich einer Analyse zu unterziehen, obwohl sie ihnen von Nahestehenden empfohlen wird, die die Probleme schärfer wahrnehmen.

Der Vorgang, durch den der Konflikt zum Kompromiß führt, bleibt im dunkeln, weil er unbewußt stattfindet – nur die Symptome und häufig die unvollständig verdrängte Angst sind bewußt. Um dieses Arrangement im Unbewußten zu halten, muß ständig Gegenbesetzungsenergie aufgewendet werden. Mittels Überbesetzung »hebt« der psychoanalytische Prozeß die Verdrängung (Abwehr) »auf«, wodurch Material ins Vorbewußte – das heißt, auf den halben Weg zwischen Unbewußtem und Bewußtsein – geführt wird. Wenn der Schritt vom Unbewußten zum Vorbewußten vollzogen ist, bringt die Deutung das Problem ins Bewußtsein.

Damit sind die topographische Theorie und der Begriff der psychischen Energie beschrieben. Die Topographie der Psyche – Bewußtes, Vorbewußtes und Unbewußtes – bezeichnet drei Schichten und vergleicht den psychoanalytischen Prozeß mit einer Ausgrabung. Diese Theorie ging der Strukturtheorie voraus, und manche (Arlow und Brenner, 1964) glauben, daß die Strukturtheorie an ihre Stelle getreten sei. Die meisten Analytiker sind mit beiden Theorien einverstanden; sie halten sie nicht für unvereinbar und meinen eher, daß sie einander ergänzen.

Verbreiteter sind Kontroversen hinsichtlich des Problems der psychischen Energie. Sie wird in Frage gestellt (mehr von Schulpsychologen als von Psychoanalytikern), weil sie nicht den Energiegesetzen der modernen Physik im allgemeinen entspricht. Zu Freuds Zeiten folgten energetische Konzepte hydrodynamischen Prinzipien; sie sind heute in der Tat veraltet. Doch ein ernsteres Problem liegt noch vor der modernen Physik. Ein so bedeutender Theoretiker wie Fenichel (1945) glaubte, daß der Einsatz von Gegenbesetzungsenergie die physische Energie erschöpfe. Er gelangte zu der logischen Schluß-folgerung, daß Menschen, die unter Neurosen leiden, gerade deshalb körperlich erschöpft sind, weil sie ständig Gegenbeset-zungsenergien abgeben. Dies wird nicht durch Beobachtung be-stätigt. Außer bei der Depression, wo es aus anderen Gründen zu psychomotorischer Retardierung kommen kann, scheinen Neurotiker ihre körperliche Leistungsfähigkeit zu bewahren. Dies trifft besonders auf die Zwangsneurose zu, wo trotz der zahlreichen Abwehrmechanismen (Verdrängung, Regression, Reaktionsbildung, Isolierung und Ungeschehenmachen) und trotz der komplexen Symptomatologie Energie für reales Ar-beiten verbleibt. Fenichel fiel dem Trugschluß zum Opfer, eine Abstraktion zu konkretisieren, und übersah die Tatsache, daß ein Konstrukt keine Realität ist. Man könnte sogar sagen, daß psychische Energie nicht existiere, es sei denn als Abstraktion, die der Organisation von Informationen dient.

Die Konflikttheorie weist auch weiterhin Widersprüche und Auslassungen auf. Wie kann das Ich gleichzeitig Schlachtfeld, Kämpfer, Verbündeter des Überichs und Vermittler im Kon-flikt sein? Wie verschafft das Ich als Vermittler den kriegfüh-renden Parteien eine Scheinbefriedigung, indem es einen Kom-promiß herstellt? Diese Fragen lassen sich so lange nicht beant-worten, wie das Ich der Strukturtheorie mit mehr Funktionen ausgestattet wird, als ein solches Konstrukt übernehmen kann. Das ist der Grund, weshalb wir den Begriff eines allumfassen-den ausführenden Organs wieder einführen – das übergeord-nete Ich. Es befreit das Ich der Strukturtheorie von der Last, Schlachtfeld, Beteiligter am Konflikt *und* Vermittler in diesem Konflikt zu sein. Insbesondere die Funktion des Vermittlers sollte dem ausführenden Organ vorbehalten bleiben, denn es ist dieses übergeordnete Ich, das Verbindungen aufrechterhält und die Integrität der gesamten Persönlichkeit gewährleistet. Diese Begriffsbildung gibt dem Struktur-Ich (Anpassung im en-gen Sinne) die Freiheit, seine eigenen Funktionen wahrzuneh-men, die uns – besonders seit Hartmann – so vertraut geworden sind.

Es ist wenig bekannt, daß es vor der Strukturierung zu Konflikten kommen kann. Man könnte fragen, wie das möglich ist, da die Instanzen, die Konflikte auslösen, erst entstehen, nachdem sich Struktur bildet. Bevor die Struktur voll ausgebildet ist, sind Ich und Überich nicht ausreichend entwickelt, um sich auf den komplexen intersystemischen Konflikt einzulassen, der die ödipale Phase kennzeichnet. Aber die einfacheren Konflikte der frühen Entwicklung fordern die Persönlichkeit genauso stark oder mehr als die späteren und komplexeren.

Mahler stellt fest, daß es einen frühen Konfliktzustand gibt, der ambivalenten Objektbeziehungen vorausgeht: die Ambitendenz. Das ist ein Paradigma eines frühen intersystemischen Konflikts während des eigentlichen Strukturierungsprozesses. Ihre Filme zeigen ein Kleinkind, das zu einer Tür läuft, hinter der die Mutter gerade »verschwunden« ist. Das Kind schlägt gegen die Tür und beginnt zu weinen, wird aber vom Beobachter abgelenkt, der ihm ein Spielzeug anbietet. Hier scheint gleichzeitig der Wunsch nach der Mutter und der Wunsch zu bestehen, das Spielzeug anzunehmen und vom anderen, der nicht die Mutter ist, getröstet zu werden. Man könnte hier mit Recht sagen, daß das Ich mit dem Es kämpfe. Das Kind wünscht und braucht seine Mutter, doch die Ichfunktionen des Gedächtnisses und der Antizipation verbinden sich mit der Funktionslust, um gerade soviel Struktur zu schaffen, daß das Bedürfnis nach der Beziehung zum primären Objekt ein Gegengewicht erhält. Eine Zeitlang besteht ein genaues Gleichgewicht; das kleine Mädchen will beides zugleich und muß erleben, daß dies nicht möglich ist. Es trifft abwechselnd die eine oder die andere Wahl, bis ein Gleichgewicht in der psychischen Struktur hergestellt ist, das es befähigt, sich für das eine *oder* das andere zu entscheiden.

Dieser Konflikt unterscheidet sich erheblich vom vertrauteren intersystemischen Konflikt der ödipalen Krise. Daß er in der Theoriebildung übergangen und das Schwergewicht allein auf den ödipalen Konflikt gelegt wurde, erklären wir damit, daß unser exaktes Wissen hinsichtlich der präödipalen Entwicklung begrenzt war, bevor durch die Kinderbeobachtung die Entwicklungsschicksale des präödipalen Lebensabschnitts in die Hauptströmung psychoanalytischen Denkens aufgenommen wurde. Der Lebensabschnitt vor Erreichung des ödipalen Konflikts wurde weitgehend unter psychosexuellen Aspekten gesehen, obwohl die Objektbeziehungen in Freuds Schriften meist beiläufig Erwähnung finden.

Seit einiger Zeit wird anerkannt, daß die ausschließliche Berücksichtigung der psychosexuellen Phasen der Komplexität der frühen Entwicklung nicht gerecht wird. Jacobson stellte fest, daß die orale Phase weit mehr umfaßt als eine zonale Aktivität; sie schließt alle Selbst- und Objekterfahrungen ein, die in der größeren Konstellation der Mutter-Kind-Beziehung – die mütterlichen Pflegeleistungen, die über das Füttern hinausgehen, etwa Wärme, Hätscheln, Stimulierung von Funktionen – und den Interaktionen mit dem Kind stattfinden, zum Beispiel der durch Nachahmung, Lautbildung und Registrierung affektiver Erlebnisse markierte Eintritt in die dyadische Beziehung. Wenn Entwicklung in psychosexuellen Termini erklärt werden soll, muß die orale Phase in einer Weise beschrieben werden, die den Eintritt in die erste Subphase des Loslösungs- und Individuationsprozesses – die Differenzierung – einschließt. Ebenfalls eingeschlossen sind die Indikatoren des ersten Organisators der Psyche (die Lächelreaktion) sowie des zweiten Organisators (Fremdenangst, die anzeigt, daß das eigentliche libidinöse Objekt vorhanden ist).

Das zweite und dritte Lebensjahr fallen ungefähr mit der analen und der phallischen Phase der psychosexuellen Entwicklung zusammen. Hier müßte man aufkeimende Selbst- und Objektbilder in eine sich erweiternde Objektwelt ebenso einbeziehen wie die Aufgaben der Übungs- und Wiederannäherungssubphasen; den Erwerb des dritten Organisators (semantische Kommunikation); die fortschreitende Identifizierung, Verinnerlichung und Strukturierung; die Entwicklung der Abwehrfunktion des Ichs; umfassendere Objektbeziehungen auf noch höheren, stärker verinnerlichten Ebenen; den Beginn der Identitätsbildung und die Annäherung an Selbst- und Objektkonstanz.

Der Terminus *präödipal* reicht nicht aus, um die ungeheure Entwicklung zu beschreiben, die jetzt bis in die kleinsten Einzelheiten bekannt ist. Er bezeichnet lediglich das Leben vor der ödipalen Phase, umfaßt aber nicht die Details des Lebensbeginns, und er unterschlägt vor allem, daß in diesem Lebensabschnitt eine Entwicklung vor sich geht, die für das künftige Seelenleben des Individuums von entscheidender Bedeutung ist.

Durch die Einbeziehung des Faktors Objektbeziehungen wird die Konflikttheorie um eine Dimension erweitert. Sie beschreibt nun den interpersonalen Austausch und die Konflikte der frühen Lebensmonate und erklärt, wie durch sie Programme gestaltet werden, die einen entscheidenden Einfluß auf die späteren Auseinandersetzungen mit äußeren Objekten, einschließlich des Therapeuten, haben. Freud begann diesen Faktor in Betracht zu ziehen, als er feststellte, daß es eine wechselseitige Beziehung zwischen Mutter und Kind gibt. 1921 fragte er sich, ob die Psychosexualität die einzige Grundlage der Objektbesetzung ist. Er sagte damals: »Wir erfahren tatsächlich aus der Psychoanalyse, daß es noch andere Mechanismen der Gefühlsbindung gibt, die sogenannten *Identifizierungen*« (S. 113).

Die Identifizierung bildet die Grundlage für immer höhere Ebenen der Objektbeziehungen durch Verinnerlichung. Wir haben gezeigt, daß die Entwicklung der Objektbeziehungen bei der Geburt durch die Begegnung zwischen dem Neugeborenen und der bemutternden Person ihren Anfang nimmt. Mittels allmählicher Verinnerlichung von Selbst- und Objektbildern in den ersten Lebensjahren werden immer höhere Strukturierungsgrade erreicht, während das Kind durch den Loslösungs- und Individuationsprozeß der Objektkonstanz entgegengeführt wird.

Betrachtet man das Thema Konflikt unter Entwicklungsgesichtspunkten, wird klar, daß es sowohl prästrukturelle als auch strukturelle Konflikte gibt und auch andere Lösungen als der Kompromiß möglich sind. Vorherrschender sind Pathologien, die die Folge eines Entwicklungs- und Organisationsversagens sind, etwa die sogenannten Borderline-Zustände und narzißtischen Störungen sowie die Charakterneurosen.

Der Konflikt tritt als ein Aspekt struktureller Differenzierung auf. Zum Zeitpunkt der psychischen Geburt sind die Systeme ausreichend integriert und zu einem Ganzen geworden. Wir erblicken dieses Integrationsniveau eher im Umkreis der psychischen Geburt als im Gefolge der ödipalen Lösung, und zwar aus dem Grunde, daß eine optimale ödipale Lösung nur von einem bereits integrierten psychischen System unter Leitung des übergeordneten Ichs erreicht werden kann. Es ist zwar richtig, daß die ödipale Lösung zu einer Struktur von weit höherem Rang führt, doch kann dies nur dort geschehen, wo bereits ein Strukturniveau vorhanden ist, das es erlaubt, sich erfolgreich mit den Belastungen des ödipalen Konflikts auseinanderzusetzen.

Eine Anpassungstendenz ist trotz struktureller Defizite immer vorhanden. Doch Anpassung ohne ein Ich, das ein Urteilsvermögen besitzt und zur Realitätsprüfung fähig ist, trägt den Charakter einer Notmaßnahme, die nur zu einer Fehlanpassung im späteren Leben führt. Obgleich die Anpassungsorganisation trotz Mängeln in der Aufzucht ein gewisses Niveau erreicht hat, führen diese unvermeidlich zu Fehlbildungen, etwa einem übersteigerten Phantasieleben, unsicherer Geschlechtsidentität und Problemen der Identitätsbildung im allgemeinen. Außer in der Psychose führen sowohl die ungenügend strukturierten als auch die strukturierten Persönlichkeiten ein mehr oder weniger geordnetes Leben.

Selbst bei maximaler Organisation bleibt das Es in hohem Maße ein integraler Bestandteil des Lebens, nicht nur in bezug auf die Triebe, sondern auch in bezug auf die Phantasie, magisches Denken, unbewußte Sehnsucht und ähnliches. Ohne diese Überreste aus der Kindheit wäre das Leben derartig vernunftbestimmt, daß es jeder Liebe und Lust ermangelte. Wo aber die

Organisationsfähigkeiten weniger entwickelt sind – bei den ungenügend strukturierten Persönlichkeiten –, sind Fehlanpassungen offenkundiger und beeinträchtigen das tägliche Leben und Funktionieren stärker.

Es bereichert die klassische Neurosentheorie erheblich, wenn man feststellt, daß es vor und nach der ödipalen Organisation qualitative und quantitative Unterschiede in den Objektbeziehungen ebenso wie bei allen anderen Merkmalen des Organisationsprozesses gibt. Organisation *per se* ist derselbe Prozeß, ob es sich nun um den ersten Organisator handelt, der die primitiven Erfahrungen der ersten Lebenswochen integriert, oder um den zweiten, dritten und vierten Organisator (den Ödipuskomplex). Die These des übergeordneten Ichs enthält die Annahme, daß seine Operationsweise dieselbe bleibt, gleichgültig ob es präödipale oder ödipale Erfahrung integriert. Organisation und Strukturierung bilden ein Kontinuum. Die ödipale Organisation schließt jedoch so substantiell fortgeschrittene Erkenntnisse ein, daß sich Quantität in Qualität verwandelt. Man stellt sich daher die Neurose sehr richtig als etwas vor, das sich von Pathologien, die früheren Entwicklungsdefiziten entstammen, erheblich unterscheidet.

Dennoch dient es der Erweiterung des Verständnisses der Neurose, wenn man sie als Folge eines Entwicklungsversagens klassifiziert. So betrachtet, repräsentiert sie verfehlte Objektbeziehungen, wozu Beziehungen zwischen den Selbstrepräsentanzen und den beiden Sätzen von Objektrepräsentanzen in einem Kampf gehören, der um der optimalen psychischen Gesundheit willen in der Form entschieden werden muß, daß man sein generationsbedingtes Schicksal akzeptiert. Die Einbeziehung des Faktors Objektbeziehungen führt zu einer Änderung der traditionellen Ansicht, daß die ödipale Lösung ohne Auflösung des Komplexes das Ergebnis eines Kompromisses sei, den das Ich als Vermittler bewirkt hat. Jetzt muß man glauben, daß der Kompromiß infolge einer Veränderung zwischen den Selbst- und Objektrepräsentanzen zustande kommt, wenn das Kind in der Triade seine Selbstrepräsentanz modifiziert, damit sie der

Tatsache entspricht, daß es ein Kind ist und nicht über die Sexualität des Erwachsenen verfügt.

Modifiziert werden auch Mord- und Kastrationswünsche. Man muß sich vorstellen, daß sie durch die lange positive Besetzung der beiden elterlichen Repräsentanzen gemildert und ausgeglichen werden. Der Knabe der ödipalen Phase, der eine lange Objektverbindung mit einem liebenden Vater hat, die bis ins erste Lebensjahr zurückreicht, kann einen Mordwunsch jetzt nicht lange aushalten. Noch kann er lange an der Vorstellung festhalten, daß der vormals liebende Vater nun ein Kastrator sei, selbst wenn sich darin die Projektion seines eigenen begehrlichen Wunsches, den überlegenen Phallus des Vaters zu besitzen, widerspiegelt.

Da eine Art neurotischer Lösung das Schicksal der meisten bleibt, die das Glück haben, die frühe Kindheit gut zu überstehen und einer schwereren Pathologie zu entgehen, müssen wir die Genese der Neurose genauer untersuchen. Bei dieser Untersuchung müssen die Rollen der drei strukturellen Instanzen im Licht unserer These überprüft werden, daß die Theorie gestärkt wird, wenn gewisse sogenannte Ichfunktionen von einem übergeordneten Ich wahrgenommen werden, das als zentrale Steuerungsorganisation fungiert.

Die Komponenten der Neurose können in folgende Elemente unterteilt werden:

1. Wunsch
2. Furcht vor Konsequenzen
3. Angst
4. Das Ich als Schlachtfeld
5. Das Ich als Vermittler
6. Das Ich in seiner Abwehrfunktion
7. Kompromiß
8. Symptombildung

1. Wunsch

Bevor sich das Kind in vollem Umfang mit dem ödipalen Wunsch auseinandersetzen muß, hat es bereits Widerstand gegen seine Triebe erlebt. Der erste ist die Entwöhnung, auf die die Reinlichkeitserziehung folgt. Damit sind Objektbeziehungen verknüpft, die komplexer und wechselseitiger sind, als man bei flüchtiger Betrachtung annehmen würde. Das hilflose Kind muß den willkürlich auferlegten Forderungen des Erwachsenen nachgeben. Doch unter optimalen Verhältnissen erfolgen Entwöhnung und Reinlichkeitserziehung in Interaktion zwischen Kind und »Aggressor«. Das Kind unterzieht sich der Entwöhnung zum einen, weil seine oralen Bedürfnisse nachlassen, zum anderen, wenn sie ihm zum richtigen Zeitpunkt auferlegt wird und die Beziehung insgesamt positiv ist. Die Reinlichkeitsgewöhnung ist die etwas komplexere Version eines ähnlichen Vorgangs. Wenn anale Bedürfnisse ausreichend befriedigt wurden, lassen sie ebenfalls nach. Doch zu diesem Zeitpunkt befinden sich Selbst- und Objektbeziehungen auf einem Niveau, das dem Kind kaum eine Wahl läßt. Da eine optimale Organisation auch die Objektbesetzung einschließt, kann das Kind nicht ohne Rücksichtnahme auf das Objekt auf zonaler Befriedigung bestehen. Es ist daher unwahrscheinlich, daß es die Befriedigung zonaler Bedürfnisse auf Kosten der wichtigen und befriedigenderen Objektbeziehung wählen wird. Diese Beziehung gestattet die Identifizierung mit den elterlichen Werten und außerdem die Bildung von Imagines eines guten, funktionierenden, sympathischen, geliebten und liebenden Selbst. Auf dieser Entwicklungsstufe, und lange bevor ödipale Objektbeziehungen angezeigt sind, ist ein Potential für Schwierigkeiten vorhanden, die die Auflösung des Ödipuskomplexes belasten können, wenn dieser Zeitpunkt erreicht ist. Schwierige Objektbeziehungen, die in früheren Lebensabschnitten ihren Anfang nahmen, behindern das Fortschreiten zum Primat der Genitalität.

Man ist stets davon ausgegangen, daß die Objektbeziehungen ein recht hohes Niveau haben müssen, damit der Primat der Genitalität erreicht werden kann. Lange bevor die Ich-Psychologie und die von ihr abgeleitete Objektbeziehungstheorie formuliert wurden, hatte die psychoanalytische Theorie Psychosexualität und Objektbeziehungen als konvergierende Aspekte des genitalen Primats zusammengebracht. Sie ging davon aus, daß auf diesem höchsten psychosexuellen Niveau zonale Bedürfnisse und das Bedürfnis nach Objektverbindung auch das Objekt berücksichtigen müssen. Defizite des Selbstwertgefühls und der Wertschätzung des Objekts behindern die Entwicklung, indem sie das Festhalten an prägenitalen zonalen Befriedigungen, die weniger objektorientiert sind, fördern. Fortgesetzte autoerotische Aktivitäten über den altersentsprechenden Zeitraum hinaus sind ein Beispiel für das Weiterbestehen zonaler Modalitäten, die die Objektverbindung beherrschen.

Erfahrungen, die zu Frustrationstoleranz und Angsttoleranz führen, stärken das Kind für den ödipalen Kampf. Es ist die Aufgabe der elterlichen Objekte vor der ödipalen Krise, dem Kind beim Erwerb von Frustrationstoleranz, Angsttoleranz, Wahrnehmung der Realität und Einstellung auf sie zu helfen – all das im Kontext einer wohlabgestimmten Selbst- und Objekterfahrung bei jedem Schritt. Die Rolle des adäquat ausgestatteten Kindes – wozu die wichtige Fähigkeit gehört, aus seiner Umwelt Nutzen zu ziehen – besteht darin, mit der Umwelt zusammenzupassen und die zunehmende Zahl von Entwicklungskomponenten, wie sie täglich anfallen, zu organisieren. Zum Zeitpunkt der ödipalen Krise hat das sich hinreichend gut entwickelnde Kind bereits eine Struktur gebildet, die durch die Realitätsprüfung geformt wurde und Muster der Beziehung zu Selbst- und Objektrepräsentanzen einschließt, welche dem Kind einen Platz in der Welt sichern. Selbst unter so optimalen Bedingungen ist die ödipale Position schwierig. Doch zähmende Einflüsse und Fähigkeiten zur Auseinandersetzung sind bis dahin verinnerlicht worden und werden in der Feuerprobe der ödipalen Krise nicht mehr verlorengehen.

Wo Desorganisation, die zur Neurose führt, vorherrscht,

sind negative Selbst- und Objekterfahrungen der ödipalen Situation vorausgegangen und bewirken Verwirrung und Fehlbildungen in der Organisation. Mahlers auf Beobachtung beruhende Untersuchungen zeigen, daß eine schwere Neurose vermieden werden kann, wenn die Subphase der Wiederannäherung als befriedigend erlebt wird. Während der Wiederannäherung wird dem Kind zwingend bewußt, daß es eine sehr kleine Person in einer sehr großen Welt ist. Eine so tiefgreifende Realitätsprüfung kann nur erreicht werden, wo der Loslösungs- und Individuationsprozeß stetig vorangeschritten ist, so daß das Kind den Glauben an die elterliche Allmacht ohne Schaden zu nehmen aufgeben kann. Es fühlt sich wohl, weil sich mit dem Übergang der Funktion der Objektrepräsentanzen auf die Selbstrepräsentanz das Bedürfnis nach elterlicher Allmacht verringert. Sobald es diesen Grad der Realitätsprüfung erreicht, ist das Kind gezwungen, auf die Grandiosität der Übungssubphase zu verzichten und die Vereinigung mit einem Stärkeren, einem beschützenden Elternteil, zu suchen, der aber nicht mehr allmächtig zu sein braucht. Es ist unwahrscheinlich, daß die Realitätsprüfung ihre ernüchternde Wirkung verliert, es sei denn, daß Enttäuschung während der Wiederannäherung das Kind zwingt, zur Allmacht der Übungssubphase zurückzukehren. Verläuft die Wiederannäherung jedoch adäquat, tritt das Kind in die ödipale Phase in dem Bewußtsein ein, daß es noch ein Kind ist und als solches ein ungleicher Partner in der ödipalen Konfiguration.

Nach unserer Auffassung liefern die Entwicklungsjahre die Kompetenz, mit künftigen Krisen – dem Ödipuskomplex, der Adoleszenz und den übrigen kritischen Phasen im Lebenszyklus – fertigzuwerden. Desorganisation, die erstmals auf der ödipalen Ebene in Erscheinung treten mag, ist während der Latenzphase, der Adoleszenz oder sogar im Erwachsenenleben auf Fehlbildungen gegründet, die auf früheren Stufen der Objektbeziehungen ihren Anfang genommen haben. Unter solchen Umständen führt die ödipale Krise bestenfalls zur Neurose oder aber zur Regression auf Borderline- oder narzißtische Zustände unterhalb der Neurose, wenn der Organisationsgrad die Persönlichkeit auf dem höheren Niveau nicht unterstützen und halten kann.

Die Organisation kann so erhebliche Fehlbildungen aufweisen, daß es nicht möglich ist, die ödipale Ebene auf kompetente Weise zu erreichen. Betrachtet man die klassischen Neurosen in diesem Licht, stellen sie ein Versagen der Organisation dar. Dem übergeordneten Ich gelingt es nicht, seiner Rolle, alle Komponenten zu einem harmonischen Ganzen zu vereinen, gerecht zu werden. Versagt hat die Organisation in ihrer Gesamtheit. Sie hindert manche Individuen daran, die ödipale Ebene zu erreichen. Andere hingegen schleppen sich in diese Entwicklungsphase hinein, sind aber durch früheres Versagen so beeinträchtigt, daß eine ödipale Lösung ohne therapeutische Hilfe nicht möglich ist.

Die traditionellere Auffassung dieser Sachlage besagt, daß das Es das Ich besiege. Im weitesten Sinne ist das richtig. Will man die Situation genauer beschreiben, muß man sagen, daß die zu organisierenden Elemente bereits so verzerrt sind, daß das übergeordnete Ich sie nicht mehr in ein wohltuendes Gleichgewicht zu bringen vermag. Die daraus resultierende unsichere Gemütslage ist nun weitgehend darauf angewiesen, daß Symptome eine schwankende Stabilität aufrechterhalten.

2. Furcht vor Konsequenzen

Wie bekannt, glaubte Freud, daß der Knabe im ödipalen Dilemma vor der Wahl stehe, seinem Wunsch nachzugeben und die Kastration zu riskieren, oder auf den Wunsch zu verzichten. Freud entdeckte keinen vergleichbaren Anreiz für das Mädchen, dem ödipalen Wunsch zu entsagen; er schloß daraus, daß es diese Aufgabe nicht erfüllt und daher über ein weniger adäquates Überich verfügt. Moderne Vorstellungen über die weibliche Psychologie besagen, daß Freuds Schlußfolgerungen bezüglich der Entwicklung der Frau den schwächsten Punkt seines theoretischen Gebäudes darstellen. Doch in den meisten

Fällen wird in Besprechungen seine Vorlesung über die weibliche Sexualität aus dem Jahre 1933 ausgelassen, wo er seine früheren Überlegungen hinsichtlich Aktivität und Passivität modifiziert, indem er nun erklärt, daß sie nicht geschlechtsbezogen seien. Seine früheren Versuche, sexuelle Entwicklung und Geschlechtsidentität mit der Triebtheorie in Einklang zu bringen, hatten ihn zu einigen unhaltbaren Schlüssen geführt. Doch 1933 sagt er:

»Das ist alles, was ich Ihnen über die Weiblichkeit zu sagen hatte. Es ist gewiß unvollständig und fragmentarisch, klingt auch nicht immer freundlich. Vergessen Sie aber nicht, daß wir das Weib nur insofern beschrieben haben, als sein Wesen durch seine Sexualfunktion bestimmt wird. Dieser Einfluß geht freilich sehr weit, aber wir behalten im Auge, daß die einzelne Frau auch sonst ein menschliches Wesen sein mag. Wollen Sie mehr über die Weiblichkeit wissen, so befragen Sie Ihre eigenen Lebenserfahrungen, oder Sie wenden sich an die Dichter, oder Sie warten, bis die Wissenschaft Ihnen tiefere und besser zusammenhängende Auskünfte geben kann« (1933 b, S. 145).

Es ist jetzt erwiesen (Jacobson, Mahler, Galenson u. Roiphe), daß beide Geschlechter den »Kastrationsschock« früher erleben als in der phallischen Phase. Die Kastrationsdrohung ist endopsychisch. In den seltenen Fällen, wo ein Vater seinem Sohn tatsächlich mit Kastration droht, existieren weitaus primitivere Wünsche auf beiden Seiten einer bereits geschädigten Objektbeziehung zu einem grausamen Vater. Ein normaler liebender Vater fördert die Männlichkeit seines Sohnes und bietet sich selbst zur Identifizierung an. Die traditionelle Ansicht, daß der Knabe in der ödipalen Phase die Vergeltung des Vaters fürchte und mehr als einen flüchtigen Gedanken daran verschwende, stimmt mit der modernen Objektbeziehungstheorie nicht überein, denn sie geht davon aus, daß Sohn und Vater (ebenso wie Tochter und Mutter) nicht auf eine positive Interaktion zurückblicken können, die positiv besetzte Objektrepräsentanzen errichtet hat. Die Objektbeziehungstheorie geht hingegen davon

145

aus, daß dieses positive Gleichgewicht Kind und Eltern durch die ödipale Krise des Kindes trägt (vgl. 11. Kapitel).

Ein ähnliches Argument gilt für den Wunsch, den gleichgeschlechtlichen Elternteil zu töten. Todeswünsche sind ein Aspekt des kindlichen Phantasielebens. Ambivalenz schließt *per definitionem* sowohl liebevolle als auch feindselige Gefühle gegenüber derselben Person ein. Es gibt eine Tendenz, Ausmaß und Qualität kindlicher Mordwünsche nach den Maßstäben des Erwachsenen zu beurteilen. Freud (1921) stellte fest, daß die extreme und maßlose Intensivierung jeder Emotion ein Merkmal der Kindheit sei. Die Tatsache des Todes ist selbst für Erwachsene schwer begreiflich. Für das Kind ist der Tod reversibel, und Todeswünsche bestehen nur in bestimmten Augenblicken auf dem Höhepunkt eines feindseligen Affekts. Wo Todeswünsche durchgehend dominieren, ist die Objektbeziehung ernsthaft gestört. Normalerweise besiegt die Liebe die Feindseligkeit, und das Kind, das die Eltern in diesem Augenblick »tot« wünscht, wünscht im nächsten, daß sie lebendig seien.

Es gibt weitere Hindernisse bei der Verfolgung unverarbeiteter ödipaler Wünsche. Das Kind der ödipalen Phase, das über eine kompetente Realitätsprüfung verfügt, weiß, daß es noch nicht gerüstet ist, erwachsene Rollen auszufüllen – weder im rein sexuellen Sinne wegen seiner biologischen Unfähigkeit noch im umfassenderen Sinne als Gatte oder Gattin. Ödipale Wünsche stürzen das Kind zweifellos in Konflikte, aber es besteht eine unglückliche Neigung, solche Wünsche anders einzuschätzen, als kindliche Wünsche anderer Art eingeschätzt werden. Normalerweise existieren sie im Kontext einer zutiefst abhängigen Beziehung zu zwei wohlgesinnten Erwachsenen. Schließlich wird der ödipale Verzicht, wie Jacobson ausgeführt hat, geleistet, weil die Liebe zum gleichgeschlechtlichen Elternteil sowie die Realitätsprüfung über den Geschlechtstrieb dominieren. Dann kann man sagen, daß sich das Kind seiner eigenen Generation angeschlossen hat.

3. Angst

Die Strukturtheorie und ihre Ausarbeitung in *Hemmung, Symptom und Angst* (Freud, 1926 a) geht in der Betrachtung der Angst über die Kastration hinaus. Die Angst, sagt Freud hier, ist die Folge intersystemischer Spannung. Ob sie als Signal empfunden werden kann, hängt erstens von der Fähigkeit des Ichs ab, die Angst auf einen Signalstatus zu beschränken, und zweitens vom Vorhandensein einer ausreichenden Organisation, die das Signal zu nutzen vermag, um Abwehren zu mobilisieren. Das setzt voraus, daß eine allmähliche Entwicklung von Angsttoleranz im laufenden Organisationsprozeß stattgefunden hat, beginnend mit Spuren der Erinnerung an die Stillung des Hungers, wodurch der Säugling lernt, auf die nächste Fütterung zu warten. Das bedeutet, daß Angst toleriert werden kann, wenn Objektbilder verläßlich bleiben. Tatsächlich sind Angst und Frustration in erträglichen Dosen wichtig, um das Kind zu motivieren, seine eigenen Hilfsquellen zu finden, und den Loslösungs- und Individuationsprozeß zu fördern.

Die Fähigkeit zur Selbstbesänftigung, erworben durch den Übergang dieser Funktion von der Objektrepräsentanz auf die Selbstrepräsentanz, ist ein Vorläufer der Entwicklung von Angsttoleranz und der Fähigkeit, Angst auf ein Signal zu reduzieren. Wegen der affektiven Erfahrung, daß es besänftigt wurde, ist das Kind mit Angst in erträglichen Mengen relativ lange vertraut, bevor die sehr große Angst des ödipalen Konflikts droht. Die Auseinandersetzung mit dieser größeren Angst beansprucht die Organisation aufs äußerste.

Hier wird die Nützlichkeit des Begriffs eines übergeordneten Ichs aufs neue veranschaulicht. Das Ich der Struktur empfindet Angst, reduziert sie auf ein Signal und wehrt sie ab. Diese Funktionen halten es genügend »in Trab«. Es bleibt dem übergeordneten Ich überlassen, Integrität und Stabilität der gesamten Struktur aufrechtzuerhalten, während das Ich die Last des Wunsches, der Gegenkräfte, der Angst, der Lösung oder Auflösung trägt. Ob die Lösung eine Neurose mit oder

147

ohne Symptombildung ist oder die regressive Aufgabe der ödipalen Position, wird in hohem Maße davon bestimmt, wie weit die Fähigkeit, mit Angst umzugehen, reicht, die durch früheres Selbst- und Objekterleben gewonnen wurde. Menschen, die Gefühle der Sicherheit verinnerlicht haben, können mehr Angst ertragen als jene, deren Organisationsstufen diese wichtige Komponente nicht in ausreichender Menge aufwiesen.

In letzter Konsequenz ist Angst ein Gefühl, das als Potential das ganze Leben hindurch fortbesteht und sich in kritischen Augenblicken bemerkbar macht. Seine Funktion ist oft lebensrettend und sie lähmt weder noch beschädigt sie in anderer Weise die Gesamtorganisation, wenn sie unterhalb phobischer Ebenen bleibt. Wo Phobien oder ähnliche Symptome auftreten, geschieht es, weil sie der Organisation als beste Lösung oder möglicher Kompromiß zu der entsprechenden Zeit einverleibt wurden. Der Kompromiß ist, in diesem Licht betrachtet, die optimale Organisationsfähigkeit, weil ihre Bestandteile Elemente sind wie geringe Angsttoleranz, niedrige Stufen verinnerlichter Sicherheitsgefühle, beeinträchtigte Selbstbilder oder unzuverlässige Objektbilder. Das heißt mit anderen Worten, daß das übergeordnete Ich für die bestmögliche Anpassung sorgt, dazu aber nur das vorhandene Material benutzen kann.

4. Das Ich als Schlachtfeld

Es steht nicht im Einklang mit der Definition des Ichs, wenn man es als Schlachtfeld bezeichnet. Als kohärente Organisation psychischer Prozesse würde es seine Kohärenz verlieren, wenn es zur Nutzung als Schlachtfeld erniedrigt würde. Das Ich als Organisierungsprozeß (1979) könnte die Funktion des Organisierens nicht ausüben, während Schlachten geschlagen werden, weil diese durch das damit verbundene Chaos geschädigt würde.

Doch solche Argumente lösen das Problem nicht, denn das Ich wurde nicht ohne Grund als Schlachtfeld bezeichnet. Man mußte erklären, weshalb Konflikte vorhanden sind, und es nützt der Begriffsbildung, wenn man eine Ortsbestimmung vornimmt. Wir stimmen dem zu, fragen uns aber doch, ob eine Ortsbestimmung für die weitreichende Abstraktion der psychischen Struktur von wesentlicher Bedeutung ist. Sich das Ich als passives Feld einer Schlacht zwischen Es und Überich vorstellen zu können, ist ein geringer Gewinn angesichts der Reduzierung auf solche Passivität. Und es bleibt zudem widersprüchlich, es sich als Schlachtfeld, Teilnehmer am Kampf und Vermittler zugleich vorzustellen.

Es wurde lange Zeit für unnötig gehalten, die Psyche im Gehirn oder im Geist zu lokalisieren. Da unser Hauptbestreben dahin geht, das Ich von überflüssigen begrifflichen Lasten zu befreien, stellen wir uns gern vor, daß Konflikte nicht an einem spezifischen Ort ausgetragen werden. Wenn eine Ortsbestimmung der Begriffsbildung nützt, könnte man sagen, daß der Konflikt in dem »Raum« zwischen den Systemen stattfindet. Befreit man das Ich von unnötigen begrifflichen Bürden, dann kann es am Konflikt teilhaben, die durch den Konflikt erregte Angst verringern, es kann Abwehr leisten und auf der schmalen Ebene der täglichen Erfahrung ordnend eingreifen.

5. Das Ich als Vermittler

Zur Zeit der ödipalen Krise hat sich das Ich nicht nur für die Abwehr qualifiziert, sondern auch hinsichtlich des Aufschubs, der Beherrschung der Triebabfuhr, der Frustrationstoleranz und, wie bereits erörtert, der Angstverminderung. Man kann einwenden, daß die Triebe durch Vermittlung kontrolliert werden, doch damit nähert man sich wieder der Schlachtfeld-Metapher. Kann das Ich vom Trieb angegriffen werden und gleichzeitig als Vermittler, Teilnehmer, Zuschauer und Schlachtfeld fungieren?

6. Das Ich in seiner Abwehrfunktion

Seit Freud (1923–1926) und insbesondere Anna Freud (1936) feststellten, daß es die Funktion eines hinreichend starken Ichs ist, Abwehr und Abwehrmechanismen einzusetzen, wurde dies zu einer Schlüsselposition der psychoanalytischen Neurosentheorie. Es blieb Hartmann und Jacobson vorbehalten, Änderungen und Modifizierungen vorzuschlagen. Der Begriff des Funktionswandels (Hartmann) führt dazu, daß es nicht mehr als Aufgabe der Abwehr gesehen wird, den Ressourcen der Psyche Kräfte zu entziehen; sie kann vielmehr auch der Anpassung dienen. In Übereinstimmung mit unserer These, daß das übergeordnete Ich und nicht, wie Hartmann erklärte, das Ich das »Anpassungsorgan« ist, sind alle Abwehren, ob gegenbesetzt oder freigesetzt, in dem Sinne adaptiv, als Anpassung das beste Gleichgewicht ist, das der Organisationsprozeß zu jedem beliebigen Zeitpunkt der Entwicklung erreichen kann.

Jacobson erläutert den Begriff des Funktionswandels, indem sie das Beispiel der Reaktionsbildung benutzt. Zwar bleibt die Reaktionsbildung ein Abwehrmechanismus, doch wechselt sie oft ihre Funktion und fördert damit einen fundamentalen Wandel in der Persönlichkeit als Ganzer, wodurch sich grundlegende Einstellungen zu Selbst- und Objektrepräsentanzen ändern. Als erstes richtet sich die Reaktionsbildung gegen die Triebe. Mit dem Funktionswandel geht eine qualitative Veränderung einher, so daß sie zu Charaktereigenschaften werden, die den höheren Funktionsebenen dienen – Eigenschaften wie Ordentlichkeit und logisches Denken, die den Sekundärprozeß verstärken.

Stellt man sich Abwehr als adaptiv vor, als bestmögliche Anpassung unter den gegebenen Umständen, schreibt man die Anpassungsfunktion insgesamt oder, wie man sagen könnte, die Anpassungsfunktion auf lange Sicht dem übergeordneten Ich zu. Dieses überträgt dem Ich die Funktion, sofort und manchmal als Notmaßnahme die Abwehr und, falls verfügbar, Abwehrmechanismen einzusetzen. Das übergeordnete Ich, welches die stabile Abwehr der Psyche als Ganzer sicherstellt, bestimmt, ob Abwehren, die einmal errichtet wurden, lebenslang adaptiv bleiben. Wenn sie fehlangepaßt wurden, ist es mitunter möglich, daß das Individuum sowohl ihre Form als auch ihre Funktion ohne Therapie verändert. Wird eine Therapie angewendet, kann man den eigentlichen Zweck in der Form beschreiben, daß fehlangepaßtes Funktionieren in angepaßtes Funktionieren verwandelt werden soll.

7. Kompromiß

Ein Kompromiß läßt sich nur zustande bringen, wenn es einen zwingenden Einfluß gibt, der auf die widerstreitenden Parteien einwirken kann. Die Kompromißlösung fordert daher eher die Annahme einer umfassenderen Gesamtperspektive statt weiterhin um die engeren Probleme zu kreisen, welche die Konfliktpartner gegeneinander aufbringen. Üblicherweise glaubt man, daß eine der Parteien – das Ich – den Kompromiß erzwinge. Wir haben gezeigt, daß diese Position nicht zu vertreten ist, wenn man gleichzeitig annimmt, daß das Ich an dem Konflikt beteiligt sei. Wir schlagen vor, die Angelegenheit großzügiger zu betrachten – von einem Standpunkt aus, der sowohl das libidinöse Bedürfnis, die Beziehung aufrechtzuerhalten, als auch den Drang des Aggressionstriebes, Identität und Autonomie zu schützen, in Betracht zieht. Diese weitere Perspektive liegt im Geltungsbereich des übergeordneten Ichs, welches wir als die Instanz betrachten, die fähig ist, Lösungen und nicht nur Kompromisse herbeizuführen. Die Latenzzeit stellt beispielsweise einen Aufschub der Sexualität und der sie umgebenden Konflikte dar. Das ist kein Kompromiß; man kann es aber so auffassen, daß Entwicklungszeit »gekauft« wird, bis das Individuum psychologisch wie biologisch über größere Kompetenz verfügt.

8. Symptombildung

Die Diagnose darf nicht anhand des Symptoms erstellt werden, sondern anhand der Struktur des Ichs, in die das Symptom eingebettet ist (Eissler, 1953). Bis zum heutigen Tag – mehr als dreißig Jahre später – hat diese Feststellung in manchen Bezirken nicht die verdiente Beachtung gefunden. Im *Diagnostic and Statistical Manual* der American Psychiatric Association (DSM-III 1980) wird sie vollständig ignoriert. Eisslers Absicht ist es, die Aufmerksamkeit auf das Niveau der Gesamtorganisation zu lenken – auf das Ganze eher als auf jenen Teil des Ganzen, der durch den Kompromiß repräsentiert wird. Eine Diagnose anhand des Symptoms ist auch aus dem Grunde abgelehnt worden, weil eine ähnliche Symptomatologie, etwa phobische oder hysterische Formationen, auf allen Strukturierungsebenen in Erscheinung treten kann (Wangh, 1959; Rangell, 1959). Ein weiteres Beispiel ist die Depression; sie kann an jedem Punkt des diagnostischen Spektrums auftreten und liefert an und für sich keinen Hinweis auf das Wesen der Struktur, in die sie eingebettet ist (vgl. auch 12. Kapitel).

Mit seiner Unterscheidung der Übertragungsneurosen von den narzißtischen Neurosen betonte Freud den entscheidenden Aspekt der Objektbeziehungen als Faktor von größerer prognostischer Bedeutung als die spezifische Symptomatologie der verschiedenen Neurosearten. Auch er legte das Hauptgewicht auf die ganze Person innerhalb des fundamentalen Bezugsrahmens der Objektbeziehungen, in diesem Fall darauf, ob die Besetzung selbstgerichtet oder objektgerichtet ist. Siebzig Jahre nach seiner niemals vollendeten »Einführung« in den Narzißmus behält er im wesentlichen recht, wenn er die »narzißtischen Neurosen« als unbehandelbar betrachtet, weil keine Objektbesetzung vorhanden ist. Erst auf Grund der in neuester Zeit erlangten Informationen über den Charakter von Borderline- und narzißtischen Strukturen können wir den pathologischen Narzißmus etwas besser verstehen und Abstufungen in einem Spektrum erkennen, das von durchlässigen (behandelbaren) narzißtischen Formationen bis zu undurchdringlichen reicht.

11 Triadische Objektbeziehungen: Der Ödipuskomplex

Wir möchten an dieser Stelle zeigen, daß die Komplikationen der ödipalen Situation besser zu verstehen sind, wenn man die Theorien der sexuellen Reifung, der Strukturierung und des Konflikts mit der von der Ich-Psychologie abgeleiteten Objektbeziehungstheorie kombiniert. Wir glauben, daß dadurch die Vorstellungen darüber, wie Sexualität (Triebtheorie) und Liebe (Objektbeziehungstheorie) sich in der ödipalen Position verbinden, bereichert werden.

Die Implikationen dieser dramatischen Konvergenz sind weitreichend. Besonders erhellend ist ihr Beitrag zum Verständnis der untauglichen ödipalen Arrangements der unzureichend strukturierten Persönlichkeiten. Bei diesen Krankheitsbildern ist die ödipale Position, wenn man sich ihr überhaupt nähert, verzerrt und unvollkommen, und zwar eben wegen der nicht stattfindenden Konvergenz des Triebs mit der entsprechenden Ebene der Objektbeziehungen. Wir wollen hier die psychoanalytische Objektbeziehungstheorie mit der ersten Entwicklungstheorie der Psychoanalyse über die psychosexuelle Reifung kombinieren.

Das ist nicht ganz neu. Unsere Vorgänger waren bemerkenswert erfolgreich – trotz der Tatsache, daß ihnen das Wissen über die Objektbeziehungen fehlte, welches wir heute besitzen. Aus diesem Grunde müssen diese Beiträge nun auf den heutigen Stand gebracht werden. Zwar hatte Freud von Anfang an Objektbeziehungen im Sinn, doch erst 1940 und später begannen andere, die Wechselbeziehung zwischen Trieb und Objektbeziehungen und ihre Auswirkung auf die ödipale Position zu berücksichtigen und vor allem die Bedeutung der präödipalen Objektbeziehungen zu erkennen.

Lampl-de Groot äußerte sich 1952 zu Freuds Feststellung aus dem Jahre 1905 über die Bedeutung des Objekts und zeigte insbesondere, wie der Ödipuskomplex aus der präödipalen Beziehung zur Mutter hervorgeht. Sie wiederholte, was Freud bereits erwähnt hatte – daß sich unterschiedliche frühe Mutterbindungen nicht nur in den ödipalen Beziehungen, sondern auch in den Objektbeziehungen des Erwachsenen manifestieren. Sie bezeichnete den Ödipuskomplex als Endprodukt der präödipalen Entwicklung und wies darauf hin, daß Störungen in der präödipalen Phase abnorme Formen und Schwächen in der ödipalen Konstellation hervorrufen können.

Auch Gitelson war am Einfluß des präödipalen Daseins auf den Ödipuskomplex interessiert, wenngleich er ihn als *prägenital* bezeichnete, weil er in einer Periode der psychoanalytischen Theoriebildung schrieb, als *prägenital* (was sich auf die Psychosexualität bezieht) und *präödipal* (was sich auf die Objektbeziehungslinie der Entwicklung bezieht) abwechselnd benutzt wurden. Es ist klar, daß Gitelson auf *präödipale* Faktoren hinweisen wollte, denn er trifft anschließend die außerordentlich wichtige Feststellung, daß bei Borderline- und psychotischen Zuständen nur eine rudimentäre ödipale Position erreicht werden kann, weil »Objektbeziehungen zu einem früheren Zeitpunkt mit Stumpf und Stiel zerstört wurden oder weil solche Beziehungen niemals existiert haben« (1952, S. 353).

Analytiker kämpfen noch immer darum, die Triebtheorie mit der Ich-psychologischen Objektbeziehungstheorie zu kombinieren, und daher nennen sie den präödipalen Lebensabschnitt prägenital. Lebovici spricht von der »prägenitalen Organisation der Objektbeziehungen« (1982, S. 205), obgleich die Prägenitalität kein Organisator ist. Sie ist nur eines der vielen Merkmale der Entwicklung, welche das übergeordnete Ich organisieren muß. Die psychosexuelle Ebene, die Ebene und Qualität der Selbst- und Objektbeziehungen, die in der angeborenen Ausstattung enthaltenen Fähigkeiten, die Qualität der Lebenserfahrung vor dem »Moment«, um den es geht, das Ergebnis der Interaktion, die Starrheit oder Flexibilität fixierter Annahmen – all das wird unter der Ägide des übergeordneten Ichs organisiert.

Um das Verschmelzen von Trieb und Objektbeziehungsebene, vor allem insoweit es zum vollständigen Ödipuskomplex gehört, beschreiben zu können, erweitern wir Spitz' (1959) Begriff der kritischen Phasen. Spitz' Interesse gilt den ersten achtzehn Lebensmonaten. Der Begriff ist jedoch ebenso wertvoll als Beitrag zu einem gründlicheren Verständnis des Zusammenfließens von psychosexueller Reifung und Objektbeziehungen auf der ödipalen Ebene, weil Spitz' Definition einer kritischen Phase auch auf dieses Entwicklungsphänomen zutrifft. In ähnlicher Weise dehnt Rangell (1972) einen anderen Spitzschen Begriff – die Organisatoren der Psyche – auf ödipale Phänomene aus; er schlägt vor, den Ödipuskomplex als vierten Organisator der Psyche zu behandeln.

Freud führte 1905 die Bezeichnung »phallisch-ödipal« ein, um die psychosexuelle und Objektbeziehungsposition des Kindes zu beschreiben, das in die ödipale Phase eintritt. Und 1924 behauptete er, daß die phallische Phase mit der ödipalen Position zeitlich zusammenfalle. Er glaubte, daß die genitale Phase nicht in der Kindheit erreicht wird, sondern daß die sexuelle Entwicklung durch die Latenz unterbrochen und die Genitalität danach erreicht wird. Diese Formulierung war zwar für die damalige Zeit ausreichend, doch scheint es wünschenswert, die phallische Phase nunmehr als prägenital aufzufassen und sich vorzustellen, daß eine erste Annäherung an die Genitalität, die wir (1979) als *genitales Interesse* bezeichnen, in der Kindheit erfolgt. Diese Argumentation ist für unsere These, daß Genitalität und Objektliebe die wesentlichen Komponenten des Ödipuskomplexes seien, von zentraler Bedeutung. Wir gehen davon aus, daß das genitale Interesse, ein Vorläufer der echten Genitalität, den Status der vierten psychosexuellen Phase der Kindheit hat. Auf dieser Ebene wird dasselbe Körperorgan, das in der phallischen Phase benutzt wird, nun auf eine neue Weise besetzt; es dient nicht länger ausschließlich narzißtischer Lust, sondern objektbezogener Lust. Wir sagen:

»Deshalb würde eine Position, die sich nicht nur auf die Anatomie stützt, sowohl psychische Entwicklung als auch physi-

155

sche Reifung einbeziehen. Dann kann die Entdeckung der Genitalien und des selbständigen Funktionierens als konstituierende Determinanten der Identitätsbildung und gleichzeitig als Förderer des Loslösungsprozesses angesehen werden, dem Komplementärgleis des Individuationsprozesses. Daraus können wir schließen, daß das Interesse an den eigenen Genitalien in der sogenannten phallischen Phase für beide Geschlechter den Beginn des Höhepunkts der Bindung an das symbiotische Objekt wie an das symbiotische Bedürfnis darstellt. An diesem Punkt der Entwicklung tritt der Aggressionstrieb seine Herrschaft als trennende und individuierende Kraft an. Dieser Teil der Anatomie, der später von der Libido dazu benutzt wird, um Verbindungen zu knüpfen, wird auch vom Aggressionstrieb benutzt, um durch die Errichtung der Geschlechtsidentität und des Geschlechtsunterschieds Ich-Grenzen zu bewahren« (1979, S. 96).

Diese Formulierung hält am Objektbeziehungsaspekt der ödipalen Situation fest, der verlorengeht, wenn die ödipale Position mit einer prägenitalen psychosexuellen Phase kombiniert wird. Doch noch wichtiger ist, daß die Rolle des autonomen Funktionierens bei der Entwicklung hervorgehoben wird. Dies kann dazu beitragen, einen der »leeren Räume« in der psychoanalytischen Theorie auszufüllen, indem eine Lösung des Rätsels der Verschiebung im Objekt auf der ödipalen Ebene vorgeschlagen wird, insbesondere für das Mädchen. Es impliziert, daß Junge und Mädchen ihre heterosexuelle Bestimmung in der progressiven Entwicklung des autonomen Funktionierens finden, das sich mit dem nichtfeindseligen Aggressionstrieb verbindet und das Individuum auf immer höhere Entwicklungsstufen führt. Die Verschiebung im Objekt ist in der Literatur als wesentlich für das Mädchen hervorgehoben worden, wenn es die ödipale Position erreichen soll. Doch da wir meinen, daß die Verschiebung in der Beziehung zum Objekt auch vom Passiven zum Aktiven erfolgt, wird klar, daß auch der Junge in der Gegenüberstellung von Selbst- und Objektrepräsentanzen eine bedeutende Verschiebung vornehmen muß. Daß das Objekt in der Realität für den Jungen sowohl auf der ödipalen als auch auf der präödipalen Stufe dieselbe Person ist, ist nur eine äußerliche, keine intrapsychische Tatsache.

Andererseits ähnelt die phallische Phase stärker den prägenitalen Phasen, die ihr vorausgehen – das heißt, die Besetzung der erogenen Zone, die eher narzißtischer als objektgerichteter Lust dient, bleibt dominant. Diese Dominanz ist während der ganzen prägenitalen Phasen schwankend, wenn das Kind seine Triebbedürfnisse zähmen lernt, um den sich entwickelnden Objektbeziehungen gerecht zu werden. Dominanz der Objektbeziehungen über den Trieb wird erstmals in der analen Phase erlebt, während es in der phallischen Phase zu einer Umkehrung kommt. Wir werden dieses wichtige Thema in Kürze behandeln.

Edgcumbe und Burgner erkennen, daß es sich theoretisch nicht vertreten läßt, die phallische Phase mit der ödipalen Position zu verknüpfen. Sie verweisen darauf, daß die Annahme, das ödipale Kind sei zugleich ein phallisches Kind, auf die historische Entwicklung der psychoanalytischen Theorie zurückzuführen ist. Sie sagen:

»Unsere Überprüfung der Literatur hat erkennen lassen, daß eine Tendenz zu der Annahme besteht, mit dem Eintritt in die phallische Phase gehe die *gleichzeitige Entwicklung* ödipaler Objektbeziehungen einher, so daß die Termini phallisch, ödipal und phallisch-ödipal häufig synonym benutzt werden. Eine gründliche Untersuchung von klinischem und Beobachtungsmaterial zeigt jedoch unübersehbare Unterschiede in den Formen der Triebabkömmlinge und dem Charakter der Beziehungen des Kindes in der präödipalen phallischen Phase im Vergleich zur phallisch-ödipalen Phase« (1975, S. 162; Hervorhebung der Autoren).

Wir stimmen mit ihnen darin überein, daß es ein mißlicher theoretischer Widerspruch ist, phallisch und ödipal gleichzusetzen, finden aber die von ihnen vorgeschlagene Lösung – zwei phallische Phasen zu postulieren, eine ödipale und eine präödipale –

genauso unbeholfen. Wir erklären statt dessen, daß die Genitalität nicht das Ende der Latenzzeit abwartet, um erstmals in Erscheinung zu treten.

Galenson und Roiphe (1976, 1980) bezweifeln, daß es eine phallische Phase bei Mädchen gibt. Das Problem ist zwar nicht gelöst, aber aus neuerdings erworbenen Erkenntnissen über die weibliche Psychologie geht klar hervor, daß sich die phallische Phase des Mädchens, falls sie existiert, von der des Jungen erheblich unterscheiden muß. Jacobson, durch die späteren Untersuchungen von Galenson und Roiphe bestätigt, zeigt, daß das Gewahrwerden des anatomischen Geschlechtsunterschieds dem Kind aufgezwungen wird, und zwar nicht, wie Freud annahm, in der phallischen Phase, sondern im zweiten Lebensjahr. Diese Feststellung erfordert eine Betrachtung der nachhaltigen Wirkung dieser dramatischen Entdeckung auf die eigentliche phallische Phase, sobald sie erreicht ist. Die phallische Phase muß durch die frühere Entdeckung spürbar geformt und beeinflußt werden sowie durch die Art der Erholung von ihren Auswirkungen.

Wir haben gezeigt, wie von Beginn des extrauterinen Lebens an zonale Bedürfnisse durch Erlebnisse der Befriedigung organisiert werden und wie die Verinnerlichung ihren Anfang nimmt. Bereits 1905 wußte Freud, daß die ersten affektiven Erlebnisse eines befriedigten Selbst zur Schablone künftiger Befriedigung werden. Durch mütterliche Stimulierung in der oralen Phase angeregt, durchdringen die lustsuchenden Ziele die folgenden psychosexuellen Phasen, während diese zusammen mit der Ich-Entwicklung und vom Organisationsprozeß instrumentiert zur Reife gelangen. Die Organisation wird zunehmend komplexer, wenn psychosexuelle Reifung und Ich-Entwicklung voranschreiten. In der analen Phase sind Selbst- und Objektbilder differenzierter als vorher; die Objektbeziehungen haben sich ausgeweitet und schließen Vater, Geschwister und andere ein; die motorischen Fertigkeiten haben zugenommen und sind nun der Kontrolle der gesamten Ich-Organisation unterworfen. Der Übergang der Erogenität von der oralen auf die anale Zone bringt das Kind in eine Situation, in der die Befriedigung von Triebbedürfnissen und die Befriedigung von Objektbedürfnissen zueinander in Opposition geraten. Das Kind muß lernen, den Trieb unterzuordnen, um den Wünschen des begehrten Objekts zu entsprechen. Das ist wohlbekannt. Wir möchten hinzufügen, daß sich hier der erste Vorläufer der Genitalität zeigt – wo sich sexuelles Bedürfnis mit Objektliebe verbindet. Auf der analen Ebene wird das Muster für die Kombination von Psychosexualität und Objektliebe in Gestalt der Unterdrückung direkter Triebabfuhr errichtet, die in der oralen Phase ohne Rücksicht auf das Objekt erfolgte. Später ersetzt die Reaktionsbildung die Unterdrückung, wenn Triebopposition wegen des Bedürfnisses nach dem Objekt Teil der Struktur wird und sogar sekundäre Autonomie erlangt.

Der Erwerb der Ichfunktionen der Antizipation, des Aufschubs und der Intentionalität begann in der oralen Phase. Sobald die Sphinkterkontrolle hinzutritt, wird die Intentionalität zum Wollen. Nun ist das Kind auf dem Weg zur Ausübung seiner Ich-Autonomie, was mit dem wohlbekannten »Nein« (Spitz, 1957) beginnt. Das »Ja« wird möglich, wenn die Identifizierung mit dem Aggressor einen Funktionswandel durchmacht (Hartmann, 1939), der Zustimmung ohne Autonomieverlust ermöglicht. Eine weitere Verschiebung bewirkt, daß Lustgewinn nicht mehr selbst-, sondern objektgerichtet erstrebt wird. Wenn das jedoch nicht pathologisch altruistisch sein soll, muß eine befriedigende Erwiderung erfolgen. So entdeckt das Kind noch in der analen Phase, daß Lust zu gewinnen ist, indem man den Körper benutzt, um dem Objekt zu gefallen, und daß diese Lust größer sein kann, als nur sich selbst zu gefallen. Bei vernünftig durchgeführter Erziehung braucht das Kind natürlich auf zonale Befriedigung nicht völlig zu verzichten, nur um den Wünschen des Objekts Rechnung zu tragen. Die zunächst in der oralen Phase eingenommene lustsuchende Haltung wird also in der nächsten Phase verstärkt und besteht trotz der Regression in der phallischen Phase während der ganzen psychosexuellen Weiterentwicklung fort.

Mit dieser wichtigen Verschiebung von der Triebdominanz zum Kompromiß mit dem Bedürfnis nach Objektbeziehungen während der analen Phase ändern sich Form und Richtung der Objektbeziehungen. Von diesem Zeitpunkt an wird der Wunsch, Lust zu spenden, während man sie empfängt, zu einem Bestandteil des Charakters.

In der phallischen Phase scheint die Fähigkeit, einen Kompromiß zwischen Triebbedürfnis und Objektbesetzung zu schließen, eine Regression durchzumachen. Die Besetzung der erogenen Zonen dominiert aufs neue und läßt das Bedürfnis nach dem Objekt in den Hintergrund treten. Die Rückkehr zu einer narzißtischeren Besetzung des Körpers ist ein wesentlicher Schritt zur Konsolidierung körperlicher Integrität, bevor das Kind wieder wie in der analen Phase Triebbedürfnisse unterdrücken kann, indem es einen Kompromiß zwischen ihnen und der Rücksicht auf das Objekt schließt. Auf diese Weise ist die Selbstrepräsentanz gewährleistet, und es kann eine gleichmäßigere Besetzung von Selbst- und Objektrepräsentanzen erfolgen. Dann wird das Kind durch den Übergang zum genitalen Interesse im Verein mit der Objektliebe in die eigentliche ödipale Position versetzt.

Während dies auf der Triebseite vor sich geht, schreitet die Ich-Entwicklung weiter fort. Insbesondere in der Übungssubphase des Loslösungs- und Individuationsprozesses, die zur gleichen Zeit wie die anale Phase abläuft, werden bestimmte Persönlichkeitsmerkmale erworben, die ebenfalls zur späteren ödipalen Kompetenz beitragen. Wir gehen davon aus, daß sich Eigenschaften wie Unternehmungslust, Initiative, Mut und sogar Ehrgeiz in einer adäquaten Übungssubphase entwickeln, und daß diese dazu prädisponieren, sich ins wirkliche Zentrum des ödipalen Konflikts hineinzubegeben und ihn unter günstigen Umständen sogar zu besiegen. Eigenschaften wie Unentschlossenheit, Zögern, Schüchternheit, Ängstlichkeit – Folgen einer inadäquaten Übungssubphase – beeinträchtigen die Fähigkeit, mit der ödipalen Krise fertigzuwerden.

Am wünschenswertesten ist es, wenn die ödipale Ebene der

160

Objektbeziehungen nach der Übungs- und Wiederannäherungs-
subphase erreicht wird. Dann sind die interpersonalen Beziehungen von intrasystemischen Auseinandersetzungen zwischen
Selbst- und Objektrepräsentanzen abgelöst worden, und die
Strukturierung ist weit genug fortgeschritten, um einen intersystemischen Konflikt aushalten zu können.

Führt man das Thema weiter, daß die ödipale Phase eine
kritische Zeitspanne ist, da in ihr Triebreifung und Ich-Entwicklung zusammenfallen, muß man sich vorstellen, daß sie sich
bereits in der ersten Runde über einen gewissen Zeitraum erstreckt. Die Eingangsperiode, die mittlere Phase und das vorübergehende Aufhören ödipaler Wünsche beim Eintritt in die
Latenzzeit unterscheiden sich hinsichtlich Qualität und Intensität. Daß ödipale Wünsche in der Adoleszenz, im Leben des
jungen Erwachsenen, durch Elternschaft und vielleicht sogar in
späteren Lebensabschnitten wieder aufleben, ist von verschiedenen Autoren (Blos, 1962; Benedek, 1959; Blanck und Blanck,
1968) dargestellt worden.

Bei normalem Verlauf wird die ödipale Position nach dem
oder beim Zusammenfallen mit der psychischen Geburt erreicht
– das heißt, wenn das Kind auf dem Weg zur Objektkonstanz
ist. Freud beschreibt den vollständigen Ödipuskomplex folgendermaßen:

»Man gewinnt nämlich den Eindruck, daß der einfache Ödipuskomplex überhaupt nicht das häufigste ist, sondern einer
Vereinfachung oder Schematisierung entspricht, die allerdings oft genug praktisch gerechtfertigt bleibt. Eingehen-
dere Untersuchung deckt zumeist den *vollständigeren* Ödipuskomplex auf, der ein zweifacher ist, ein positiver und ein
negativer, abhängig von der ursprünglichen Bisexualität des
Kindes, d. h. der Knabe hat nicht nur eine ambivalente Einstellung zum Vater und eine zärtliche Objektwahl für die
Mutter, sondern er benimmt sich auch gleichzeitig wie ein
Mädchen, er zeigt die zärtliche feminine Einstellung zum Vater und die ihr entsprechende eifersüchtig-feindselige gegen
die Mutter« (1923, S. 261).

161

Freud formulierte dies so, als handle es sich um einen interpersonalen Konflikt, während man sich generell darüber einig ist, daß dieser Konflikt in Wahrheit in verinnerlichter Form existiert, und zwar nicht zwischen dem ödipalen Kind und dem Elternteil, sondern intersystemisch zwischen Es und Überich und intrasystemisch zwischen Selbst- und Objektrepräsentanzen.

Um den Ödipuskomplex im modernen Sinn zu verstehen, ist eine Revision des universal akzeptierten Diagramms eines gleichseitigen Dreiecks angebracht. Das Diagramm ist nicht nur deshalb irreführend, weil es nahelegt, daß die drei Beteiligten am ödipalen Drama gleichberechtigt seien, sondern auch weil es versäumt, sowohl die negative als auch die positive Position so genau darzustellen, wie es die moderne Theorie nunmehr möglich macht. Diagramme können zwar den komplexen psychologischen Konstrukten, die wir durch sie zu veranschaulichen suchen, nicht gerecht werden, sie können uns aber bei der Begriffsbildung helfen, wenn wir sie nicht allzu wörtlich nehmen. Wir schlagen anstelle des Dreiecks eine gerade Linie vor mit einer Elternrepräsentanz an jedem Pol, während sich das ödipale Kind flexibel an der Linie entlangbewegt. Das ermöglicht es, sich das Kind in einem bestimmten psychologischen Augenblick näher an der einen Elternrepräsentanz, in einem anderen Augenblick näher an der anderen Elternrepräsentanz und zu einem weiteren Zeitpunkt mitten im Zentrum des Konflikts vorzustellen. Diese wechselnden Positionen veranschaulichen sowohl die positive als auch die negative ödipale Situation. Wenn wir noch präziser sein wollen, können wir uns eine Gradeinteilung vorstellen, die genaue Auskunft darüber gibt, in welchem Verhältnis die Selbstrepräsentanz des ödipalen Kindes in jedem beliebigen Augenblick zu den Objektrepräsentanzen steht.

Am Anfang sind die ödipalen Strebungen flüchtiger Art, denn sie befinden sich in ständiger Bewegung, bevor sie in der eigentlichen ödipalen Position zur Ruhe kommen. Das sich entwickelnde Kind mag in einem Augenblick die ödipale Position

»berühren« und im nächsten Moment auf die präödipale Ebene des Bedürfnisses nach dem Objekt regredieren. Ob sich die Regression auch auf der psychosexuellen Linie bewegt, d. h. auf der phallischen, analen oder gar oralen Ebene, läßt sich nur im Einzelfall beurteilen. Diese Schwankungen werden durch den Status des Objektbedürfnisses bestimmt und – wenn es sich um eine defensive Regression handelt – durch den Angstpegel. Das Kind, ob Junge oder Mädchen, kann in einem Augenblick das mütterliche Objekt in einer bestimmten Vorstellungsform als ödipales Objekt benötigen und dieselbe Person im nächsten Moment in der völlig verschiedenen Vorstellungsform des Objekts einer niedrigeren Entwicklungsstufe des Objektbedürfnisses.

Aus diesen Gründen bedarf der Begriff der negativen ödipalen Position einer Überprüfung. Unsere Argumentation führt bisher zu dem Schluß, daß die ödipale Ebene in angemessener Weise erreicht ist, wenn die Ebene der Objektbeziehungen mit der psychosexuellen Ebene übereinstimmt und sich beide zum vollständigen Ödipuskomplex zusammenschließen. Das impliziert, daß das Kind beiden Eltern gegenüber keine passive Haltung einnehmen kann, wenn man sagen soll, daß es sich in der eigentlichen ödipalen Position befindet.

Die klinische Beobachtung scheint dies zu widerlegen. Im Verlauf einer Analyse sieht man den Patienten in einer scheinbar passiven Position gegenüber dem gleichgeschlechtlichen Elternteil als Abwehr gegen die ödipale Angst. Doch dies stellt weder ein theoretisches noch ein klinisches Dilemma dar. Klinisch treffen wir unsere Entscheidung entsprechend dem Charakter und der Qualität jener besonderen Objektbeziehung, die wir Übertragung nennen – den Widerschein der Objektbeziehungen während der infantilen Neurose. Die sorgfältige Beachtung der Objektbeziehungsebene trägt zu klinischer Präzision bei, insbesondere bei der Deutung dessen, was wahrhaft ödipal ist, indem wir die Übertragungsmanifestationen unter dem Aspekt der Objektbedürfnisse kenntlich machen.

Die sogenannte negative ödipale Position ähnelt in ihrer Struktur einer umgekehrten Zwangsneurose. Bei dieser Neu-

163

rose bewegt sich die Regression auf der psychosexuellen Linie zur analen Position, während der sichere Halt auf der ödipalen Ebene der Objektbeziehungen bestehen bleibt. Beim vollständigen Ödipuskomplex wird die psychosexuelle Position bewahrt, während es unter dem Druck der Angst auf der Objektbeziehungslinie zum Rückzug in den Hafen der präödipalen, dyadischen Objektbeziehungen kommen kann.

Wir wenden uns nun dem Mythos zu, so wie er von Sophokles dramatisiert wurde. Van der Sterren (1952) hat ihn analysiert wie einen Traum, um den latenten Inhalt aufzudecken. Er wollte zeigen, daß Ödipus von der Feindseligkeit gegen seine Mutter motiviert war, weil sie ihn verlassen hatte. Dem kann man zustimmen. Hinzufügen muß man die affektiven Nuancen der ödipalen Situation, insbesondere die gespaltenen Gefühle und die gespaltenen Objektbilder. Hier haben wir die Imagines eines zerstörerischen Vaters und die eines liebenden Vaters in der Gestalt des Hirten und des Pflegevaters. Bei der quantitativen Verteilung der positiven und negativen Objektimagines überwiegen die negativen Bilder. Hier sollten wir innehalten, um vorschnelle Mutmaßungen etwa in bezug auf eine Projektion der Feindseligkeit des Sohnes genau zu untersuchen, denn das Neugeborene ist ein unbeschriebenes Blatt, soweit es sich um Objektbilder handelt. Im Mythos gibt es feindselige väterliche Objektbilder in Fülle. Diese haben stets eine Vorgeschichte, worauf J. M. Ross (1982) hinweist, wenn er beschreibt, wie Laios selbst verlassen und verfolgt wurde.

Nach unserer Auffassung war Jokaste der schuldigere Elternteil. Sie war nicht nur an der Aussetzung beteiligt, sondern sie wählte auch einen zerstörerischen Vater für ihr Kind. Sie konnte nicht als adäquate präödipale Mutter fungieren, deren Rolle unter solchen Umständen nicht nur die übliche einer hinreichend guten Mutter der präödipalen Phase gewesen wäre, vielmehr hätte sie auch die Beschützerin vor der Feindseligkeit des Vaters sein müssen. Außerdem versäumte sie, die Generationsschranke und das Inzesttabu aufrechtzuerhalten.

Der Ödipus-Mythos beschreibt demnach nicht eine normale

Familiensituation, obgleich Freud ihn auf die normale Entwicklung anwendet. Die normale ödipale Situation setzt voraus, daß es ein präödipales Familienleben gegeben hat, in dem vorwiegend positive Selbst- und Objektrepräsentanzen aus positiven Gefühlserlebnissen hervorgegangen sind. Diese mildern die mörderischen Wünsche der ödipalen Phase. Wir haben bereits bezweifelt, daß das sich normal entwickelnde Kind an dem Wunsch festhalten kann, den gleichgeschlechtlichen Elternteil zu töten, dem es in den präödipalen Jahren positive Besetzungen zugewendet hat. Solche Wünsche müssen vorübergehend sein. Es muß sich nicht einmal unbedingt um ödipale Wünsche handeln, sie können auch auf normale negative Gefühle und Ambivalenz zurückzuführen sein. Wir sind nicht überzeugt, daß der ödipale Wunsch alles Vorangegangene über den Haufen werfen kann, wenn auch seine Macht anerkannt werden muß. Ferner wird häufig nicht genügend hervorgehoben, daß das ödipale Kind ein Zeitgefühl erworben hat, welches auch die Phantasie des »Wenn ich groß bin« einschließt. Die Phantasie fügt sich dem phasenspezifischen Realitätssinn, der sich in späteren Jahren entwickelt. Wir sind mit Jacobson der Meinung, daß die Liebe zum gleichgeschlechtlichen Elternteil eher zur Identifizierung als zur Zerstörung führt.

Viele als feindselig erscheinende Verhaltensweisen werden wegen der Verwechslung von Aggression (einem Trieb) mit Feindseligkeit (einem Affekt) (Freud, 1940; Blanck und Blanck, 1979) als solche aufgefaßt. Hinsichtlich aller Entwicklungsschübe, einschließlich des ödipalen, müssen wir zwischen jenen unterscheiden, die objektgerichtete Feindseligkeit repräsentieren, und jenen, die von den wachstumsfördernden Aspekten des Aggressionstriebs ausgehen. Das ödipale Kind, welches an die Stelle des gleichgeschlechtlichen Elternteils treten möchte, drückt Wünsche derselben Art und Qualität aus wie das jüngere Kind, das selbst tun will, was der Elternteil für es getan hat. Mittels der Übertragung von Funktionen der Objektrepräsentanzen auf die Selbstrepräsentanz findet ein Entwicklungsschub statt, der allzuoft als destruktiv gegen das Objekt gerichtet mißdeutet wird. Es ist wahr, daß das sich entwickelnde Kind dem Objekt gegenüber recht feindselig werden kann, insbesondere wenn die Entwicklungsschübe von einem uneinfühlsamen Elternteil behindert werden. Dies muß von dem Schub als solchem unterschieden werden, der von normaler, nichtfeindseliger Aggression angetrieben wird.

Die ödipale Ebene der Objektbeziehungen ist nach Freuds Definition komplexer als frühere Stufen. Dennoch unterscheidet sie sich qualitativ nicht von ihnen, wenn wir an den Drang zur Autonomie denken. Die Komplexität tritt ein, weil sich die Objektbeziehungen vom vorwiegend Dyadischen zum definitiv Triadischen verschoben haben, und weil das Kind noch nicht physiologisch gerüstet ist, seine sexuellen Wünsche in die Tat umzusetzen. Dies sind Aspekte der *Conditio humana*, die uns für die Neurose anfällig machen.

Wie Loewald (1979) ausführt, hat man dem Rätsel, wie der Ödipuskomplex zu überwinden sei, viele Namen gegeben. In Brills Übersetzung der *Gesammelten Schriften* Freuds ist vom Vergehen (passing) des Ödipuskomplexes die Rede. Die Übersetzung in der *Standard Edition* lautet Auflösung (dissolution). Häufiger wird von Lösung gesprochen. Loewald benutzt die glücklichere Bezeichnung Dahinschwinden (waning), um der modernen Ansicht Ausdruck zu verleihen, daß der Ödipuskomplex niemals ganz verschwindet. Mitunter hört man von der ödipalen Niederlage des Kindes. Im Falle eines Genies wie Picasso vernimmt man, daß der Vater vom Sohn besiegt wurde, was sich lediglich auf die Tatsache stützt, daß der Vater aufhörte zu malen, als er das größere Talent des Sohnes erkannte. Unsere Deutung lautet demgegenüber, daß der Vater ein Wachstumsförderer war.

Es ist natürlich irrig, Sieg oder Niederlage in der ödipalen Situation in veräußerlichtem oder interpersonalem Sinne zu betrachten. Wenn der Ausgang des ödipalen Konflikts als Niederlage in der Realität angesehen werden müßte, wäre das Ergebnis ein Mensch, der sich zeitlebens fürchtet, etwas zu wagen. Wie wir im 16. Kapitel zeigen werden, betrachten einige sämtliche Analysen als unvollendet, weil der ödipale Wunsch unerfüllt bleibt. Hier liegt das Schwergewicht eher auf der Niederlage als auf der Tatsache, daß der Sieg über die ödipalen Wünsche eben darin besteht, Wachstum durch Strukturierung, insbesondere durch die Bildung eines getrennten Überichs, zu fördern. Wäre die Nichterfüllung ödipaler Wünsche tatsächlich als Niederlage anzusehen, würden alle Eigenschaften, die nach unserer Auffassung die Folge einer adäquat durchlebten Übungssubphase sind, im späteren Leben fehlen – Unternehmungslust, Initiative, Ehrgeiz, Mut. Weil es sich um einen intrapsychischen Konflikt handelt, der gelöst werden muß, um das Leben innerhalb der eigenen Generation führen zu können, wird durch diesen Sieg Struktur gebildet. Das Ergebnis ist zumindest der Kompromiß in Gestalt der Neurosenbildung. Im besten Fall gewinnen Ich und Überich an Stärke, weil sie ihre Kräfte vereinigt haben. Der Sieg besteht darin, daß das Endstadium der Strukturierung erreicht ist – die Zusammenfügung der verschiedenen Komponenten des Überichs zu einer klar umrissenen Struktur.

Loewald glaubt wie wir, daß das Verständnis für präödipale Probleme zu einer umfassenderen Erkenntnis ödipaler Probleme beitragen wird. Er stützt jedoch seine Auffassung des Vorgangs, durch den der Ödipuskomplex dahinschwindet, auf den Todestrieb. Somit zieht er den Schluß, daß jeder Schritt vom Elternteil weg einen Akt des Elternmords darstellt. Hierin unterscheidet er sich vom Entwicklungsstandpunkt, der die selektive Identifizierung und den Übergang von Funktionen von den Objektrepräsentanzen auf die Selbstrepräsentanz in Betracht zieht, d. h. Verinnerlichungsvorgänge, die die Objektrepräsentanzen nicht zerstören. Das ist das Gegenteil von Elternmord. Jeder Schritt, der von den elterlichen Repräsentanzen wegführt, nimmt insofern einen Aspekt jener Repräsentanzen mit, als ihre Funktionen übertragen werden, die Repräsentanzen selbst aber erhalten bleiben.

Es ist auch nicht genügend beachtet worden, daß die Objektrepräsentanz durch den Abzug der Besetzung vom sexuellen

Wunsch nicht gänzlich zerstört wird. Ein wichtiger Aspekt der Lösung des ödipalen Konflikts ist daher die Desexualisierung der Objektbeziehung zum Elternteil. Dieser Vorgang ist von Zerstörung weit entfernt.

Der Ödipuskomplex schwindet nach der ersten Runde dahin, nur um in den folgenden Entwicklungsphasen wieder zuzunehmen. In jeder Entwicklungsphase des Erwachsenen werden neue, nichtinzestuöse Objektrepräsentanzen verinnerlicht, wodurch die Fortbewegung von den primären Objektrepräsentanzen gefördert wird. Auf diese Weise verringern sich Reichweite und Einfluß der primären Objektrepräsentanzen. Dieser Prozeß, in der Kindheit begonnen, setzt sich fort und eskaliert sogar. Mit Erreichung des Erwachsenenlebens tritt das Bedürfnis nach dem primären Objekt in den Hintergrund. Die Elternmordphantasie der Kindheit, ein Aspekt des primären Objektbedürfnisses, verkümmert. Das Objektbedürfnis wird nunmehr durch die Anknüpfung neuer libidinöser Verbindungen auf der Erwachsenenebene befriedigt.

12 Diagnose

Wir müssen uns ab und zu daran erinnern, daß Freuds erste Entdeckungen auf seiner Eigenanalyse, einschließlich der Analyse seiner Träume, beruhten. Man kann mit einiger Gewißheit vermuten, daß ihn dies veranlaßte, sein Lebenswerk dem Verständnis der neurotischen, strukturierten Persönlichkeit zu widmen. Diese historische Tatsache erklärt auch, daß sich Freuds Schüler bei der weiteren Ausarbeitung der psychoanalytischen Neurosentheorie relativ wenig darum kümmerten, die ungenügend strukturierten Persönlichkeiten zu verstehen. Erst lange nach Freuds Tod begann die ernsthafte Erforschung des Charakters dieser Leidensformen (Knight, 1954; Kernberg, 1967, 1968).

Die vielen neuen Überlegungen in der Literatur zu Freuds fünf Fällen werfen Fragen auf, ob diese Patienten wirklich strukturiert waren. Schreber war eindeutig psychotisch, was Freud wußte. Es scheint, daß der Wolfsmann sicherlich ungenügend strukturiert war, was Freud übersah, weil seine Untersuchungen nicht auf Borderline-Phänomene gerichtet waren. Ob der Rattenmann an einer echten Zwangsneurose litt, ist ebenfalls zweifelhaft. Ähnliche Zweifel sind bei Dora und dem Kleinen Hans angebracht. Heutzutage würde man bei den drei letzten Fällen wahrscheinlich davon ausgehen, daß sie sowohl neurotische als auch Borderline-Merkmale aufweisen. Man würde sagen, daß die Bewältigung des Angelpunkts der Entwicklung in mancher Hinsicht nach der neurotischen Seite ausgeschlagen habe, während sie in anderen Punkten in ihrer Entwicklung zurückgeblieben sei, was gemischte diagnostische Bilder ergibt, die Merkmale ausreichender wie ungenügender Strukturierung aufweisen.

Die Geschichte der Diagnose zeigt, daß die Forderung nach Genauigkeit zur Suche nach klar umrissenen diagnostischen Kategorien geführt hat, in die die Individuen eingeordnet werden können. Der Begriff der Person als eines Ganzen geriet mehrfach aus dem Blickfeld und wurde dann wiederentdeckt. Wenn sich die Geschichte auf diese Weise wiederholt, verschiebt sich die Perspektive nach vorwärts und rückwärts. Die Methodologie der Diagnose hat noch immer kein sicheres Gleichgewicht zwischen den beiden Positionen erreicht. Das neueste psychiatrische Diagnoseschema *Diagnostic and Statistical Manual* (DSM-III 1980) steuert in die Richtung der Aufstellung expliziter diagnostischer Kriterien und entfernt sich von der Berücksichtigung der Person als einem Ganzen. In diesem Trend wiederholt sich die Frühgeschichte der modernen Diagnose und verheißt, daß die Diagnose anhand des Symptoms mit der Zeit wieder von einer Diagnose der Struktur des Ichs, in die das Symptom eingebettet ist (Eissler, 1953), abgelöst werden wird.

Kraepelin führte eine diagnostische Methode ein, die sich am Resultat orientierte. Wenn der Patient genas, hatte er an einer eher gutartigen manisch-depressiven Psychose gelitten; fand keine Genesung statt, war und blieb die Krankheit eine *Dementia praecox*. Diese Methode ist wertvoller, als es den Anschein hat. Sie wird bis zum heutigen Tag in der medizinischen Praxis angewendet. Eine Infektion kann beispielsweise durch Verabreichung von Antibiotika behandelt werden. Tritt Heilung ein, war der Erreger eine Bakterie, wird die Krankheit nicht besiegt, war es vermutlich ein Virus.

Dies trifft auch auf die Psychopharmakologie zu. Reagiert eine Depression auf Lithium, ist das Leiden eine manisch-depressive Psychose, während andere Formen der Depression, wo es möglich ist, psychotherapeutisch behandelt und mit anderen Medikamenten als Lithium gemildert (nicht geheilt) werden müssen.

Kraepelins Theorie hat für den Ich-Psychologen eine gewisse Überzeugungskraft. Wir würden glauben, daß im Falle der Genesung eine Fähigkeit zu genesen oder, wie wir (1979) es ausgedrückt haben, eine Fähigkeit zur Reorganisation vorhanden ist. Es gibt schließlich keinen sicheren Weg, die Fähigkeit zur Reorganisation vor der Behandlung zu diagnostizieren, es sei denn, man versucht herauszufinden, ob eine Reorganisation in der Vergangenheit des Individuums überhaupt stattgefunden hat – doch ist darauf relativ wenig Verlaß. Es ist richtig, weiterhin wie Kraepelin anzunehmen, daß sich eine Struktur, die gesundet, von einer Struktur unterscheiden muß, die nicht gesundet.

Bleuler änderte Kraepelins Ansatz, indem er von einer anderen Perspektive ausging. Die psychiatrische Diagnostik ist nunmehr hauptsächlich mit der Symptomatologie befaßt, obgleich moderne Weiterentwicklungen sie in Bereiche geführt haben, die Bleuler unbekannt waren. So ist das *Diagnostic and Statistical Manual of Mental Disorders* zweimal revidiert worden. Die dritte Fassung, die gegenwärtig in Gebrauch ist, versucht bei der Diagnose drei Leitlinien zu folgen, so daß die diagnostischen Kriterien gegeneinander abgewogen werden können. Das Schema ist atheoretisch, vermutlich, um es universell anwendbar zu machen. Der Diagnostiker betrachtet einfach das Symptombild und gelangt zu einer Entscheidung, die ausschließlich auf dessen Beurteilung beruht.

Dies unterscheidet sich stark von der psychoanalytischen Diagnose, wo eher die Struktur als das Symptombild im Mittelpunkt der diagnostischen Untersuchung steht. Psychoanalytiker sind besonders an der Beziehung zwischen den drei Instanzen der Struktur, der relativen Stärke einer jeden, dem Charakter des Konflikts und daran interessiert, wie das Ich mit der Angst fertig wird. Die Symptome sind sekundär. Wie Rangell bemerkt, können hysterische Symptome, das wahre Urgestein der Freudschen Entdeckungen, tatsächlich auf allen Ebenen der Strukturierung vorkommen, was unwiderlegbar beweist, wie unzuverlässig die Diagnose anhand eines Symptoms ist. Früher wurden Konversionssymptome als sichere Zeichen einer Hysterie betrachtet, und Phobien hielt man für Hinweise auf eine Angstneurose. Jetzt finden wir diese Symptome bei Psychosen und Borderline-Zuständen häufiger als bei Neurosen. Viele Neurosen, die uns dieser Tage begegnen, sind relativ asymptomatisch. Wollte man sie anhand eines Symptoms dia-

171

gnostizieren, käme man dem Leiden nicht auf die Spur, weil es nur im Charakter begründet liegt.

Die psychiatrische Diagnostik scheint sich noch radikaler von der psychoanalytischen zu unterscheiden, wenn die Ich-psychologische Dimension hinzutritt. Bei diesem diagnostischen Ansatz wird nicht nur die Struktur untersucht, vielmehr ist es ein zentraler Gesichtspunkt, ob und wie eine Strukturierung stattgefunden hat. An dieses Vorgehen muß man sich halten, nicht getrennt und als vorbereitende Maßnahme, sondern in der psychoanalytischen Situation selbst. Nur in diesem Kontext können die Übertragungsaspekte, die das Niveau der Objektbeziehungen enthüllen, in die diagnostische Exploration einbezogen werden. In einem solchen langfristigen diagnostischen Prozeß werden die laufend empfangenen diagnostischen Informationen unweigerlich mit der Behandlung verknüpft. Noch während diagnostiziert wird, geht es dem Patienten besser, und die Diagnose ändert sich.

Dies erscheint paradox. Wie kann eine sichere Diagnose unter solchen sich ändernden Bedingungen gestellt werden? Der Ich-psychologische Psychoanalytiker tastet – aber nicht im dunkeln. Er bestimmt die Struktur bei Beginn der Behandlung. Ist der Patient strukturiert, werden regressive Züge als Abwehr behandelt. Das Ich wird als kompetent betrachtet, und die Behandlung ist darauf ausgerichtet, den Konflikt auf der ödipalen Ebene zu bearbeiten. Wenn wir es mit einer ungenügend strukturierten Persönlichkeit zu tun haben, ist die Behandlung auf Strukturbildung ausgerichtet, in der Hoffnung, daß das Ich dann tauglich wird, sich mit dem ödipalen Konflikt auseinanderzusetzen. Im ersten Fall pflegen regressive Züge zu verschwinden, wenn ihr Abwehrcharakter verstanden und gedeutet wird. Im zweiten Fall wird die Struktur gestärkt. Das meinen wir mit der Änderung der Diagnose während des Fortschreitens der Behandlung. Wir ändern nicht unsere diagnostischen Auffassungen, sondern der eigentliche Zweck der Behandlung ist es, eine bessere Diagnose stellen zu können. Im Idealfall würde der geheilte Neurotiker mit der Diagnose »normal« entlassen. Dies ist nicht möglich, weil – wie Freud (1937) in *Die endliche und die unendliche Analyse* ausgeführt hat – nicht alle Konflikte innerhalb des analytischen Zeitplans in Erscheinung treten. Wenn man sich die Diagnose als Prozeß vorstellt, akzeptiert man, daß sich diagnostische Informationen langsam und erst wenn die Behandlung bereits begonnen hat, einstellen (A. Freud, H. Nagera und W. E. Freud, 1965).

Therapeuten und Analytiker, die auf Übertragungsphänomene eingestellt sind, sind sich bewußt, daß die Übertragung, bevor der Patient zum erstenmal das Sprechzimmer betritt, in Phantasien über den Therapeuten existiert, die den Versuch darstellen, ihn in die bereits vorhandene »Versenkung« der Objektrepräsentanz einzupassen. Die Spekulationen, Vermutungen, Annahmen und Phantasien, die bewußt und unbewußt vor dem ersten Treffen mit dem Therapeuten ausgebrütet werden, kann man als reinste Form der Übertragung bezeichnen, da sie lediglich auf den früheren Objekterfahrungen des Patienten beruhen und noch nicht durch das äußere Erscheinungsbild des Therapeuten, seine Manierismen, seinen Gesichtsausdruck, vermutete oder wirkliche Einstellungen, die Einrichtung seiner Praxis, seine Kleidung und sonstige Begleitumstände modifiziert sind, die die Realität »kontaminieren«.

Die diagnostische Aufgabe besteht anfangs natürlich darin, den Klagen und der Geschichte des Patienten zuzuhören, die üblichen Schlußfolgerungen hinsichtlich Struktur, Abwehr und Anpassung zu ziehen und unbewußte Phantasien und Träume hervorzulocken, wo dies angebracht erscheint. Man denkt auch darüber nach, wie der Patient mit dem Therapeuten umgeht und was sich daraus für das Niveau und die Qualität der Objektbeziehungen ergibt. Wir haben gesagt, daß das Niveau der Objektbeziehungen das Instrument zur Herstellung des unmittelbaren Kontakts zu einem anderen Menschen ist. Ein Diagnostiker, der auf Entwicklungsverläufe zu achten gewohnt ist, kann den Widerschein entwicklungsbedingter Errungenschaften und Fehlschläge wahrnehmen. Am wichtigsten ist aber, daß der diagnostizierende Therapeut auch den Charakter der »Versenkung« beurteilen kann, insbesondere, wie flexibel er ist. Kann er sich real weitgehend, geringfügig oder überhaupt nicht ändern? Anders ausgedrückt, das Annäherungsmuster des Patienten ist ein Hinweis auf Niveau und Muster seiner Objektbeziehungen.

Diese Beschreibung des diagnostischen Prozesses geht davon aus, daß Diagnostiker und Therapeut dieselbe Person sind. Diese wünschenswerte Sachlage ist vorwiegend in der privaten Praxis möglich. Wenn es sich um ambulante Patienten einer Institution handelt, führt oft jemand die »Aufnahme« durch und stellt die erste Diagnose, bevor der Fall an einen Therapeuten weitergeleitet wird. Dies mag ein notwendiges Übel sein, das aus administrativen Gründen in Kauf genommen werden muß. In manchen Einrichtungen wird die »Aufnahme« auf Rotationsbasis von dem Therapeuten vorgenommen, der dann mit der Behandlung fortfahren kann.

Unsere Feststellung über das Annäherungsverhalten bedarf der Erläuterung. Nähert sich der Patient mit übermäßiger Angst, kann sich darin eine zeitweilige Regression ausdrücken, die sich von selbst ausgleichen wird, sobald sich die anfänglichen Ängste in bezug auf die therapeutische Begegnung verringern. Der Diagnostiker darf darüber jedoch nicht hinweggehen, denn es verrät uns immerhin etwas über das Annäherungsverhalten. Man müßte dann herauszufinden versuchen, weshalb die Objekterwartung furchtbeladen ist. Die Abwehr kann aber auch die entgegengesetzte Form annehmen – Flucht nach vorn statt Regression. In diesem Fall stellt sich der Patient oder die Patientin auf einem Niveau dar, das nicht aufrechterhalten werden kann, und wie die Nadel eines Kompasses erst etwas später zum Stillstand kommt, zeigt sich auch das wahre Niveau der Objektbeziehungen erst etwas später. Diese Art, sich zu präsentieren, ist häufig ein Hinweis auf den Versuch, eine Verbindung auf höherer Ebene aufzunehmen, obgleich die dazu erforderliche Fähigkeit, auf ihr zu verweilen, fehlt. Diese Patienten haben die Wirklichkeit angeschaut und sind sich bewußt geworden, daß diese höhere Ebene existiert; sie versuchen, ihr zu entsprechen. Andere Patienten wissen das nicht, im allgemeinen deshalb, weil ihre Eltern nicht auf dieser höheren Ebene funktionierten. Wie wir manchmal in unseren Fallseminaren sagen: Die ganze Familie lebte im Laufställchen. Wir meinen damit, daß das Kind in der Entwicklung sich zwar nur auf der Ebene von Objektbeziehungen befinden kann, die seinem Alter und seinem allgemeinen Entwicklungsstand entsprechen, daß sein Wachstum aber am besten gefördert wird, wenn die Eltern zur Selbst- und Objektkonstanz gelangt sind.

Nachfolgend ein Beispiel, wie ein Aspekt des umfassenderen diagnostischen Bildes aufgedeckt und in einer bestimmten Behandlungsstunde bearbeitet werden kann:

Ein vierzigjähriger Mann möchte, daß der Therapeut ein allmächtiger Partner sei, der ihm alles verschafft, was er sich wünscht. Er war zweimal verheiratet und ist zweimal geschieden. Seine derzeitige Freundin ist ins Ausland gereist, um zu Weihnachten mit ihren heranwachsenden Kindern zusammen zu sein. »Ich will, daß sie Weihnachten mit mir verbringt«, schreit er den Therapeuten an. Als er keine Antwort bekommt, brüllt er noch lauter: »Sie müssen mir helfen, daß ich sie dazu bringe, zu tun, was ich will.« Als das nichts fruchtet, sackt er auf seinem Stuhl zusammen und verliert das Interesse am Rest der Stunde.

Offensichtlich ist die Frustrationsschwelle niedrig, aber das ist das geringere Problem. Das größere besteht darin, daß der Therapeut an Wert verliert, wenn er den Wünschen des Patienten nicht nachkommt. Auffallend ist auch die versagende Realitätsprüfung, denn der Therapeut hat keine Möglichkeit, die Freundin zu zwingen, Weihnachten mit dem Patienten zu verbringen, selbst wenn ein solcher Versuch unter therapeutischen Gesichtspunkten sinnvoll wäre. Der Patient zieht sich auf seine narzißtischen Phantasien zurück, wo seine Objekte als Teil seines Selbst ihm keinen Widerstand leisten.

Die Therapie hat stattgefunden, während dieses Segment des Problems des Patienten diagnostiziert wurde; der Therapeut hat sich vom Patienten nicht benutzen lassen. Jeder Therapeut würde diesen offensichtlich einfachen Weg einschlagen, außer vielleicht jene, die glauben, daß es etwas einbringt, wenn sie sich der unrealistischen Forderung des Patienten anschließen. Doch was wurde durch die Haltung gewonnen, die dieser Therapeut einnahm? Bedenkt man, daß die Objektbeziehung stets an erster Stelle steht, muß der Patient mit der Frustration kämpfen, um sich das Objekt, wenn auch notdürftig, zu erhalten. Obgleich er sich zurückzieht, gibt er die Behandlung nicht auf. Er vergräbt sich in ein narzißtisches Arrangement, wie wir (1979) es beschrieben haben. Der Therapeut hat einen Zug gemacht, indem er nicht nachgab.

Nun ändert sich die Diagnose mit der Behandlung. Der Therapeut muß warten, um festzustellen, ob er die narzißtische Schale durchdringen kann. Der nächste Zug muß vom Patienten kommen, der früher oder später eine andere Eröffnung anbieten wird. Der Therapeut wird darauf natürlich gefaßt sein. Darüber hinaus wird er auch auf kleine Veränderungen achten. Wird der Patient weiterhin dieselbe unrealistische Forderung stellen? Werden sich seine Forderungen mit der Realität ändern? Wird die Frustration eher zu besseren Anpassungsmechanismen als zum Rückzug von der realen Objektwelt führen? Wenn das geschehen sollte, muß der Therapeut diese neue Wachstumsebene sofort und unbeirrt unterstützen – nicht mit Lob, aber durch die Bereitschaft, sich darauf einzustellen, in der Hoffnung, daß er als Objekt in der realen Welt – wenn auch in noch so bescheidenem Maße – mit den Objekten der Phantasiewelt konkurrieren kann. Wir wollen einen Dialog konstruieren:

Patient: Sie haben auf nichts reagiert, was ich gesagt habe.

Therapeut: Als Sie sich auf diese Weise zurückzogen, glaubte ich, Sie wollten das nicht.

P: Ich sehe jetzt, daß das passiert, und ich nehme an, daß ich mich zurückziehe, wenn ich frustriert bin. Aber dann komme ich da 'raus.

Th: Gut, das sagt mir, daß Sie jetzt hier bei mir sind.

P: Ja, dort wird's einsam.

Th: Ich kann nur bei Ihnen sein, wenn Sie es wollen.

Der Dialog beschreibt das Auftauchen aus dem narzißtischen Arrangement. Man hofft, daß es vorübergehend sein wird. Es wird noch viele Angriffe und Rückzugsgefechte geben, bevor die wohltuende reale Objektbeziehung gegenüber der Behaglichkeit der Welt, die man nach seinem Belieben einrichten kann, die Oberhand gewinnt. Es wird auch beschrieben, auf welche Weise der Therapeut zu verstehen gibt, daß es die Aufgabe des Patienten ist, sich die Umwelt zunutze zu machen – in diesem Fall die therapeutische Situation. Im ersten Kapitel haben wir die Arbeitsteilung zwischen Patient und Therapeut befürwortet. Hier zeigen wir eine der vielen Möglichkeiten, wie sie erreicht werden kann. Es muß immer auf Verlangen des Patienten geschehen, wenn er das Bedürfnis empfindet. Kommt ihm der Therapeut zuvor, entsteht beim Patienten der Eindruck, der Therapeut bedürfe seiner.

Um dieses klinische Beispiel im Rahmen des Gesamtproblems der Diagnose zu erörtern, müssen wir die Neigung ansprechen, diagnostische »Etiketten« zu verwenden. Dies mag einem Interesse an Präzision und Vorhersehbarkeit zugeschrieben werden. Es liegt eine gewisse Sicherheit in der Beschreibung von Leidensformen als Einheiten. So könnte ein Patient wie der obige als narzißtisch (Kohut), als an einer narzißtischen Persönlichkeitsstörung leidend (Kernberg) oder als ungenügend strukturiert mit narzißtischem Einschlag (Blanck und Blanck, 1979) diagnostiziert werden. Wir halten unsere Position für flexibel. Sie stellt die Position des Patienten zutreffend als narzißtisch dar, läßt aber Raum für die Berücksichtigung der Gesamtstruktur, für die Person als einem Ganzen, statt sich auf ein pathologisches Segment zu konzentrieren, welches, so hervorstechend es ist, hinsichtlich der Pathologie nicht einem Tumor in einem im übrigen gesunden Körper gleichzusetzen ist. Wenn alle vierzehn Punkte des Angelpunkts der Entwicklung in Betracht gezogen werden, wird sich wahrscheinlich zeigen, daß die diagnostischen Kriterien überwiegend in die ungenügend strukturierte Richtung weisen. Im Verlauf der Aufhebung des narzißtischen Arrangements werden sich jene anderen Aspekte der Strukturierung in Verbindung mit dem therapeutischen Interesse an der narzißtischen Komponente verändern. Um hier nur den offensichtlichsten Aspekt zu nennen: Die Frustrationstoleranz wird sich ausdehnen. Dies wird nicht einfach dadurch erreicht, daß man den Patienten frustriert und ihn schmoren läßt, sondern dadurch, daß man ihm zur Seite steht, um ihn zu unterstützen, während er die Frustration erleidet. Das ist keine neue Technik. Wir betonen die Objektbeziehungskomponente – daß Frustration in Gegenwart eines auf uns eingestimmten Objekts erträglicher ist.

Die Autoren des *Diagnostischen und statistischen Manual psychischer Störungen* erkennen an, daß Menschen mit derselben Symptomatologie und sogar derselben psychischen Störung nicht unbedingt gleich sind. Doch DSM-III wurde eingeführt, um DSM-II zu verbessern, das keine Möglichkeit bot, Diagnosen verläßlich gegeneinander abzuwägen, nicht aber, um die fundamentale diagnostische Einstellung zu ändern. DSM-III schlägt fünf Leitlinien vor, von denen die ersten drei die offizielle Diagnose darstellen. Um beispielsweise zur Diagnose *Borderline* zu gelangen, müßten fünf von sieben charakteristischen Manifestationen dieser Störung vorhanden sein. Doch wo ist die *Person*, die diese Manifestationen erkennen läßt? Im folgenden wird dieser wichtige diagnostische Faktor unterstrichen:

Ein Patient wünscht eine Behandlung, weil er unter seiner Impotenz leidet. Er ist in den Vierzigern, hat wegen seines Problems nicht geheiratet, erfreut sich aber auf Grund seiner anziehenden Erscheinung und gesellschaftlichen Gewandtheit trotzdem großer Beliebtheit. Er funktioniert größtenteils auf einer realistischen Objektbeziehungsebene und genießt daher hohes Ansehen in seiner Position als Direktor eines großen Unternehmens. Organische Ursachen für sein Symptom wurden ausgeschlossen. Er ist potent, wenn er masturbiert, was von heterosexuellen

Phantasien begleitet ist, aber in einer realen heterosexuellen Situation vermag er nicht zu funktionieren. Homosexuelle Kontakte hat es nicht gegeben.

Oberflächlich betrachtet, würde eine psychoanalytische Diagnose, stützte man sich allein auf Symptome, vermutlich besagen, daß eine Neurose mit schwerer Kastrationsangst vorliege. Bei einer Diagnose nach dem DSM-III-Schema würde man sich darauf berufen, daß »das wesentliche Merkmal [der Impotenz] eine Hemmung der Appetenz oder der psychophysiologischen Vorgänge sei, die die vollständige sexuelle Reaktion kennzeichnen« (S. 275). Die grundsätzliche Diagnose würde *gehemmte Sexualerregung* (Code 302.72) lauten. Das Handbuch verweist sehr zutreffend auf Probleme der Differentialdiagnose, etwa ob die Störung der Sexualfunktion einer Depression vorausgeht oder ob sie sekundär ist. Es wird auch Raum für Persönlichkeitsstörungen, eheliche Disharmonie und andere zwischenmenschliche Probleme gelassen, die die Diagnose beeinflussen können. Im Fall, den wir hier betrachten, würde die sekundäre Diagnose nach DSM-III *Borderline-Persönlichkeitsstörung*, Code-Nummer 301.82, lauten. Die erste Diagnose unterstreicht Symptomatologie und Verhalten, während die zweite eine Berücksichtigung der Gesamtpersönlichkeit nahelegt. In beiden Fällen erhält der Praktiker weder einen Hinweis auf die Ätiologie noch – da DSM-III atheoretisch ist – eine Anleitung für die Behandlung. Wir setzen unser klinisches Beispiel fort:

Der Therapeut hielt eine Analyse nicht für das Mittel der Wahl, weil gewisse Merkmale vorhanden zu sein schienen, die auf eine ungenügende Strukturierung hinwiesen. Insbesondere erhob sich die Frage nach der Objektbeziehungsebene, denn der Lebensstil des Patienten war im wesentlichen ein isolierter. Es wurde ihm gesagt, daß drei Behandlungsstunden pro Woche das therapeutische Optimum darstellen würden. Der Therapeut hatte aber im Augenblick nur zwei freie Stunden zur Verfügung, hoffte jedoch, daß in Kürze eine dritte dazukommen würde. Der Patient sträubte sich gegen den engen zeitlichen

179

Rahmen. Er begründete (rationalisierte) dies damit, daß die ihm angebotene Zeit an den Behandlungstagen dazu führen würde, daß er eine halbe Stunde später als sonst ins Büro käme. Angesichts der Tatsache, daß leitende Angestellte seines Kalibers keine regulären Arbeitszeiten haben und oft noch spätabends im Büro sind, daß sie auch zuhause abends und an Wochenenden arbeiten, fand er sich schließlich mit den beiden verfügbaren Stunden ab. Als auch die dritte Stunde möglich wurde, geriet er in Panik, weil er nun noch einen weiteren Morgen zu spät zur Arbeit kommen würde.

Die Belanglosigkeit des manifesten Materials verhüllte eine Zeitlang das Ausmaß der Angst und der daraus folgenden Regression. Doch es zeigte sich, daß er mit diesem äußeren Umstand nicht fertig wurde, weil die Struktur ungenügender war, als es zunächst den Anschein hatte. Obgleich der Therapeut vorsichtig genug gewesen war, indem er nicht sofort mit einer Analyse begonnen hatte, wurde er vom Ausmaß des Zusammenbruchs überrascht.

Der Patient wagte es nicht, dem Therapeuten offen entgegenzutreten und die dritte Stunde abzulehnen, noch konnte er der Möglichkeit ins Auge sehen, daß ein Vorgesetzter ihn fragte, weshalb er später komme. Und dies, obwohl er zugab, daß die Wahrscheinlichkeit, gefragt zu werden, gleich null war. Dennoch wurde er in einem Maße funktionsunfähig, daß seine Stellung gefährdet war. Er versäumte Termine und verrichtete seine Obliegenheiten nicht in der Weise, wie es seine Firma von ihm erwarten konnte. Er kam nun auch zu spät zu seinen Behandlungsstunden. Wir haben erklärt (1979), daß das Zu-spät-Kommen bei der ungenügend strukturierten Persönlichkeit etwas anderes bedeutet als der Widerstand des strukturierten Patienten. In diesem Fall wie in vielen anderen schien es ein Versuch zu sein, mit der Angst durch Aktion fertig zu werden, weil das Abwehrsystem zu primitiv war. Anders ausgedrückt, die Abwehrfunktion des Ichs ist unwirksam, weil die Strukturierung nicht den Punkt erreicht hat, wo das Ich fähig ist, Signalangst und Abwehrmechanismen einzusetzen.

Der Patient sagte, er fühle sich abgestumpft. Nach eingehender Exploration stellte sich heraus, daß auch dies eine primitive Abwehr nach dem »Kämpfe oder flieh«-Muster war; in diesem Fall handelte es sich um einen fast totalen Rückzug angesichts extremer Gefahr. Der Patient begann die Impotenz zum Rückzug in Beziehung zu setzen und erkannte, daß die Angst nicht auf die Kastration beschränkt war, sondern eher einer totalen Vernichtungsangst ähnelte.

Nachdem diese regressive Tendenz erkannt war, wurde auch die eigentümliche berufliche Vergangenheit des Patienten verständlicher. Er war nach vielversprechenden Anfängen aus vier oder mehr hochrangigen Stellungen entlassen worden. In den ersten, der Exploration dienenden Stunden schrieb er dies der Firmenpolitik zu. Nun spielt das wahrscheinlich immer eine Rolle, doch ließ sich in seinen verheißungsvollen Anfängen und der bald darauf folgenden Panik ein Muster erkennen. Es betraf sein berufliches ebenso wie sein sexuelles Funktionieren sowie sein Verhalten in der Übertragung. Zwar war sich der Patient, der bereits mehrere Therapien hinter sich hatte, dieser Rückzüge bewußt, beschrieb sie aber dennoch in neurotisch wirkender Weise. »Ich bewege mich schleppend oder trete auf der Stelle.« Diese Formulierungen wurden der ungeheuren Tatenlosigkeit kaum gerecht.

Der Therapeut erkannte, daß der Patient das mit der Aufnahme der dritten Stunde verbundene Dilemma nicht ohne weiteres lösen konnte, obwohl man sich schon zu Anfang darauf geeinigt hatte. Auf diesem Angstniveau schien es bedrohlich, darauf zu beharren. Dem Patienten wurde gesagt, daß er mehr Zeit brauche, um sich diesbezüglich zu entscheiden, und daß der Therapeut die Zwischenzeit anders ausfüllen würde. Er war augenblicklich erleichtert und fühlte sich großartig. Er glich den regressiven Funktionsverlust bis zu einem gewissen Grad, aber nicht völlig aus.

Der Therapeut erfuhr noch mehr. Nicht nur die Arbeitssituation des Patienten war in Unordnung geraten, auch seine Wohnung glich einem Schlachtfeld. Er verriet, wie schäbig er wohnte, wenn auch in einer guten Gegend. Sein Mobiliar bestand aus nicht viel mehr als einem Bett, Stühle besaß er nicht. Er hoffte, seine Wohnung eines Tages behaglicher einzurichten, und phantasierte sogar, eine Frau dort empfangen zu können.

Der erste Eindruck – daß sich die Strukturierung verbessert, wenn auch nicht ganz die neurotische Ebene erreicht hatte – mußte wegen der Unfähigkeit des Ichs, die Regression zu beherrschen, korrigiert werden. Die Regressionsstufe war zu niedrig, um leicht überwunden werden zu können; die Regression stand nicht im Dienste des Ichs (Kris, 1952). Dieses Merkmal ist eines von mehreren, durch das sich die besser strukturierte Persönlichkeit unterscheidet. Die geänderte Diagnose veranschaulicht den kontinuierlichen Prozeß eines ständig modifizierenden diagnostischen Denkens, das vom Zwang strikter Kategorisierung frei ist.

Der folgende Fall wurde von einer Ausbildungskandidatin vorgetragen:

Eine 38jährige Frau, Gattin eines prominenten Gemeindemitglieds, wurde wegen Ladendiebstahls festgenommen. Auf Grund der Position des Ehemanns gewährte ihr der Richter Bewährung mit der Auflage, sich einer Behandlung zu unterziehen. Die Ausbildungskandidatin war sehr besorgt, weil die Patientin in der vierten Stunde die Behandlung abzulehnen begann und die Therapeutin beschuldigte, sie habe es nur auf ihr Geld abgesehen. Sie beabsichtigte, trotz der gerichtlichen Anordnung aufzuhören, und allen Versuchen der Therapeutin, ihrem »Widerstand« auf den Grund zu kommen, begegnete sie mit der Behauptung, sie habe nichts zu sagen.

Die Krankheitsgeschichte war unergiebig, weil die Therapeutin eifrig darauf bedacht war, den Fall zu bearbeiten, und deshalb keine Zeit auf die Exploration verwenden wollte. Das ist mitunter eine gute Möglichkeit, zu beginnen, vor allem bei nicht-freiwilligen Patienten. Diese Patientin kam auf gerichtliche Anordnung; andere kommen, weil es die Schule wünscht, weil der Ehepartner darauf besteht oder aus anderen zwingenden Gründen. Das Problem besteht in solchen Fällen darin, daß der Patient kein Patient *sui generis* ist.

Von der erwähnten Patientin wissen wir nur, daß sie in einer Kleinstadt aufgewachsen ist. Sie war das einzige Kind, weil vor ihrer Geburt drei Totgeburten stattgefunden hatten. Sie wurde verhätschelt und übermäßig beschützt, was so weit ging, daß man sie daran hinderte, an den üblichen Kindheitsaktivitäten teilzunehmen. Sie heiratete mit achtzehn Jahren.

Sie zog mit ihrem Mann in eine andere Stadt. Die Ehe blieb kinderlos. Sie beschäftigte sich mit ehrenamtlichen Tätigkeiten, die sie der Therapeutin in den ersten drei Stunden im einzelnen beschrieb. Die Therapeutin berichtete, daß sie sich gelangweilt habe. Langeweile als Gegenübertragung kann mitunter nützlich sein, um den Therapeuten erkennen zu lassen, daß dies die unbewußte Absicht des Patienten ist. Mit diesem Wissen ausgestattet, kann man zu erforschen beginnen, weshalb der Patient den Therapeuten einzulullen wünscht. In diesem Fall war es jedoch nicht so. Die Therapeutin erklärte dem Supervisor, sie habe sich gelangweilt, weil sie sich aus ehrenamtlichen Tätigkeiten nichts mache und die Einzelheiten sie nicht interessierten.

Supervisoren sind oft gezwungen, sich mit sämtlichen vorgebrachten Informationen, so kärglich sie sein mögen, zu befassen, um den Therapeuten in die Lage zu versetzen, dem Patienten helfen zu können. Das umfaßt die Unterstützung der Bemühungen des Therapeuten ebenso wie die Einstellung auf die Bedürfnisse des Patienten. Ein gedemütigter Therapeut wird sich dem Patienten nicht unbefangen nähern. Die Zeitwahl ist bei der Supervision ebenso wichtig wie bei Interventionen im Behandlungsprozeß. Wenn der Fall gut gesichert ist, ist es an der Zeit, der Therapeutin klarzumachen, wie sie ihn hätte nutzbringender angehen können.

Jetzt ist es angebracht, ein tentatives diagnostisches Bild zu zeichnen, das der Therapeutin einen Bezugsrahmen bietet, der ihr ein Weitergehen erlaubt. Es muß betont werden – da unsere Vermutungen auf so spärlichen Informationen beruhen –, daß alle korrigierenden Details, die sich eruieren lassen, den diagnostischen Eindruck nach der einen oder anderen Richtung verschieben können.

Die erste Annahme besagt, daß die Mutter der Patientin um das körperliche Überleben des Kindes besorgt war und daß autonomes Funktionieren für sie nicht an erster Stelle stand. Wir können weiter vermuten, daß die Übungssubphase durch interpersonale Konflikte zwischen einem Kind, das etwas wagen wollte, und einer Mutter, die beschützen mußte, belastet war. Wir stellen uns also vor, daß diese Frau trotz der Angst der Mutter etwas gewagt hat, allerdings um den Preis der Objektverbindung. Die »langweiligen« Einzelheiten ihrer ehrenamtlichen Tätigkeit müssen als die manifeste Ebene betrachtet werden. Sie bringt damit zum Ausdruck, daß sie kompetent ist und zu funktionieren vermag. So betrachtet, repräsentiert ihr »Widerstand« ihren Konflikt – Furcht vor dem Verlust ihrer schwer errungenen Unabhängigkeit in einem Augenblick, da sie Hilfe braucht. Sie hat nichts zu sagen. Die Therapeutin will nur ihr Geld. Das entfernt sie um mehr als Armeslänge voneinander.

In diesem Fall behält man also das Symptom – sie hatte etwas gestohlen –, die Tatsache, daß es sich noch nicht um eine freiwillige Patientin handelt, und ihr Annäherungsverhalten im Kopf, das den Konflikt zwischen einem tiefen Verlangen nach dem Objekt und der Furcht vor dem Verlust der Autonomie veranschaulicht. Wir wollen nun einen Dialog in der fünften Stunde betrachten, nachdem der Therapeutin die Hilfe des Supervisors zuteil geworden ist:

Patientin: Ich habe nichts zu sagen.

Therapeutin: Es fällt Ihnen schwer, hier zu sein. (Es wäre verfrüht zu sagen: »Sie fürchten sich, hier zu sein.« Inhaltlich wäre es zwar korrekt, aber zeitlich falsch, weil die

Patientin ihre Angst abwehrt. Wenn wir ihre Abwehr bedrängen, wird sie überwältigt.)

P.: Ich kann schwer arbeiten. Ich arbeite schwer für das Krankenhaus.

Die Reaktion ist indirekt. Das Schwergewicht liegt weiterhin auf dem Funktionieren. Das Bedürfnis nach dem Objekt muß abgewehrt werden. Da wir darin die adaptive Art der Bewahrung der Autonomie erblicken, hat es eine weniger abschätzige Nebenbedeutung. Ohne sie würde sich die Patientin auf irgendeinem Subphasenniveau der Verschmelzung anheimgeben und ihre Funktionsfähigkeit verlieren. Dennoch ist es richtig, ihr Verhalten auch als Widerstand zu betrachten, und das ist natürlich diagnostisch von Nutzen. Die Stelle, wo Widerstand geleistet wird, zeigt, wo der Konflikt ist, wo Angst greifbar wird.

Th.: Ihre Arbeit im Krankenhaus ist wichtig für Sie. Wir können weiter darüber reden, aber auch der Grund, weshalb Sie hier sind, sagt uns, daß Sie etwas bedrückte, als Sie das Halstuch im Geschäft stahlen.

Hier stellt sich die Therapeutin auf die Seite der Patientin, doch nicht ganz, indem sie ihr zeigt, daß freiwillige Arbeit als Lösung ein Kompromiß ist, der ihre Angst nicht immer zerstreut hat – daß sie in dem Moment einen Ladendiebstahl beging, als ihr heftiges Verlangen die Abwehr durchbrach. Das kann man der Patientin nicht in dieser Form sagen; es ist in die Formulierung der Intervention eingebettet.

Unser sehr spekulatives diagnostisches Denken zeigt die Patientin zwischen ihrem Bedürfnis nach Autonomie und ihrem Verlangen nach dem Objekt. Das übergeordnete Ich hatte keine Gelegenheit, den Konflikt während ihres Entwicklungsgangs auf geordnete Weise zu lösen, wie es bei einer stärker wachstumsfördernden Mutter-Kind-Beziehung möglich gewesen wäre. Festzuhalten ist auch, daß der Aggressionstrieb, wenn man ihn als Motor des Entwicklungsdrangs betrachtet, diese Frau in eine günstigere Position als die der konfliktfreien Hingabe an die symbiotische Nähe gebracht hat. Zwar kann sie sich nicht herauswinden, bemüht sich aber doch darum. Die

Prognose ist günstig; mit therapeutischer Hilfe kann es ihr gelingen.

Der Ausbildungskandidatin muß gesagt werden, daß sie die Langeweile ertragen muß, um mit der Patientin in Kontakt zu treten, wo sie erreichbar ist. Das bedeutet, daß sie sich für die Krankenhausarbeit interessieren muß, nicht wegen ihres manifesten Gehalts, sondern weil es das Funktionieren fördert und der regressive Wunsch nicht ans Licht gebracht wird, bevor die Patientin das Wissen darum ertragen kann. Man kann vorhersagen, daß dadurch, daß man sich auf ihre Ebene begibt und sie doch – wie gezeigt – einen Schritt weiterführt, das Objektbedürfnis intensiviert werden und eine neue Krise eintreten wird. Doch das wird dann im Kontext der therapeutischen Beziehung geschehen und muß daher nicht in einem symbolischen Akt wie dem Ladendiebstahl agiert werden. Die Therapeutin nimmt sich Zeit, damit die Therapie zum eigentlichen Umfeld wird, in dem der Konflikt ausgetragen werden kann.

Es wird so oft gesagt, Diagnose und Behandlung gingen Hand in Hand, daß es banal erscheint, es hier zu wiederholen. In jeder Stunde mit dem Patienten verschaffen wir uns diagnostische Eindrücke und schneiden die kurzfristige Intervention so zu, daß sie eine unmittelbare Wirkung hat und auch zur Erreichung des langfristigen Ziels beiträgt.

13 Technische
Implikationen: Einführung

Der Begriff eines übergeordneten Ichs erfordert keine radikal neuen Behandlungstechniken. Er bestätigt vielmehr bereits vorhandene Richtlinien für den psychoanalytischen Behandlungsprozeß. Er verändert die Perspektive und bietet damit ein größeres Potential zum Verständnis des Patienten. Technische Regeln, die seit längerer Zeit bekannt sind, werden gründlicher verstanden, und es wird eine Plattform für weitere Untersuchungen geschaffen. Im wesentlichen ist unser Angebot eines übergeordneten Ichs nicht mehr als eine weitere Ausarbeitung der Strukturtheorie. Sie führt die bekannten Erweiterungen durch Anna Freud und Hartmann fort.

Jeder der wichtigen technischen Bereiche wird hier in einer Weise überprüft, die das, was bereits bekannt ist, noch einmal hervorhebt oder weiterführt. Wir haben die Übertragung (8. Kapitel) sowie die Diagnose (12. Kapitel) erörtert. Das 14. Kapitel wird sich mit der Deutung und dem Durcharbeiten beschäftigen; im 15. Kapitel sollen die gleichschwebende Aufmerksamkeit und das Verfolgen der Assoziationen des Patienten diskutiert werden; das 16. Kapitel ist dem Prozeß der Beendigung der Analyse gewidmet.

Wir unterziehen hier unsere früheren Schriften über die Technik einer Revision. Wir erörtern dann Topographie und Struktur, Modifizierungen der Technik des Aufdeckens, das wohltuende Klima und das therapeutische Bündnis. Wie es unserer Arbeitsweise entspricht, versuchen wir nicht, einen umfassenden Überblick über jeden technischen Aspekt zu liefern, sondern wir konzentrieren uns auf jene Punkte, zu denen wir einige neue Gedanken beitragen können. Wir beginnen mit der wiederholten Betonung der zentralen Rolle der Objektbeziehungen.

Spitz' Einsichten in das frühe Denken bestätigen die Richtigkeit der verschiedenen Freudschen Definitionen der Identifizierung. Die erste davon, nämlich daß ein emotionales Band vor der Objektbesetzung existiert, verbindet sich mit den späteren – der zwischenzeitlichen Definition, daß die Identifizierung eine verlorengegangene Objektbindung ersetzt, und der späteren Definition der Identifizierung als normalen Verinnerlichungsvorgang. Allen drei Definitionen ist gemeinsam, daß der Mensch von den Objekten, die ihn versorgen, beeinflußt wird. Daraus geht klar hervor, daß dieser Einfluß eine entscheidende Wirkung auf unsere Wahrnehmung der Welt hat, daß wir nur bis zu diesem Punkt »rational« sind, und daß die Wahrnehmung der Realität zunächst durch die Beziehung zum primären Objekt geweckt wird. Das Bedürfnis nach Objektverbindung beeinflußt und verzerrt mitunter die Realitätsprüfung das ganze Leben hindurch und erklärt, wie wir ausgeführt haben, das Phänomen der Übertragung.

Die Entdeckung, daß eingegebenes Material empfangen und vom ersten Lebenstag an bearbeitet wird, zwingt uns zu der Überlegung, daß die kohärente Organisation dieses Materials sofort beginnen muß, um das Gleichgewicht des Gesamtorganismus herzustellen und aufrechtzuerhalten. Jede neue Erfahrung muß ihren Platz im gemeinschaftlichen Ganzen einnehmen. Differenzierung und Integration schreiten gleichzeitig voran. Die Befunde der Kindheitsforscher besagen auch,

1. daß Objektbeziehungen das verinnerlichte Resultat der Interaktion mit dem primären Objekt sind,
2. daß das primäre Objekt deshalb eine elementare Rolle bei der psychischen Strukturierung spielt,
3. daß das Kind durch seine angeborene Ausstattung die Interaktion beeinflußt, und
4. daß die Interaktion in Wahrheit nicht auf einer gleichwertigen Partnerschaft beruht; bei der Anpassung an die Umwelt und an die dyadische Interaktion spielt das Kind die größere Rolle.

Wenn der Therapeut diese Entdeckungen auf die Technik anwendet, wird er immer deutlicher erkennen, daß sich die Therapie an die ganze Person wenden muß. In gewissem Sinne wird damit nur Anna Freuds These wiederholt, daß die psychoanalytische Behandlung nicht nur dem Es gelten darf; sie muß Ich und Überich ebenso erfassen. Das brachte die Technik, die nun nicht mehr nur die Schicksale der Triebe beachtete, zu jener Zeit der Betrachtung der ganzen Person einen großen Schritt näher. Dieser umfassende Ansatz stellt größere Anforderungen an den Therapeuten:

1. die Entwicklungsprozesse der Bestandteile zu begreifen, um die Logik des Funktionierens des Ganzen zu erfassen, insbesondere den Charakter der Entwicklung in kritischen Phasen (Spitz) zu verstehen, um beurteilen zu können, wo Reifung und Entwicklung gelungen und wo sie nicht zusammengekommen sind;
2. Auge und Ohr einfühlsam und flexibel diagnostisch zu schulen. Das ist die Antithese zu Versuchen, den Patienten in »exakte« diagnostische Schubladen einzuordnen;
3. sich nicht zu sehr auf äußere Formen zu verlassen und Ich-Grenzen präzise abzustecken;
4. das therapeutische Bündnis aufrechtzuerhalten und das therapeutische Potential im Interesse des Patienten auszuschöpfen;
5. Ungewißheit zu tolerieren. Wenn der Patient nicht weiß oder wissen kann, was es mit ihm selbst und seinen Erfahrungen auf sich hat, kann der Therapeut sicherlich nur nach einem besseren Verständnis streben, indem er die aktive Kooperation des Patienten gewinnt.

Überprüfung unserer technischen Vorschläge

In unserem Buch *Angewandte Ich-Psychologie* (1974) unterscheiden wir zwischen Psychoanalyse und Psychotherapie. Es bestanden noch große Zweifel, ob manche psychoanalytischen Techniken für die Psychotherapie von Nutzen sein konnten. Autoren, die sich vor uns mit psychotherapeutischen Techniken befaßten, waren der Meinung, daß sich eine Übertragung in der Psychotherapie vermeiden ließe (Tarachow, 1963; Murphy, 1965). Wir stellten jedoch fest, daß es trotz Versuchen, sie zu vermeiden oder zu übersehen, zur Übertragung kommt, und wir glaubten, daß sie benutzt werden kann und soll. Dies entspricht schließlich nur Freuds Entdeckung der Nützlichkeit der Übertragung für die Psychoanalyse. Seit sie existiert, ist es wichtig, sie zu nutzen, indem man ihr die richtige Wendung gibt; sie zu ignorieren, heißt der Behandlung schaden.

Wir haben auch, vor allem im Fall von Herrn Baker, beschrieben, wie aus einer Psychotherapie eine Psychoanalyse werden kann, wenn sich die Struktur festigt. Wir würden dies nun für eine bestimmte Gruppe der Patientenpopulation modifizieren, indem wir unsere sehr scharfe Trennung zwischen den beiden Behandlungsmodalitäten verringern. Um es spezifisch auszudrücken, wir haben festgestellt, daß es eine große Zahl von Patienten gibt, die längst von jenen, die gern genaue diagnostische Zuordnungen verwenden, als Neurotiker mit Borderline-Merkmalen oder als Borderline-Fälle mit neurotischen Zügen beschrieben wurden. Diese Patienten besitzen ein Minimum an Struktur und sind daher bis zu einem gewissen Grad in intersystemische Konflikte verwickelt. Gleichzeitig befinden sie sich aber auf Objektbeziehungsebenen und zeigen gewisse Ich-Schwächen, die Ich-bildende Maßnahmen erfordern. In solchen Fällen benötigt der Therapeut größte geistige Beweglichkeit und Flexibilität; er muß in der Lage sein, von einem mehr psychotherapeutischen (Ich-bildenden) Ansatz zu einer stärker psychoanalytischen (deutenden) Haltung zu wechseln und *vice versa*, je nachdem, was das Material verlangt.

Seit 1974 glauben wir auch, daß die Gesamtorganisation der Psyche ein weitaus wichtigerer Indikator für den Fortschritt der Entwicklung ist als die einzelnen Symptome. Das bedeutet natürlich, daß sich unsere diagnostischen Überlegungen an Entwicklungslinien orientierten. Wir führten diesen Gedanken 1979 weiter aus, als wir das Ich als den eigentlichen Organisierungsprozeß anzusehen begannen. Indem wir von Hartmann

190

ausgingen und seine Gedanken nur leicht modifizierten, schlugen wir vor, das Ich anhand seines *Funktionierens* zu definieren. Wir arbeiteten deshalb Ich-bildende Techniken aus, die den Organisierungsprozeß vorantreiben sollen. Besondere Aufmerksamkeit widmeten wir der Identifizierung von Fehlbildungen in der Organisation und prognostisch der Einschätzung der Fähigkeit zur Reorganisation. Wir beschäftigten uns auch mit Problemen der Differentialdiagnose, etwa der Unterscheidung zwischen der Suche nach Wiederholung des früheren (inadäquaten) Objekterlebens und der Übertragung (eine schwierige Angelegenheit, die wir unseres Erachtens nunmehr im 8. Kapitel des vorliegenden Bandes klarstellen konnten). Wir erörterten Techniken zur Stärkung des Selbstwertgefühls, zur Förderung der Affektdifferenzierung, zur Selbstbesänftigung und zur Förderung des Loslösungs- und Individuationsprozesses.

Hier denken wir weiter, da wir zu der Ansicht gelangt sind, daß der Organisierungsprozeß auf zwei Ebenen abläuft: auf der Ebene der Organisation täglicher Erfahrungen, von uns als *Programme* bezeichnet, die spezifische Ichfunktionen betreffen, und auf der Ebene, auf der die individuellen Funktionen mit dem mehr oder weniger kohärenten Funktionieren des Ganzen, der übergeordneten Stufe, integriert werden.

Topographie und Struktur

Der Begriff des übergeordneten Ichs stellt keine Abweichung von Freuds Strukturtheorie dar. Wir postulieren, daß es sowohl ein Ich im engen Sinne unmittelbaren Funktionierens als auch im weiteren Sinne ein *Über*-Ich als Hüter der Gesamtstruktur gibt. Wäre der Terminus *Überich* nicht bereits mit Beschlag belegt, könnte man ihn auf das anwenden, was wir als übergeordnetes Ich bezeichnen.

Die psychoanalytische Theorie unterscheidet sich von allen anderen Psychologien dadurch, daß es ein Unbewußtes und daher unbewußte Phantasien und unbewußte Konflikte gibt, und

191

dadurch, daß Verinnerlichungsvorgänge zur Strukturierung führen.

Die Entdeckung der Topographie der Psyche durch Freud an der Wende zum 20. Jahrhundert unterschied bereits die Psychoanalyse von der Schulpsychologie und der Psychiatrie. Doch 1923 erschien Freud die topographische Theorie zu primitiv, um die von ihm in der Praxis beobachteten Phänomene zu erklären. Sie besagte lediglich, daß das Es unbewußt und das Ich bewußt ist. Freud benötigte diese vielen Jahre, um anhand seiner klinischen Daten zu erkennen, daß ein Teil des Ichs ebenfalls unbewußt ist: »Auch ein Teil des Ichs, ein Gott weiß wie wichtiger Teil des Ichs, kann *ubw* sein, ist sicherlich *ubw*« (1923, S. 244).

Neben seinen Überlegungen über ein Gesamt-Ich, auf die wir hingewiesen haben, machte sich Freud auch gewisse, zurückhaltend geäußerte Gedanken über die Technik, die der Vergessenheit entrissen und seinen Regeln in den Arbeiten aus den Jahren 1912 bis 1923 an die Seite gestellt werden sollten. Seine Erkenntnis, daß nicht alles, was unbewußt ist, ans Tageslicht gebracht werden kann, zieht dem therapeutischen Eifer realistische Grenzen und unterstreicht, daß es Faktoren gibt, die für immer unsichtbar bleiben werden, aber dennoch einen mächtigen Einfluß ausüben. Wie bemerkenswert Freuds Erkenntnis der Tatsache ist, daß es einen nicht wiederzuerlangenden Aspekt des Unbewußten gibt, läßt sich erst angesichts des sehr viel späteren Beitrags von Spitz (1965) zum koenästhetischen Fühlen ermessen. Die stummen, unsichtbaren Strömungen, die uns lebenslang begleiten und unsere Objektbeziehungen wie unser Verhalten so tiefgreifend beeinflussen, können uns niemals in vollem Umfang bewußt werden.

Als die topographische Theorie verfeinert wurde, gelangte sie zu einem Zwischenstadium zwischen bewußt und unbewußt, das als *vorbewußt* bezeichnet wurde. Es ist die vorbewußte Ebene der Psyche, die in der Technik eine so wichtige Rolle spielt, weil Material aus dem Unbewußten ins Vorbewußte »gehoben« werden muß, um gedeutet werden zu können.

Wie wir gezeigt haben, versuchen Arlow und Brenner (1964)

die Dinge zu vereinfachen, indem sie behaupten, daß die Strukturtheorie überlegen sei und daher die topographische Theorie ersetzen könne. Diese übermäßige Vereinfachung bietet keine Integrationslösung. Es ist allgemein anerkannt, daß die Strukturtheorie die psychoanalytische Theoriebildung einen Riesenschritt vorangebracht hat. In der Tat hätte sich die Ich-Psychologie ohne sie nicht entwickeln können, denn sie ist die Grundlage, auf der die Ich-Psychologie aufgebaut ist. Dennoch müssen wir immer noch erklären, wie unser Material von einer Bewußtseinsebene zur anderen gelangt – das heißt, wir brauchen die topographische Theorie ebenso wie die Strukturtheorie.

Aufdeckung

Freud stellt bereits 1923 eindeutig fest:»Wir erkennen, daß das *Ubw* nicht mit dem Verdrängten zusammenfällt; es bleibt richtig, daß alles Verdrängte *ubw* ist, aber nicht alles *Ubw* ist auch verdrängt« (S. 244). Analytiker mußten sich immer wieder klarmachen, daß gerade die Entdeckung, daß ein Teil des Ichs unbewußt ist, Freud zur Strukturtheorie führte, daß Es und Unbewußtes nicht länger als Synonyme zu betrachten sind, daß das Es unbewußt, aber nicht *das* Unbewußte ist.

Die Verwirrung ist nicht nur semantisch. Hier können auch die historischen Wurzeln der Verwechslung von Trieb und Affekt liegen, die bis heute anhält. Das Es, darin sind alle einig, ist das Reservoir der Triebe. Doch wenige machen sich klar, daß Libido und Aggression nicht manifest sein können, da die Triebe nur an ihren Abkömmlingen zu erkennen sind.

In der psychoanalytischen Literatur finden sich zahlreiche weitere Beispiele, die beweisen, wie schwer es der Tradition fällt, dahinzuscheiden. Ein Beispiel ist, wie wir im 11. Kapitel gezeigt haben, daß auf Grund der historischen Tatsache, daß die Theorie der psychosexuellen Reifung lange vor der Objektbeziehungstheorie geschaffen wurde, die Bezeichnungen *präödipal* und *prägenital* immer noch verwechselt werden. Analyti-

193

ker, die mit der Psychosexualität noch vertrauter sind, finden es schwierig, zwischen dieser Entwicklungslinie und der Objektbeziehungslinie zu unterscheiden.

Nachdem Anna Freud gezeigt hat, daß dem Ich und den Trieben die gleiche technische Aufmerksamkeit geschenkt werden muß, tat Kris den nächsten Schritt. Er bewies etwa zwanzig Jahre später, daß der grundlegende psychoanalytische Vorsatz nicht darin besteht, verdrängte Erinnerungen aufzudecken, sondern darin, die Muster zu entwirren, die der Organisierungsprozeß während des Entwicklungsgangs webt. Tatsächlich wird damit der Fokus von der Aufdeckung als solcher zum Funktionieren des Ichs verschoben. Das Aufdecken wird nicht aufgegeben, es nimmt aber nun eine sekundäre Hilfsstellung ein.

Hartmann (1951) hat darauf hingewiesen, daß die Technik der Theorie unweigerlich hinterherhinkt. Kris' Beitrag zur Theorie der Technik ließ die analytischen Ziele, die über das einfache Aufdecken hinausgehen, in den Vordergrund treten. Doch wegen des Rückstands ist es schwierig, die Vorstellung auszurotten, daß der Wesensgehalt der analytischen Technik das Aufdecken sei. Auf der Grundlage der tiefverwurzelten Überzeugung, die durch die frühesten Hysterietheorien eingeimpft wurde – daß die Neurose die Folge der Verdrängung sei –, wird dem Analytiker beigebracht, dem Unbewußten kräftig zu Leibe zu rücken, sich mit den Widerständen zu dem Zweck auseinanderzusetzen, verdrängtes Material ins Vorbewußte zu befördern, wo es gedeutet werden kann.

Doch nachdem wir das präödipale Leben besser verstehen, wird dem analytischen Prozeß eine völlig neue Dimension hinzugefügt. Zwar bleibt der verdrängte Konflikt im Zusammenhang mit ödipalen Wünschen der Kern neurotischer Formationen, doch die präödipalen Erfahrungen, welche die Bildung des Ödipuskomplexes bestimmen, beeinflussen nun unsere Technik in den meisten Fällen, weil nur wenige das Glück hatten, eine reibungslose präödipale Entwicklung durchzumachen. Wo das präödipale Erleben eher günstig verlief, mögen traditionelle Methoden eben deshalb genügen, weil der Drang Ich-organisierender Prozesse zu einer Struktur auf der übergeordneten Ebene führt, die auf klassische psychoanalytische Techniken zu reagieren vermag. Wo jedoch präödipale Schwierigkeiten die ödipale Formation ernstlich verzerrt haben, müssen die Konsequenzen dieser Erfahrungen mit anderen technischen Mitteln angegangen werden.

Man würde wünschen, daß bei der Behandlung erwachsener Patienten frühe Probleme zuerst in Erscheinung treten. Das ist ein unerreichbares Ideal. Die Realität sieht so aus, daß die Organisation trotz mangelhafter Entwicklung fortschreitet; daher ist ein systematisches Ordnen des Materials selten, wenn überhaupt jemals, möglich. Dem Analytiker kann es wünschenswert erscheinen, manche Probleme später zu behandeln, und er versucht es, wenn es sich einrichten läßt. Häufiger tritt das Material in chaotischer Form in Erscheinung und kann nur oberflächlich geordnet werden. Wo ein Ordnen möglich ist, erhalten die Folgen der Verzerrungen von Objektbeziehungen Vorrang, weil man hofft, daß der Patient später besser in der Lage sein wird, den ödipalen Konflikt zu bewältigen. Wie nunmehr klar ist, liegt dies daran, daß Verzerrungen auf der ödipalen Ebene von Selbst- und Objektbeziehungen entstehen, weil vorangegangene Defizite fortbestehen. Häufiger als früher erkannt wurde, zeigen sich Auswirkungen von Fehlbildungen auf der ödipalen und präödipalen Stufe in verdichteter Form als Endprodukte des laufenden Organisierungsprozesses.

Der folgende Fall veranschaulicht extrem pathologische Objektbeziehungen – ein narzißtisches Arrangement, das eine verzerrte ödipale Position innerhalb einer insgesamt fehlgebildeten Organisation einschließt. Das ödipale Problem konnte nicht umgangen werden, obschon der Analytiker wußte, daß die Struktur nicht ausreichend war, um sich mittels Aufdeckung damit auseinanderzusetzen. Der Analytiker bemühte sich nicht aktiv um Aufdeckung, aber das ödipale Material trat trotzdem zutage.

Der ungenügend strukturierte Patient hatte eine psychotische Mutter gehabt, die unfähig gewesen war, dem Kind eine

Brücke zur Realität zu schlagen. Als Erwachsener zeigte der Patient, daß sein beachtliches Talent und seine Anpassungsfähigkeit ihn in die Lage versetzt hatten, diese Lücke auszufüllen. Wie viele Anpassungen an unbewältigte Entwicklungsbedürfnisse der Kindheit führte dies zu späterer Fehlanpassung. Er ging durchs Leben und versuchte die Realität allein, ohne Bestätigung, zu prüfen. Oft irrte er sich in seinem Urteil. Stets lebte er in Ungewißheit. Er hatte eine »Ich muß es allein schaffen«-Haltung angenommen, die nichts vom anderen erwartet. Solche Patienten erkennen nicht, daß etwas in der Interaktion fehlt; sie glauben, das Leben sei nun einmal so. Wir haben an anderer Stelle beschrieben, daß es schwieriger ist, zu entdekken, *was nicht war*, als *was war*.

Die Defizite in den Selbst- und Objektbeziehungen kamen ans Licht, als der Analytiker erkannte, daß sich der Patient nicht an ihn wandte, um Beobachtungen bestätigt zu bekommen, hinsichtlich derer er erhebliche Unsicherheit empfand. Der Analytiker wies oft darauf hin, bis der Patient gewahr wurde, daß er ständig versuchte, Lücken allein auszufüllen, weil er nicht erwartete, daß man ihn bei seinen Bemühungen unterstützen würde.

Damit soll in keiner Weise befürwortet werden, daß der Analytiker oder Therapeut aktiv Erfahrungen bereitstellen oder kompensieren soll, die dem Patienten entgangen sind. In den meisten Fällen, abgesehen von einer Psychose, kommt es nur darauf an, diese »leeren Räume« zu entdecken und auf die enttäuschte Objekterwartung hinzuweisen, wann immer sie erkennbar wird. Damit soll der Gesichtskreis des Patienten erweitert und seine Objekterwartung erhöht werden. Daraus folgt nicht, daß der Therapeut den Schaden später beheben kann, wenn das primäre Objekt unfähig war, die benötigte Funktion zum phasenspezifischen Zeitpunkt auszuüben.

Weil dies einer der am meisten mißverstandenen Bereiche der Anwendung der Ich-psychologischen Theorie auf die Technik ist, halten wir es für nötig, wiederholt zu betonen, daß bei der Behandlung erwachsener Patienten eine Übernahme der

Elternrolle durch den Therapeuten kaum oder gar nicht in Frage kommt, weil der Mangel an frühen Objektbeziehungen inzwischen ausgeglichen worden ist. Oft, doch keineswegs immer, erfolgt die Kompensation in Gestalt eines narzißtischen Arrangements, wie wir es 1979 beschrieben haben.

Dieser Patient war nicht darauf vorbereitet, mit ödipalen Problemen umzugehen, weil sich Menschen wie er, wenn stützende Objektrepräsentanzen fehlen, nicht vorstellen können, daß der gleichgeschlechtliche Elternteil ihm in der ödipalen Krise besser über seine Schwierigkeiten hinweghelfen wird als ihm beide Eltern bei früheren Entwicklungsproblemen geholfen haben. Was fehlte, war die notwendige Repräsentanz eines Objekts, das an der Realität orientiert ist, einem zur Seite steht und hilft.

Daß er die Lücke selbst ausfüllte, machte reale Objektbeziehungen schwierig. Er empfand ein vages Bedürfnis nach anderen Menschen, ohne zu wissen, wozu ein anderer da ist. Dies war ein narzißtisches Arrangement, das sich durchdringen ließ. Der Patient hatte sich nicht völlig von der Beschäftigung mit dem Objekt zurückgezogen. Er brauchte andere, doch fehlte ihm die Hoffnung, daß Unterstützung und Bestätigung Funktionen des Objekts sein können. Wegen seiner Zugänglichkeit war er für eine »Deutung« dieses Umstands offen. Hier handelt es sich nicht um Deutung im traditionellen Sinne, daß Material, welches zunächst vom Unbewußten ins Vorbewußte gehoben wurde, verbalisiert wird.

Ödipales Material tauchte von Zeit zu Zeit auf, besonders in Träumen. Der ödipalen Konfiguration fehlten Objektrepräsentanzen, die den Eintritt in die eigentliche ödipale Position erleichtert hätten. Normalerweise ist der Vater sowohl der gefürchtete Rivale als auch der liebevolle Begleiter, der das Kind bereits durch frühere Entwicklungskrisen geleitet hat. Die normale mütterliche Repräsentanz würde auf Grund eines hinreichenden Realitätskontakts die Gewähr bieten, daß das Inzesttabu aufrechterhalten bliebe.

Wenn ödipale Probleme in den Träumen des Patienten auftauchten, wurden sie zur Kenntnis genommen, jedoch nicht in vollem Umfang gedeutet. Der Analytiker mußte an der Herstellung der Objekterwartung arbeiten, während er dem Patienten in seinem Kummer beistand, als dieser seinen ödipalen Wunsch begriff und sich bei dem Versuch, sich damit auseinanderzusetzen, so allein fühlte.

Dies veranschaulicht, daß eine ungenügend strukturierte Persönlichkeit tatsächlich in Konflikt geraten kann, und daß dies nicht immer zu vermeiden oder hinauszuschieben ist. Das ist besonders bei einem klugen Patienten der Fall, der ödipale Träume hat und noch ängstlicher gemacht würde, wenn der Analytiker ihnen aus dem Wege ginge. Man befaßt sich mit ihnen und versteht, daß der Konflikt eine andere Gestalt hat als der vertrautere, stärker strukturierte Konflikt. Das Material tritt zwar zutage, aber nicht, weil Aufdeckung der Zweck der Behandlung war. Die grundsätzliche Aufgabe der Therapie ist es nicht, aufzudecken, sondern eine vertrauensvollere Objekterwartung aufzubauen. Wenn das erreicht ist, läßt sich der ödipale Konflikt auf produktivere Weise behandeln.

Das wohltätige Klima

Die Bezeichnung *wohltätiges Klima* wird allgemein verstanden, da sie sich auf die offensichtlicheren Aufgaben des Therapeuten bezieht, als da sind:
1. Bereitstellung einer angenehmen äußeren Umgebung, in der die Therapie durchgeführt wird,
2. Zuverlässigkeit hinsichtlich regelmäßiger Verabredungen,
3. die Behandlungsstunden finden nur im Interesse des Patienten statt,
4. Neutralität und keine Werturteile,
5. Hinnahme von Kritik und Lob ohne narzißtische Kränkung oder Befriedigung.

Da das Wort *wohltätig* manchmal im Sinne von anspruchslos oder gar übermäßig entgegenkommend interpretiert wird, müssen wir betonen, daß die Auferlegung optimaler (wachstumsfördernder) Frustration ein äußerst wichtiges Merkmal des wohltätigen Klimas ist. Übermäßige Nachsicht und Nachgiebigkeit, unangebrachtes Eingreifen, damit der Patient nicht ängstlich wird, sind Gegenübertragungsprobleme, die den Therapeuten veranlassen müssen, seine Haltung zu überprüfen.

Wir führen nun eine qualitative Erweiterung des Begriffs des wohltätigen Klimas ein, welche die allgemein anerkannte Bedeutung so verändert, daß ein neuer Terminus nötig wird. Doch da wir meinen, daß eine beiläufige Einführung neuer Termini mehr zu verwirren als zu klären pflegt, ziehen wir es vor, unsere Erweiterung zu beschreiben, statt sie mit einem Etikett zu versehen.

Wir beschreiben eine delikate, aber klare Haltung des Therapeuten, die dazu bestimmt ist, Defizite in den Objektbeziehungen zu beheben. Es gibt in der Literatur mehrere Termini, die sich der Angelegenheit nähern, ohne aber bis zu ihrem Kern vorzustoßen. Sie lauten: Takt, wohltuendes Klima, Neutralität, gleichschwebende Aufmerksamkeit, therapeutisches Bündnis, Einstimmung, Empathie, haltende Umwelt, Sicherheitsgefühl. Keiner von ihnen (und nicht einmal alle zusammengenommen) läßt die Qualität der Objektbeziehung erkennen, die vorhanden sein muß, damit sich der Patient im affektiven Bereich voll verstanden fühlt. Um dieses Ziel zu erreichen, müssen wir uns darin üben, auf neue Weise zuzuhören, das Objektbeziehungsdefizit herauszuhören, das als Resultat fortbestehender Entwicklungsmuster einer affektiven Mesalliance eingetreten ist.

In unserem Buch *Ich-Psychologie II: Psychoanalytische Entwicklungspsychologie* haben wir den Therapeuten als Instrument bezeichnet. Wir gehen nun davon aus, daß dieses Instrument über gleichschwebende Aufmerksamkeit, Einstimmung, sogar über Empathie hinaus verfeinert werden kann, um erkennen zu können, wie sich das Defizit, das in der primären Objektbeziehung bestand, in der therapeutischen Beziehung wiederholt. Jene, die für den Begriff *Empathie* eintreten, versuchen sich mit diesem Problem auseinanderzusetzen; sie pflegen jedoch das Defizit als Folge elterlichen Versagens zu betrachten. Uns erscheint dies auf Grund unserer theoretischen

Position, daß Objektbeziehungen aus Interaktion hervorgehen, einseitig. Daher ist das Phänomen, dem wir in der therapeutischen Beziehung begegnen, nicht nur eine Folge elterlichen Versagens, sondern die *Resultante* der Interaktion zwischen Elternteil und Kind, zu der das Kind den größeren Teil beisteuert.

Die Aufgabe des Therapeuten ist es, diese Resultante zu analysieren (in ihre Bestandteile zu zerlegen), um die Komponente der primären Interaktion zu finden, die vom Patienten beigesteuert wurde. Es ist unwahrscheinlich, daß wir die wirklich vom Elternteil beigesteuerte Komponente finden, noch brauchen wir sie. Wenn wir Raum schaffen, damit der Beitrag des Patienten zutage tritt, können wir in der Erwartung »deuten«, daß der Patient langsam beginnen wird, sein in die therapeutische Beziehung eingebrachtes Material in einer neuen Interaktionsform zu ändern, die zu einer veränderten Resultante führt. Das ist ein Erosionsprozeß, der bestenfalls langsam vor sich geht.

Diese neue Dimension des Zuhörens stellt einen neuen und höheren Anspruch an den Therapeuten, weil die Faktoren, nach denen wir suchen, im Gefühlsbereich liegen. Sie bedeutet eine wirklich veränderte Definition der Deutung, die nun nicht mehr eine Verkündigung über die von der diakritischen Methode geschaffene Kluft hinweg ist, sondern alles einbezieht, was vom koenästhetischen Fühlen in uns Erwachsenen lebendig geblieben ist.

Zum wohltätigen Klima gehört auch, daß der Therapeut die Führung behält und sich nicht dem schwachen Urteilsvermögen des Patienten unterwirft. Es gibt Patienten, bei denen die wichtige Ichfunktion des Urteilens nicht angemessen entwickelt ist. Selbst manche, die hervorragend strukturiert sind und diese Fähigkeit anscheinend besitzen, lassen sich durch Affekte oder unbewußte Phantasien in ihrer Ausübung beeinflussen. Wir überlassen sie nicht ihren eigenen Maßstäben. Dies bezieht sich auch auf die Technik der Behandlung des Ausagierens. Wir haben 1974 den Unterschied zwischen Agieren und Ausagieren geklärt. Das Agieren, so sagten wir, ist das Resultat einer unmittelbaren Triebabfuhr. Beim Ausagieren tritt eine unbewußte Phantasie als

200

Handlungsdeterminante hinzu, was auf Kosten des Urteilsvermögens geht.

Bei der Definition des wohltätigen Klimas berücksichtigen wir auch den Gemütszustand des Patienten und die subjektive Vernünftigkeit seiner Forderungen, auch wenn wir es für nicht wünschenswert halten, ihnen zu entsprechen. Damit erkennen wir an, daß die Ziele und Zwecke des Patienten angehört zu werden verdienen. Das wohltätige Klima schließt vor allem die Aufschiebung von Werturteilen ein.

Wir beschreiben fünf verschiedene Arten, dasselbe manifeste Verhalten zu verstehen. Ein Patient benimmt sich in einer Weise, die anzeigt, daß er den Therapeuten als ablehnend empfindet, und zwar aus folgenden Gründen:

1. Der reale Elternteil war ablehnend. Bei einem ungenügend strukturierten Patienten würde dies eine »Objektreproduktion« darstellen – eine Suche nach der Fortsetzung der vertrauten Objekterfahrung, die auf dem Objektbedürfnis beruht. Bei einem strukturierten Patienten würde es die klassische Verwechslung der Gegenwart mit der Vergangenheit darstellen.
2. Der Elternteil war allzu nachgiebig. Hier muß der Patient wissen, wo die Grenzen sind, und er verlangt nach Ablehnung, um daran gehindert zu werden, zu weit zu gehen.
3. Der Patient lehnt den Analytiker ab und projiziert diese Einstellung auf ihn.
4. Der Patient projiziert sein Überich auf den Analytiker.

Das sind Gemeinplätze. Mißverständnissen am stärksten ausgesetzt ist eine fünfte Möglichkeit – der Patient, dessen Drang nach Loslösung und Individuation nicht begrüßt wurde. Ein solcher Mensch würde abgelehnte Selbstbilder präsentieren. Während auch dies als Wiederholung in der Übertragung verstanden werden kann, unterscheidet es sich sehr von der klassischen Wiederholung. Ein solcher Patient funktioniert im empirischen Bereich und kann auf eine Übertragungsdeutung nicht reagieren.

Im ersten Fall reduziert eine Deutung (zur rechten Zeit), die etwa lautet: »Erkennen Sie jetzt, daß Ihr Vater so war?«, die Übertragung auf das Genetische. Im fünften Fall wäre dies die falsche Formulierung, weil der ungenügend strukturierte Patient, der eher von der unmittelbaren Erfahrung als in der Struktur lebt, keine Deutung akzeptieren kann, die ihm tatsächlich sagt, er verwechsle die Gegenwart mit der Vergangenheit und gehe von einer Objektbeziehungsebene aus, auf der das primäre Objekt eine ganze, andere Person war. Die richtige technische Haltung ist in diesem Fall die Einstimmung auf das Überwiegen abgelehnter Selbstbilder, auf das Verlangen, diesen Zustand zu verewigen, um die Nähe zu den Objektbildern als Teilen der Selbstbilder zu bewahren, und die Feststellung, daß das Bedürfnis, abgelehnt zu werden, am stärksten ist, wenn ein selbständiger Gedanke auftaucht oder ein selbständiger Akt in Betracht gezogen wird, denn dann wird Objektverlust befürchtet.

Das therapeutische Bündnis

Das therapeutische Bündnis hängt mit der Einstimmung im wohltätigen Klima zusammen. Bündnis heißt, daß man sich um einer gemeinsamen Sache willen zusammenschließt. In den Lehrbüchern ist viel darüber geschrieben worden, wie man es dem Patienten ermöglicht, sich mit dem Analytiker gegen das Leiden zu verbünden, denn es ist bekannt, daß es sich trotz des bewußt geäußerten Wunsches des Patienten um Hilfe des Ichs bemächtigt und es zwingt, sich der Behandlung zu widersetzen. Das geschieht natürlich deshalb, weil das Ich die Angst abwehren muß, die die Behandlung zu wecken droht.

Wir fügen diesen wohlbekannten technischen Regeln hinzu, daß zum therapeutischen Bündnis auch die Aufrechterhaltung der Beziehung gehört, in der der Patient den Therapeuten weiterhin als Wachstumskatalysator akzeptiert. Dies erlangt spezifische Bedeutung, wenn wir erkennen, daß die »Programmierung« früherer Erfahrungen, fixierter Annahmen und fixierter Objekterwartungen auf nichtadäquate Objektbeziehungsebenen zurückzuführen ist. So kann der Therapeut dem Widerstand nur dann die »richtige Wendung« geben, wenn er dem Patienten begreiflich machen konnte, daß das Leiden und nicht der Therapeut sein Feind ist. Um das zu erreichen, muß man dem Patienten klarmachen, daß sein Problem, das er für äußerlich hält, eine innere Ursache hat.

Bei unseren verschiedenen Erörterungen des Unterschieds zwischen dem Widerstand der strukturierten Persönlichkeit und dem ähnlich erscheinenden Verhalten der ungenügend strukturierten Persönlichkeit haben wir gezeigt, daß durch die Mißdeutung des Verhaltens des ungenügend strukturierten Patienten nach dem Maßstab der höher entwickelten Persönlichkeit Mesalliancen geschaffen werden können. Eine sorgfältige Differentialdiagnose ist erforderlich, um zu erkennen, daß es sich bei dem, was in manchen Fällen als Widerstand erscheint, in Wahrheit um ein Verhalten handelt, das auf eine niedrigere Entwicklungsstufe zurückzuführen ist. Das Ich eines solchen Individuums kann eine Widerstandsdeutung nicht bearbeiten, die in der Tat falsch wäre.

Das therapeutische Bündnis wird auch durch die Erhöhung des Sicherheitsgefühls gefördert. Das sich entwickelnde Kind braucht ein anhaltendes Sicherheitsgefühl als Kontext, in dem eine optimale Entwicklung stattfindet. Dem erwachsenen Patienten, der dieses Sicherheitsgefühl nicht erlebt hat, wächst es in der Behandlungssituation zu, wenn er die Zuverlässigkeit des Therapeuten erkennt. Der Patient erlangt Zuversicht und Vertrauen. Das ist weit mehr als die bekannte gute Art von Ärzten vergangener Zeiten, mit Kranken umzugehen. Doch die Haltung des »Landarztes« war nicht nur eine Pose oder eine Rolle; im Idealfall spiegelte sie den Charakter und die Fähigkeit des Arztes, Objektbeziehungen herzustellen, wider. Das Vertrauen des Patienten muß im tatsächlichen Austausch zwischen ihm und dem Therapeuten errungen werden, selbst wenn der Therapeut wegen seines Ansehens in der Gemeinde bereits Autorität und Wert besitzt.

Dazu gehört weit mehr als ein freundliches Benehmen. Tatsächlich bewirkt eine übermäßig freundliche Haltung meist das Gegenteil und ist deshalb kontraindiziert. Manche Patienten beklagen sich, wenn sie nicht fröhlich begrüßt werden. Das muß zu einer vorübergehenden Trübung der Beziehung führen. Doch der Therapeut würde einen ungeheuren Fehler machen, wenn er eine Stimmung oder Einstellung vortäuschen würde, die von der Neutralität abweicht und dadurch keinen Raum für die Stimmung des Patienten läßt. Ein Bündnis entsteht, wenn anerkannt wird, daß der Therapeut stärker daran interessiert ist, wie sich der Patient fühlt, als daran, ihm seine eigenen Gefühle aufzuzwingen.

Mit zunehmendem Wissen über bisher unerforschte Entwicklungsfacetten erlangen wir mehr Einsicht in kleinste Details und lernen, uns auf sie einzustimmen. Solange Wissenschaftler ihre Stichproben nur mit dem bloßen Auge untersuchen konnten, trugen diese tatsächlich zu unserem Wissensschatz bei. Mit der Erfindung des Mikroskops trat vieles mehr ins Blickfeld. Das Elektronenmikroskop ermöglicht nun eine noch tiefergreifende Erforschung von bisher unsichtbaren Einzelheiten. In der Ära psychoanalytischer Beobachtung hatte Mahler nur Stummfilmkameras für ihre berühmten Untersuchungen zur Verfügung. Moderne Forscher besitzen Videokameras, die Ton, Farbe und ein schärferes Bild der kindlichen Aktivitäten liefern. Die genauere Kenntnis der kleinsten Einzelheiten des Entwicklungsprozesses wird dazu führen, daß sich Quantität in Qualität verwandelt. Dann wird ein neues Organisationsprinzip zutage treten, in das die neuen Informationen eingegliedert werden.

14 Deutung

Ein äußerst eindrucksvoller Ausspruch lautet: »Die Wahrheit soll euch befreien.« Wahrscheinlich ist es auch einer der nützlichsten, obgleich sich das natürlich nicht messen läßt. Doch es war eine Hauptstütze für Freuds frühes Werk, als ihm eindringlich bewußt wurde, welcher Schaden durch die gesellschaftliche Heuchelei in bezug auf die menschliche Sexualität angerichtet wurde. Die Behandlung seiner ersten Hysteriefälle beruhte auf seiner Überzeugung, daß seine Patientinnen von ihrer Neurose geheilt werden würden, wenn sie um deren verborgene Ursache »wußten«.

Die Deutung galt lange als das wichtigste Werkzeug der Psychoanalyse. Freud entdeckte aber sehr bald bei seiner Arbeit, daß der Widerstand, insbesondere der Übertragungswiderstand, die Fähigkeit des Patienten beeinträchtigt, Wahrheiten, die ihm mittels Deutung kundgetan werden, zu assimilieren und zu integrieren. In seinen Kommentaren zum Fall Dora (1905 a) bemerkt Freud, daß die Patientin die Behandlung beendet hatte, weil dem Widerstand von ihm nicht genügend Aufmerksamkeit gewidmet worden war. Er sagt auch, daß es ihm nicht gelungen war, die Übertragung zu meistern – ein technisches »Versehen«, das Dora veranlaßte, ihre Erinnerungen und Phantasien auszuagieren, statt sie während der Behandlung verbal wiederzugeben.

So lernte Freud in jenen frühen Tagen psychoanalytischer Entdeckungen, daß der Ausspruch »Die Wahrheit soll euch befreien« von begrenztem Wert war. Er sagte:

»Wäre das Wissen des Unbewußten für den Kranken so wichtig wie der in der Psychoanalyse Unerfahrene glaubt, so müßte es zur Heilung hinreichen, wenn der Kranke Vorlesungen anhört oder Bücher liest. Diese Maßnahmen haben aber ebensoviel Einfluß auf die nervösen Leidenssymptome wie die Verteilung von Menükarten zur Zeit einer Hungersnot auf den Hunger« (1910, S. 123).

Als Freud den Übertragungswiderstand meistern lernte, begriff er, daß das Ich darauf vorbereitet werden mußte, die Deutung anzunehmen. Er analysierte zunächst den Widerstand, bevor er den Inhalt deutete. Die Vorstellung von der Vorbereitung des Ichs veranlaßte ihn auch, seine Gedanken über Takt und Zeitwahl sowie über die Bedeutung des Durcharbeitens zu entwickeln. Die Technik war demnach dazu bestimmt, die Widerstände, d. h. die Behinderungen der Deutung, zu besiegen. Danach mußte die Deutung nicht nur inhaltlich, sondern auch hinsichtlich des Zeitpunkts richtig sein. Dem fügte Freud das *Durcharbeiten* hinzu – einen Vorgang des Aufdeckens derselben Konstellation von Es-Wünschen aus vielen Blickwinkeln, bis alle Behinderungen ihrer rationalen Überprüfung überwunden sind.

Dennoch begegnete Freud in seiner Praxis Fällen, bei denen kein Durcharbeiten stattfand. Bei seiner Behandlung des Wolfsmannes war er gezwungen, verzweifelte Maßnahmen zu ergreifen – die Heilung eines psychosomatischen Leidens zu versprechen und einen Termin für den Abschluß der Behandlung zu setzen. Inwieweit es gelang, den Patienten damit zur Durcharbeitung seiner Widerstände zu zwingen, bleibt sehr fraglich. Man glaubt heute, daß die Fähigkeit des Wolfsmannes, Deutungen zu akzeptieren und durchzuarbeiten, geringer war, als Freud annahm.

Gleichwohl führte Freuds Interesse an Techniken, die den Weg zur Deutung ebnen sollten, zu Verfeinerungen, welche die Deutung in vielen Fällen wirksamer machten. Die Deutung blieb das wichtigste Werkzeug. Eine Veränderung der psychoanalytischen Technik gab es nur in bezug auf die Frage, *wann* eine Deutung erfolgen sollte. Es blieb eine Grundregel, daß alle Verzerrungen korrigiert werden konnten, wenn man sie ans »Tageslicht« brachte, das heißt, sie dem rationalen, bewußten Ich vorführte. So würden falsche Wahrnehmungen und Phantasien aus der Kindheit vom erfahreneren erwachsenen Ich korrigiert werden.

Ein großer Teil der psychoanalytischen Methodologie beruht auf Annahmen, die mit diesen Verzerrungen im Seelenleben des neurotischen Patienten zu tun haben. Diese Annahmen besagen,

1. daß verzerrte Wahrnehmungen – Verwechseln der Gegenwart mit der Vergangenheit – Übertragungsphänomene hervorrufen;
2. daß alle Patienten verständlicherweise Angst abwehren und deshalb Widerstände in der analytischen Situation zeigen;
3. daß Neurose, Übertragung und Widerstand im analytischen Prozeß gleichzeitig auftreten und zur Übertragungsneurose bzw. zum Übertragungswiderstand werden; und
4. daß unbewußte Phantasien eine beherrschende Rolle im Seelenleben spielen.

Da Freud seine Theorie der Technik etwa in der Zeit von 1910 bis 1913 ausarbeitete, besaß er noch nicht die theoretischen Werkzeuge, die ihn befähigt hätten, sie in den Bezugsrahmen einer übergeordneten Struktur zu stellen. Selbst als er 1921 vom *Gesamt-Ich* sprach, tat er es beiläufig, weil er nicht mehr daran interessiert war, die Technik weiter auszuarbeiten. Im wesentlichen haben uns Freuds technische Neuerungen gelehrt, daß Wahrheiten auf die psychologische Bereitschaft, sie aufzunehmen, warten müssen. Er sprach sogar aus, daß Patienten, die als unanalysierbar entlassen werden mußten, nicht dieselben Fähigkeiten besaßen wie jene, die analysiert werden konnten. Er faßte seine Vorstellungen über die Unterschiede zwischen diesen beiden Patientenkategorien in Objektbeziehungsbegriffe – sie konnten entweder eine Übertragung herstellen oder nicht. Das spricht in einem Fall für eine gelungene Entwicklung, im anderen für eine Fehlentwicklung.

An dieser Stelle erweitern wir lediglich diese technischen und diagnostischen Betrachtungen. Die grundlegende Auffassung, daß die Technik auf die Fähigkeit des Patienten, die Deutung zu nutzen, zugeschnitten sein muß, bleibt dieselbe. Da wir nunmehr den ungenügend strukturierten Patienten einbeziehen, meinen wir, daß diese Fähigkeit in einem weiteren Umkreis gesehen werden muß – sie reicht von der Fähigkeit, die Deutung zu nutzen wie der neurotische Patient, zum Erwerb dieser Fähigkeit im Verlauf der Therapie bis hin zu einer Unfähigkeit, die andere technische Maßnahmen erfordert. In unsere Terminologie transponiert, hängt die Gültigkeit von Freuds technischen Richtlinien davon ab, ob das übergeordnete Ich des Patienten imstande ist, sich mit Fehlbildungen in der Entwicklung auseinanderzusetzen.

Dies läßt stark vermuten, daß es – um korrekt vorzugehen – nunmehr wichtig ist, nicht nur Abwehr und Übertragungswiderstand in Betracht zu ziehen, sondern auch Entwicklungsschicksale und die Fähigkeit des übergeordneten Ichs, sie zu organisieren. Vom Therapeuten wird eine genaue Kenntnis der Entwicklungstheorie erwartet, damit er die Entwicklungsschicksale eines bestimmten Individuums bewußt wahrzunehmen vermag. Darüber hinaus muß der Therapeut unverdrossen danach streben, sich voll und ganz auf die Fähigkeiten des Patienten einzustimmen.

Die Fähigkeit des übergeordneten Ichs, Fehlentwicklungen zu korrigieren, entscheidet darüber, inwieweit der Patient zu folgen, die Probleme zu erfassen und die Informationen zu verarbeiten vermag. Anders ausgedrückt, Entwicklungsprobleme entscheiden darüber, ob der Patient einer Deutung zugänglich ist. Das schließt Übertragungsneurose und Übertragungswiderstand beim strukturierten Patienten nicht aus, denn diese sind als Entwicklungsprobleme adäquat subsumiert.

Diese Gedanken stehen im Einklang mit dem, was wir vom Wachstum im allgemeinen wissen. Man kann das Kind auf der Ebene des ersten Organisators nicht mit der Tatsache belasten, daß das Gesicht, dem es zulächelt, das eines Fremden ist. Ebensowenig wird das Kind auf der Ebene des zweiten Organisators auf Versicherungen freundlicher Absichten seitens eines Fremden reagieren. Das Kind der ödipalen Phase ist nicht sofort und auf Dauer von der Freundlichkeit des gleichgeschlechtlichen Elternteils zu überzeugen. Der Adoleszent braucht lange Zeit, um sicher zu sein, daß die hinreichend guten Eltern seine

Autonomie wirklich nicht beeinträchtigen, da das Kind, das zum Erwachsenen wird, wegen seiner diesbezüglichen Angst einschränkende Wünsche auf die Eltern projiziert. Bei Strukturen unterhalb der Neurose können viele Verhaltensweisen, die wie Konflikt, Abwehr und Widerstand aussehen, statt dessen die mangelnde Fähigkeit widerspiegeln, sich mit Fehlentwicklungen in der Vergangenheit auseinanderzusetzen und in der Gegenwart Informationen aufzunehmen und zu bearbeiten. Ein etwa vorhandener hoher Intelligenzgrad kann den Therapeuten zu der irrigen Meinung verleiten, daß ein adäquat funktionierendes übergeordnetes Ich zu Verständnis und Integration fähig sei. Wo jedoch eine Fähigkeit noch nicht existiert – analog der Unfähigkeit des drei Monate alten Kindes, sich dem eigentlichen libidinösen Objekt zuzuwenden –, haben wir es nicht mit einem unbehandelbaren Widerstand zu tun, sondern mit einer Fehlentwicklung, die auf Deutungsversuche nicht reagieren wird.

Der zuverlässigste Indikator, ob das Organisationsniveau das Individuum befähigt, die vorgetragenen »Fakten« zu integrieren, ist wahrscheinlich die Ebene der Objektbeziehungen innerhalb der gesamten Ich-Organisation. Auf der Ebene der Selbst- und Objektkonstanz, von der wir beim strukturierten Patienten ausgehen, nimmt dieser stillschweigend an, daß auch ein anderer Mensch Bedürfnisse hat. Solche Patienten mögen Honorare, feste Verabredungen und andere Vereinbarungen, die mit der Behandlung zusammenhängen, widerwillig akzeptieren, verstehen aber, daß sie notwendig sind. Wie wir bereits 1979 feststellten, wird aber auch vom ungenügend strukturierten Patienten erwartet, daß er hinsichtlich dieser Dinge in einer Weise funktioniert, die seine Fähigkeiten überschreitet.

Beide Patiententypen mögen beispielsweise befürchten, daß die Bedürfnisse des Analytikers ins Spiel kommen könnten. Beim strukturierten Patienten tritt diese Furcht oft in Erscheinung, wenn es ihm besser geht und er Dankbarkeit zu empfinden beginnt. Wahrscheinlich bringt der besser strukturierte Patient dann Material vor, welches analen Konflikten entstammt, weil ein echter Wunsch, zu geben, mit der Furcht kollidiert, die eigene Großzügigkeit könnte einen veranlassen, zuviel zu geben. Ungenügend strukturierte Patienten fürchten sich vermutlich mehr vor Anforderungen an sie, in denen sie Wiederholungen von Erfahrungen in der realen Welt sehen, wo man mehr von ihnen verlangt, als sie auf Grund ihrer Fähigkeiten in der jeweiligen Phase zu tolerieren vermochten. Geben ist in ihren Augen etwas Konkretes; es bedeutet den Verlust von Körperteilen und mitunter des eigenen Selbst.

Analytiker haben lange Ella Freeman Sharpes Fähigkeit zur Einstimmung bewundert, die in ihrer Reaktion auf den Patienten zutage trat, der seine Augen mit einem roten Taschentuch bedeckte (1950, S. 58). Sie fragte: »Und wird das Kopfweh dadurch besser?« Es gibt Patienten, die auf ein herausforderunderes »Warum?« positiv reagiert hätten. Sharpes freundlicheres Verhalten bot größere therapeutische Möglichkeiten. Es war weniger wahrscheinlich, daß es eine defensive Reaktion beim strukturierten Patienten bewirkte, und – wenngleich es Sharpe nicht bewußt war – es gab einem Patienten auf einer niedrigeren Ebene der Objektbeziehungen die Möglichkeit, anders zu reagieren. Entsprechend unserem derzeitigen Wissen könnte man annehmen, daß ein Mann, der solchen Anteil am Menstruationszyklus seiner Frau nimmt, nicht von ihr losgelöst ist. Zu Sharpes Zeiten betrachtete man dies als Identifizierung, womit ein höheres Maß an Loslösung und Identifizierung impliziert wurde, als wir es heute vorzufinden erwarten.

Man mag sich fragen, woher Sharpe wußte, daß der Patient an diesem Punkt nicht auf Herausforderung und Konfrontation reagieren konnte. Zwar kennen wir ihre Antwort nicht, doch wir wissen aus ihren Schriften, daß sie stets stark auf ihre Patienten eingestimmt war. In der Tat hat sie Formulierungen wie: »Geh mit dem Patienten« und »Stürze dich nicht auf ihn« gebraucht, um ihr Vorgehen zu veranschaulichen. Nach heutigem Sprachgebrauch forderte sie nicht mehr vom Patienten, als er auf Grund seiner Fähigkeiten zu geben vermochte. Er war nicht verpflichtet, dem therapeutischen Eifer des Analytikers Genüge zu tun.

Bei scheinbar gut funktionierenden Patienten sind Fehlbildungen nicht immer offenkundig. Ein Patient, dessen Kinder das Schulalter erreicht hatten, verkündete glücklich: »Meine Frau geht wieder arbeiten, und mein Einkommen wird sich verdoppeln.« In seiner großen Erleichterung darüber, nicht mehr der einzige Versorger der Familie zu sein, enthüllt er so, daß er mit seiner Frau zutiefst verschmolzen ist. Er ist sich der Bedeutung dessen, was er gesagt hat, nicht bewußt und würde es nicht als ein Problem vorbringen, das ihn beunruhigt – ganz im Gegenteil, es freut ihn. Deshalb ist es verfrüht und unangebracht, ihm zu sagen, sein Versprecher habe enthüllt, daß seine Selbst- und Objektbilder miteinander verschmolzen sind. Der Therapeut, der dies feststellt, eröffnet Wege in der Hoffnung, daß das Problem schließlich in die Übertragung eingehen werde. Ein angemessener Anfang wäre beispielsweise: »Mir war nicht klar, daß Sie wegen Ihrer Finanzen so besorgt waren.« Diese Feststellung bezieht sich vornehmlich auf das, was den Patienten geängstigt hat. Sie folgt Sharpes Rat, sich nicht auf den Patienten zu stürzen. Der Therapeut, der sich auf einen Versprecher stürzt, kann den Patienten in eine Falle locken, in der er mit einer Wahrheit konfrontiert wird, auf die sein Ich noch nicht vorbereitet ist. Man vergleiche damit den Patienten, der seine eigenen Versprecher hört und den Analytiker in einem echten Arbeitsbündnis darauf aufmerksam macht.

In diesem Fall wird das Loslösungs- und Individuationsproblem in übertragener Form erscheinen, da der Patient fühlt, daß der Therapeut seine Angst versteht. Es kann auftauchen – um eine Möglichkeit zu nennen –, wenn die Bezahlung einer versäumten Stunde zum Problem wird. Wir haben 1979 die nicht ungewöhnliche Denkstörung beschrieben, die im Zusammenhang mit dem Honorar während des Urlaubs des Patienten auftritt. Der Patient sagte: »Sie bezahlen mich nicht, wenn Sie wegfahren, warum sollte ich Sie bezahlen, wenn ich wegfahre?«

Eine andere Patientin teilte dem Therapeuten vergnügt mit,

daß sie ihre Arbeitszeit aus eigenem Entschluß geändert habe, weshalb eine ihrer Therapiestunden verlegt werden müsse. Sie hatte das nicht mit dem Therapeuten besprochen. Sie benahm sich, als erwartete sie, daß er einverstanden sein würde, und sie konnte einfach nicht glauben, daß er seinen Zeitplan nicht entsprechend zu ändern vermochte. Nach ihrer Meinung konnte der Therapeut alles tun, was sie wünschte.

Das Problem dieser Patientin tritt zwar innerhalb der Übertragung auf, kann aber durch Deutung nicht gelöst werden. Ihre Existenzgrundlage ist die unmittelbare Erfahrung, nicht die Struktur, und deshalb braucht sie eine Reaktion auf die Erfahrung, die sie im Augenblick macht – Frustration, Wut und Enttäuschung. Es ist natürlich richtig, wenn man sagt: »Sie haben diese Änderung vorgenommen, ohne sie erst mit mir zu besprechen«, aber man hält der Patientin damit vor, daß sie sich nicht auf einer höheren Objektbeziehungsebene bewegt, als sie sie besitzt.

Wir bezweifeln nun sogar, ob die Aufdeckung von Kindheitserinnerungen als klar umrissenen Ereignissen selbst bei der Psychoanalyse des strukturierten Patienten sinnvoll ist. Kris (1956 c) weist darauf hin, daß die Aufdeckung verdrängter Erinnerungen eine simplifizierte, unbrauchbare Version des analytischen Prozesses ist. Er zeigte, daß eine einzelne Kindheitserinnerung selten zuverlässig ist und darauf wartet, im Unbewußten so, wie sich das Ereignis tatsächlich abgespielt hat, aufgespürt zu werden. Es gibt *Muster* von Kindheitserlebnissen, die sich mit der Zeit der wachsenden Fähigkeit des Kindes, Erfahrungen zu verarbeiten, ändern. Das Kindheitserleben wird demnach viele Male umgearbeitet und durch spätere Erfahrungen verdichtet, wenn der Organisierungsprozeß frühere und spätere Ereignisse in sich aufnimmt. Erfahrung wird daher nicht nur bearbeitet, wenn sie gemacht wird, sondern aufs neue, wenn die Entwicklung fortschreitet.

Wir fügen Kris' wichtiger Beobachtung hinzu, daß der Organisierungsprozeß unten beginnt – das heißt, das Muster ist in gewissem Sinne bereits festgelegt, bevor die Erfahrung gemacht wird. Dies ist auf drei Faktoren zurückzuführen:

1. Die angeborene Ausstattung, einschließlich der Fähigkeit, aus der Umwelt Nutzen zu ziehen, veranlaßt das Kind, mit der Objektwelt zu interagieren.
2. Das koenästhetische Empfinden übt einen lautlosen Einfluß auf die Art aus, wie Erfahrung verarbeitet wird.
3. Das Muster der Objektbeziehungen, in der frühen Kindheit angelegt, wird weiter ausgestaltet, wenn die diakritische Modalität die koenästhetische überlagert.

Die Beachtung dieser Faktoren führt zur Modifizierung der Vorstellung, daß die Psychoanalyse ein »Ausgrabungs«prozeß sei. Die Suche nach der Wahrheit als Schlüssel zur Befreiung vom neurosogenen Einfluß verdrängten Materials wird zu einem Unternehmen anderer Art. Wir suchen weniger nach Erinnerungen, mehr nach Mustern; nach relativ fixierten Programmen; nach Hinweisen anhand des Übertragungsverhaltens auf den Charakter der »Versenkung«, in die der Analytiker geworfen wird. Die vom übergeordneten Ich erreichte Funktionsebene entscheidet darüber, ob der Therapeut auf stark fixierte, unausrottbare Annahmen über Objekte stößt oder ob eine Änderung der Muster möglich ist.

Der Begriff des übergeordneten Ichs sichert Kris' Position. Er verweist »die Wahrheit« auf den zweiten Platz. Von primärer Bedeutung ist, wie die Wahrheit angenommen und in welchen Bezugsrahmen sie eingeordnet wird. Die therapeutische Aufgabe besteht darin, das Funktionieren des übergeordneten Ichs zu erleichtern, so daß Erfahrung realistischer bearbeitet wird. Mit anderen Worten, die Therapie ist ein Prozeß, durch den die Fähigkeit des Patienten, vergangene und gegenwärtige Erfahrungen in eine harmonischere Organisationsform zu bringen, Auftrieb erhält.

Wir haben durchgehend zu vermitteln versucht, daß der Therapeut ein Gefühl für Entwicklungsstufen, Fähigkeiten, organisatorische Funktionen erwerben muß, um erkennen zu können, was davon in Reichweite und was noch außer Sicht ist. Der therapeutische Prozeß verläuft dann am besten, wenn das Wachstumstempo vom übergeordneten Ich des Patienten bestimmt wird. Das ist außerordentlich verschieden von einer Therapie, die auf enthüllter Wahrheit beruht. Es ist in der Tat so, daß bei strukturierten Patienten eine Deutung zum richtigen Zeitpunkt die wachstumsfördernde Technik ist; die infantilen Wünsche, Phantasien und Übertragungsverzerrungen werden vom reifen Ich zur Ruhe gebracht. Bei ungenügend strukturierten Patienten hingegen ist die Deutung meist wirkungslos. Wenn wir ohne Rücksicht auf die unterschiedliche Fähigkeit zur Verarbeitung deuten, geben wir dem Patienten bestenfalls das, was Kris (1956 c) als leeren Es-Jargon bezeichnet hat. Schlimmstenfalls verwirren wir ihn und beschwören seinen Zerfall herauf.

15 Wir »folgen« dem Patienten

Wenn wir davon sprechen, daß wir dem Patienten »folgen«, so meinen wir damit den therapeutischen Prozeß, der auf wechselseitigem Stichwortgeben beruht. Es ist ein Dialog, der auf vielen Ebenen geführt wird und von besonderem Nutzen für den ungenügend strukturierten Patienten ist, auf den man sich besonders einstimmen muß, um ihn zu verstehen.

Freud entdeckte anhand seiner klinischen Erfahrung, daß nicht jeder Patient nach der analytischen Methode behandelt werden konnte. Sie war nur bei einem Patienten mit »unmodifiziertem« Ich wirksam. In der zweiwöchigen Probeanalyse, die er zu diagnostischen Zwecken anwandte, bemühte er sich, zwischen denen, die die Härten der analytischen Methode ertragen konnten, und denen, deren Ich der Aufgabe nicht gewachsen war, zu unterscheiden. Wir bezeichnen die ersteren nun als strukturiert und die letzteren als ungenügend strukturiert.

Das »Folgen« ist für die Behandlung des analysierbaren, strukturierten Patienten ebenso geeignet wie für die des ungenügend strukturierten, nimmt aber in beiden Fällen eine etwas andere Form an. Bei der Behandlung des strukturierten Patienten halten wir es für selbstverständlich, daß das gesprochene Wort die eindeutigste Form der Kommunikation ist; nichtverbale Kommunikationsweisen kommen aber in jeder Behandlungssituation ins Spiel. Insbesondere Affekte werden öfter durch Übertragung (und Gegenübertragung) und durch Körperbewegungen und Gesten als durch Worte mitgeteilt. Doch der ungenügend strukturierte Patient, der weniger sicher im Sekundärprozeß verankert ist und kaum, wenn überhaupt, die Ebene von Spitz' drittem Organisator erreicht hat, pflegt nur widerwillig verbal zu kommunizieren. Ohne rechte Überzeugung und daher ohne Inhalte und Gefühl, die der Therapeut zum völligen Verständnis benötigt, benutzen solche Patienten das gesprochene Wort, um den Wünschen des Zuhörers entgegenzukommen.

Eines der wichtigsten technischen Hilfsmittel Freuds – die freie Assoziation – beruht darauf, daß Assoziationen nicht wirklich frei sind, weil der analysierbare Patient die Besetzung des Sekundärprozesses aufheben kann, diese Besetzung jedoch niemals völlig verliert. Es bestehen stets Verbindungen, die der »arbeitende« Patient oder der Analytiker früher oder später erkennt. Kris (1956 a) hielt die Verbindung für so wichtig, daß er den Zweck der Grundregel modifizierte, indem er der Wiederherstellung der zerbrochenen Verbindungen mehr Bedeutung einräumte als der Aufdeckung des Verdrängten. Bei analysierbaren Patienten besitzen diese Verbindungen bereits eine beträchtliche Kohärenz, und zudem kann sich der Analytiker darauf verlassen, daß ihr Ich Informationen zu ordnen vermag. Diese Fähigkeiten sind bei strukturierten Patienten gefestigt und stabil, während die ungenügend strukturierten Patienten sie in wechselndem Maße besitzen, das heißt, sie können so gut wie gar nicht oder aber in einem Umfang vorhanden sein, der sich der Kompetenz des besser strukturierten Patienten nähert. Um insbesondere dem ungenügend strukturierten Patienten in der richtigen Weise zu »folgen«, muß der Therapeut zwischen Abwehr (Widerstand), Impuls, dem Bedürfnis nach Bestätigung und Empathie und dem Bedürfnis nach wachstumsfördernder Frustration unterscheiden können. Nur durch diese Unterscheidungen ist es möglich, den Prozeß auf die ganz individuellen Bedürfnisse des Patienten zuzuschneiden.

Wir werden die Unterschiede des Folgens bei der eigentlichen Psychoanalyse und bei der Psychotherapie des ungenügend strukturierten Patienten im einzelnen beschreiben.

Trotz der Vorsichtsmaßnahme einer zweiwöchigen Probeanalyse irrte Freud sich häufig bei seinen Diagnosen, wie es Analytiker bis zum heutigen Tag tun. Von seinen fünf berichteten Fällen hat er zwei – Schreber und den Kleinen Hans – nicht unmittelbar behandelt. Schreber war ein Psychotiker, dessen »Analyse« Freud anhand seiner Memoiren vornahm. Der Kleine Hans war ein Kind, das von seinem Vater unter Freuds »Supervision« analysiert wurde. Von den Patienten, die Freud behandelte – Dora, den Rattenmann und den Wolfsmann –, würde wahrscheinlich keiner den heutigen Kriterien der Analysierbarkeit genügen.

Der Fall des Rattenmannes veranschaulicht die Probleme, die mit der Technik des »Folgens« verbunden sind, am deutlichsten. Freud verließ sich auf die Fähigkeit eines unmodifizierten Ichs, die Verbindungsstränge zu liefern, die eine gewisse Ordnung und Kohärenz in ein im übrigen chaotisches Material zu bringen vermochten. Man glaubt jedoch nunmehr, daß Freud hinsichtlich seiner Diagnose vielleicht im Irrtum war – das heißt, daß der Rattenmann nicht imstande war, die chaotischen Vorgänge in seinem Innern zu ordnen. So wurde Freud, indem er sich auf die verstiegenen Ideen des Rattenmannes über die Rückzahlung seiner Schuld einließ, in die Irre geführt. Er schreibt:

»Ich werde mich nicht verwundern, wenn das Verständnis der Leser an dieser Stelle versagt, denn auch die ausführliche Darstellung, die mir der Patient von den äußeren Vorgängen dieser Tage und seiner Reaktionen auf sie gab, litt an irren Widersprüchen und klang heillos verworren. Erst bei einer dritten Erzählung gelang es, ihn zur Einsicht in diese Unklarheiten zu bringen, und die Erinnerungstäuschungen und Verschiebungen bloßzulegen, in die er sich begeben hatte. Ich erspare mir die Wiedergabe dieser Details . . . und bemerke noch, daß er sich am Ende dieser zweiten Sitzung wie betäubt und verworren benahm. Er sprach mich wiederholt ›Herr Hauptmann‹ an, wahrscheinlich, weil ich zu Eingang der Stunde bemerkt hatte, ich sei selbst kein Grausamer wie der Hauptmann M. und habe nicht die Absicht, ihn unnötigerweise zu quälen« (1909, S. 394).

Freud stellte eine Verbindung her zwischen dem Umstand, daß der Patient, der ihn Herr Hauptmann nannte, und der Tatsache, daß er, Freud, in der Stunde Hauptmann M. erwähnt hatte. Dies könnte man als »Folgen« im engeren Sinne betrachten. Doch im weiteren Sinne drängte Freud den Rattenmann, eine zusammenhängende Geschichte zu erzählen, und übersah, daß dies eine Ich-Regression auslöste, die zu der Verdichtung führte. Hätte er das Wissen von heute besessen, wäre ihm bewußt geworden, daß die Fragmentierung begonnen hatte. Schließlich war es Freud, der die Verbindung herstellte, da sich der Rattenmann als unfähig erwies, das Material zu ordnen.

Im folgenden geben wir einen Teil eines Falles wieder, der zeigt, wie eine Patientin, die fester im Sekundärprozeß verankert ist, ihr Material inmitten des »Chaos« der freien Assoziation ordnet:

Eine Frau, seit langem in Behandlung, berichtete einen Traum. »Meine Mutter war schwerkrank und bettlägerig. Ich kroch zu ihr ins Bett, nahm sie in meine Arme und versuchte, sie dazu zu bewegen, mich anzuschauen und zu sprechen. Sie tat es nicht, aber immer wenn ich glaubte, sie sei gestorben, machte sie irgendeine Bewegung, die anzeigte, daß sie noch am Leben war; doch ich konnte sie nicht dazu bringen, auf mich zu reagieren.« Die Patientin schilderte dann die Ängste, die sie beim Erwachen empfand – daß der Traum auf einen ganz und gar passiven Wunsch, versorgt zu werden, und auch auf homosexuelle Wünsche hindeuten könnte. Dann fügte sie hinzu: »Ich kann mir nicht vorstellen, was Sie sonst noch von mir hören möchten.«

Da bei der Patientin seit langem ein Konflikt zwischen Entgegenkommen und Rebellion bestand, der immer wieder in der Übertragung zutage trat, erwiderte der Analytiker: »Wir wollen einmal sehen, wohin Sie Ihre eigenen Gedanken führen, abgesehen von dem, was ich nach Ihrer Meinung wünschen könnte.« Zu diesem Zeitpunkt der Behandlung war sie zu einer wirklich »arbeitenden« Patientin geworden. Sie reagierte positiv, hörte auf, über den Traum nachzugrübeln und wandte sich ihren augenblicklichen Sorgen zu. Sie schilderte einige Schwierigkeiten mit ihren Kindern, ein Problem mit einem Bericht, den sie für den Generaldirektor der Firma, für die sie arbeitet, machen soll, einen kurzen Ehekrach, irgendeine negative Reaktion auf etwas, was der Analytiker vor einer Woche gesagt hatte.

Während sie mit diesen Assoziationen fortfuhr, unterbrach sie sich an einer Stelle und sagte: »Es ist komisch, aber plötzlich weiß ich, worum es in dem Traum geht. Ich habe wirklich ziemliche Angst wegen des Berichts, den ich morgen dem Direktor geben soll. Ich wünschte, ich brauchte das nicht zu tun, und ich habe versucht, einen Ausweg aus der ganzen Geschichte zu finden, obwohl der Bericht meine eigene Idee war und mir wahrscheinlich für meine Arbeit sehr nützlich sein wird. Deshalb krieche ich ins Bett meiner Mutter, um der Aufgabe aus dem Weg zu gehen, die mich so beunruhigt, und meine Mutter soll es gutheißen, daß ich mich drücke, was sie stets tat, als sie noch lebte.«

Ihre Angst verringerte sich, als sie diese Deutung vornahm. Sie erklärte, sie fühle sich besser. Der Analytiker brauchte nur noch hinzuzufügen, daß sie wieder einmal ihren Konflikt zwischen Entgegenkommen und Rebellion reproduziert hatte, zwischen dem Wunsch nach Verbindung mit ihrer Mutter – die auf ihr Bedürfnis, eigenständig zu funktionieren, nicht eingestimmt war – und ihrem Wunsch, zu funktionieren. Der Konflikt löste Angst aus, welche durch die regressiven Wünsche abgewehrt wurde, die die Mutter stets begünstigt hatte. Der Analytiker wird im Traum durch die Mutter repräsentiert. Diese Verdichtung bezeichnet den Konflikt – die Mutter, wie sie war, und der Analytiker, der als Neutraler zwischen ihren Wunsch, zu funktionieren, und ihren Wunsch, auf einen hilflosen Zustand zu regredieren, eingeschaltet wird. (Offensichtlich gibt es viele andere Aspekte dieses Traums, die behandelt werden müssen, doch erst wenn das Ich der Patientin bereit ist, die zusätzlichen Probleme anzugehen – wenn der Konflikt zwischen Entgegenkommen und Rebellion bewältigt ist, der in ihrem Leben so sehr im Vordergrund steht und hier so deutlich zutage tritt.)

Was hat diese Patientin befähigt, eine Möglichkeit zu finden, das chaotische Material in einem (wichtigen) Bereich zu ordnen, einen Fokus zu entdecken, der ihr zu einer Deutung verhalf, die die Angst linderte? Sie fand einen Verbindungsstrang zu ihrer unmittelbaren Gegenwart und zur Vergangenheit, der ihr vernünftig erschien. Wir stellen dem den Rattenmann gegenüber, dessen Absicht, das bescheidene Darlehen zurückzuzahlen, ihn immer weiter in die Irre führte. Es sind ebendiese klinischen Beobachtungen, die uns veranlaßten, ein übergeordnetes Ich zu postulieren, das, wie in diesem Fall, eine Anpassungsordnung herstellen und sogar mit Hilfe von Abwehren eine nützlichere Form einer fehlangepaßten Ordnung schaffen kann. Weil der Rattenmann beides nicht tun konnte, wurde er immer weitschweifiger und schließlich völlig zusammenhanglos. Im Gegensatz dazu hat der Vorgang des »Folgens« beim strukturierten Patienten einen Verbündeten in der übergeordneten Struktur, die ständig mit dem Organisierungsprozeß befaßt ist. Dies befähigt die Person, Verbindungen zu unterscheiden oder sie zumindest mittels freier Assoziationen zum Analytiker »durchsickern« zu lassen. Ein solcher Patient kann auch Abwehren schaffen, wo es erforderlich ist, so daß die Fragmentierung keine Gefahr darstellt.

Eine Psychotherapie mit dem ungenügend strukturierten Patienten muß deshalb anders aussehen, weil er ein weniger kompetenter Partner im therapeutischen Bündnis ist. Diese geringere Kompetenz erfordert, daß sich der Therapeut auf das organisatorische Versagen einstimmen und Möglichkeiten zur Förderung des Wachstums finden muß.

Wenn wir die einzelnen Faktoren für sich betrachten, können wir von einer kohärenten Organisation beim strukturierten Patienten sprechen, die einem adäquaten übergeordneten Ich zu verdanken ist, welches folgende Aufgaben zu erfüllen vermag:

1. Bereitstellung einer Kraft, die einem inneren Drang entgegengestellt werden kann.
2. Freies Assoziieren. Hier wird die Fähigkeit vorausgesetzt, zusammenhängende Verbindungsstränge aufzudecken, selbst

wenn die Besetzung von sekundärprozeßhaftem Denken gelockert ist.

3. Fähigkeit, sich zunehmend der inneren Dränge wie des Vorhandenseins einer Gegenkraft bewußt zu werden.

4. Entwicklung der Fähigkeit zu positiver Objektbesetzung in der Übertragung, die ausreicht, den Patienten Angst und Frustration um höherer, langfristiger Ziele willen ertragen zu lassen.

Bei Patienten mit solchen Fähigkeiten ist es nutzbringender, mit Deutungstechniken zu arbeiten. Stellt man dies Freuds Beobachtung gegenüber, daß die Fixierungspunkte bei den narzißtischen Neurosen sehr viel früher in Erscheinung treten als bei den Übertragungsneurosen, ist es logisch anzunehmen, daß die Fähigkeit, psychische Prozesse zu organisieren, weitaus geringer ist. Die Auswirkungen dessen auf den ungenügend strukturierten Patienten führen zu folgenden Feststellungen:

1. Eine Kraft, die dem inneren Drang entgegentritt, ist vielleicht nicht vorhanden. Solche Strukturen würden Triebstörungen und jene Abweichungen einschließen, die möglicherweise Ich-synton geworden sind.

2. Da die Fähigkeit, psychische Prozesse kohärent zu organisieren, mangelhaft oder mißgebildet ist, spiegelt die freie Assoziation eine chaotische Desorganisation wider, mit dem Resultat, daß sich keine sinnvollen Verbindungsstränge erkennen lassen.

3. Die Fähigkeit, Verbindungen herzustellen, das heißt, wahre Einsicht zu gewinnen, die sich von dem unterscheidet, was Kris (1956 c) leeren Es-Jargon genannt hat, ist nicht erworben worden. Eine echte semantische Kommunikation, die die volle affektive Besetzung einer hohen Objektbeziehungsebene widerspiegelt, wurde ebensowenig erreicht.

4. Da Fehlbildungen der Struktur zu einem frühen Zeitpunkt der Entwicklung eingetreten sind, kann nicht davon ausgegangen werden, daß negative Affekte gegenüber dem Selbst und dem Objekt auf positive Weise ausgeglichen wurden.

Während wir hier zu erklären versucht haben, daß ein fundamentaler Unterschied besteht zwischen den Techniken zur Behandlung ungenügend strukturierter Patienten und Techniken, die sich bei strukturierten Patienten produktiver auswirken, zeigt die Realität des Praxisalltags, daß wir es fast immer mit Kombinationen von Abwehrmustern zu tun haben, die mit Fehlentwicklungen untermischt sind, und daß sich die Behandlungsmethoden deshalb abwechselnd der einen oder anderen Situation anpassen müssen.

Solche unterschiedlichen Auffassungen über Struktur erfordern, worauf Freud (1917b, S. 438) dringlich hingewiesen hat, Änderungen der Technik. Das zugrundeliegende Motiv ist nicht nur das erweiterte Wissen um die Entwicklung als solche, es ergibt sich auch aus dem Eindringen in die Zusammensetzung des Ichs als solchem und seiner Bestandteile. Wahrscheinlich kratzen wir beim derzeitigen Wissensstand erst an der Oberfläche. Wir haben aber die Möglichkeit, eine Anzahl von Faktoren in Betracht zu ziehen. Ist die Objektwelt erkannt worden – das heißt, wurden Objektrepräsentanzen errichtet? Schließt die Entwicklung die Besetzung eines einzelnen primären Objekts ein – das heißt, wurden Objektbeziehungen hergestellt? Besteht eine gleichmäßig verteilte positive Besetzung der Selbst- und Objektrepräsentanzen? Wie klar zeichnen sich die Ich-Grenzen ab? Wie gut sind die verschiedenen Differenzierungsprozesse bewältigt worden? Ist die Fähigkeit, die Triebabfuhr zu verzögern und hinauszuschieben, in vernünftigem Maße vorhanden? Wie weit reicht der Gefühlsradius – nur von Gut bis Schlecht, oder ist ein umfassenderes Repertoire an Gefühlen vorhanden? Wie ist das Regressionspotential beschaffen – gibt es eine regressive Plattform oder löst es sich im Primärprozeß aufpWir haben bereits gesagt, daß der Therapeut in der Lage sein muß, Ungewißheit zu ertragen. Diese Toleranz befähigt ihn, den Reaktionen des Patienten zu folgen, sie als Widerspiegelung eines gegebenen Entwicklungsniveaus zu betrachten, nach Verständnis zu suchen und auf eine Weise zu reagieren, die auf die Bedürfnisse dieses Niveaus und darauf abgestimmt ist, das Erreichen der nächsten Ebene zu fördern. Bei diesem Vorgang kann man von jenen Individuen, die über eine stärker integrierte Organisationsfähigkeit verfügen – das heißt, über ein besser funktionierendes übergeordnetes Ich –, erwarten, daß sie sich Wahrheiten auf eine andere Weise aneignen als jene, deren Organisationsfähigkeit durch Hindernisse beeinträchtigt wird, die auf ungenügend bewältigten Entwicklungsaufgaben beruhen. Es ist Sache des Therapeuten, die beste Mischung von wohltätigem Klima und einem angemessenen behutsamen therapeutischen Vorantreiben ausfindig zu machen und bereitzustellen. Um das zu erreichen, muß er eine präzise titrierte Frustration anwenden, die genügt, um Wachstum und Verinnerlichungsprozesse zu fördern, welche äußere, regulierende Disziplinarmaßnahmen unter die Kontrolle des Individuums bringen, jedoch nicht mehr, als der Patient sinnvoll zu nutzen vermag.

Die vielen Witze über den Analytiker mit steinerner Miene vermitteln uns vielleicht in bezug auf diesen letzten Punkt eine wichtige Wahrheit. Psychoanalytische Techniken wie die Abstinenz und die damit einhergehende Frustration, die bei der Behandlung besser organisierter Strukturen anwendbar und notwendig sind, liefern in anderen Fällen mehr als die optimale Frustrationsmenge. Wo Abstinenz in unangemessener Weise geübt wird, führt sie zur Wiederholung negativer primärer Objekterfahrungen; sie ist daher nicht wachstumsfördernd.

Wir verweisen noch einmal auf den im 12. Kapitel beschriebenen Fall. Hier ist das Interesse auf einen einzigen Aspekt der Fehlentwicklungen dieses Patienten begrenzt, der vermuten läßt, daß die Übungssubphase nicht adäquat verlaufen ist. Die Übungssubphase ist die Zeitspanne, in der hinsichtlich der Stimulierung und des Funktionierens autonomer Ich-Apparate ein großer Schritt nach vorn getan wird. Eine gut bewältigte Übungssubphase vermittelt positive Erfahrungen, die in der Selbstrepräsentanz fortleben. Ausschlaggebend für den Erfolg ist die große Nähe zum primären Objekt, während eine Partnerschaft, der es ernstlich an Einstimmung aufeinander fehlt, zu Schäden führt. Die Mutter muß imstande sein, sich in einem fließenden Rhythmus zu- und abzuwenden, der den Fähigkeiten und der jeweiligen Stimmung des Kindes entspricht. Selbst wenn sie dem Kind freie Hand läßt, muß sie immer gegenwärtig sein, damit sich das Kleinkind nicht weiter wagt, als ihm seine psychische Verfassung erlaubt. Bei diesen Versuchen, sich von der Mutter zu entfernen, ergreift das Kind die Initiative, spielt eine aktive Rolle, in gehobener Stimmung besetzt es die Ausübung eigenständiger Funktionen, womit sich die »Flucht« aus der Symbiose ankündigt. Wenn alles gutgeht, führt dies zu einem Höhepunkt gesunder narzißtischer Selbsteinschätzung.

Bei der Betrachtung der Probleme jedes erwachsenen Patienten darf man nicht vergessen, daß diese der Gesamtorganisation der Erfahrung entstammen, nicht einer isolierten Subphase des Loslösungs- und Individuationsprozesses. Es kann nicht genug betont werden, daß es gefährlich ist, wenn man versucht, die frühe Entwicklung im Verhältnis eins zu eins mit dem Verhalten des Erwachsenen zu korrelieren. Selbst wo wir wissen, daß eine bestimmte Phase oder Subphase nicht adäquat verlaufen ist, wissen wir doch auch, daß die Entwicklung fortgeschritten ist. Die Folgen unzulänglicher Erfahrungen werden dem laufenden Organisierungsprozeß einverleibt, der auch Anpassung und korrigierende Erfahrung einschließt. Mahler glaubt, daß eine adäquate Subphase der Wiederannäherung einige Unzulänglichkeiten der früheren Subphasen zu korrigieren vermag. Wenn wir nicht ganz mit ihr übereinstimmen, so handelt es sich doch nur um einen graduellen Unterschied. Wir haben bereits unsere Überzeugung zum Ausdruck gebracht, daß den Selbstbildern Merkmale zuwachsen, die durch spätere Erfahrungen nicht ausgelöscht werden, obgleich sie sicherlich modifiziert werden können, wenn eine Struktur vorhanden ist, die Modifizierungen zu bewirken vermag. Dennoch möchten wir hier betonen, daß es eine absurde Simplifizierung wäre, zu glauben, man könne jede Phase und Subphase planmäßig behandeln, so als ob ein erwachsener Patient frühere Erfahrungen noch einmal und auf bessere Weise durchleben könnte.

Das technische Schlüsselproblem in dem Fall, der vorgestellt werden soll, ist ein unbegrenztes Regressionspotential – eine niedrige regressive Plattform. Unter Belastung durch Angst regrediert der Patient auf einen Zustand der Abgestumpftheit als Abwehr gegen eine unbewußt ersehnte Verschmelzung. Trotzdem besitzt dieser Mann eine Fähigkeit zur Wiederherstellung, die ihm ermöglicht hat zu wachsen, sich zu entwickeln, die Subphasen zu durchlaufen. Vielleicht wäre es richtiger, zu sagen, daß er durch die Subphasen gehinkt ist.

Dieser Patient befindet sich selten in gehobener Stimmung. Zu einem bemerkenswerten Aufwallen positiver Gefühle kommt es, wenn er sich durch den Therapeuten oder seinen Vorgesetzten bestätigt fühlt, doch ist dies von Selbstsicherheit weit entfernt. Es ist ein Hinweis darauf, daß das Selbstwertgefühl nicht verinnerlicht und in ein Teil seiner eigenen Struktur umgewandelt wurde, sondern einer ständigen Verstärkung durch äußere Instanzen bedarf. Der folgende kurze Dialog läßt vermuten, daß die Übungssubphase inadäquat verlaufen ist. Die Bemühungen des Therapeuten sind darauf gerichtet, zu einer Reorganisation in dem Bereich zu ermutigen, der durch das Versagen in der Subphase geschädigt wurde, wobei er sich vollkommen bewußt ist, daß es auch Probleme bei anderen Entwicklungsaspekten gegeben hat. Obschon das negative, depressive Selbstbild des Patienten sehr wohl seinen Ursprung in der Übungssubphase haben könnte, muß auch jeder Anschein von Unzulänglichkeiten in anderen Subphasen behandelt werden, wenn er sich während der Behandlung zeigt. Selten treten diese Unzulänglichkeiten in regelmäßiger Folge auf.

Der Patient ist tüchtig im Beruf, hat aber schon häufig seine Stellungen verloren. Mitunter wird er »stumpf«, wie er es nennt. Dann verbringt er ganze Tage allein in seiner Wohnung, die er nur gelegentlich verläßt, um Lebensmittel einzukaufen. Das Symptom wird als Abwehr gegen eine weitere Regression verstanden, da seine Angst eine Vernichtungsangst, keine Signalangst ist. Der Zweck der Therapie ist es, seine Angsttoleranz zu erhöhen und ihm zu helfen, weiterhin zu funktionieren, wo es möglich ist.

Patient: Ich muß einen wichtigen Bericht machen und werde mich an diesem Wochenende in Arbeit vergraben müssen.

Therapeut: Um was geht es dabei?

P.: Es ist ein Bericht, den der Vizepräsident für die nächste Konferenz braucht.

Th.: Ist das ungewöhnlich oder handelt es sich um eine Routinesache?

P.: Ach, es ist der Jahresbericht, der um diese Zeit fällig ist. Tatsächlich habe ich die Angaben, die ich brauche, seit mehreren Wochen gesammelt.

Th.: Aber trotzdem werden Sie sich in die Arbeit vergraben müssen?

Der Therapeut möchte die Funktionsfähigkeit nicht in Frage stellen und fragt deshalb nicht, *warum* sich der Patient in die Arbeit vergraben muß, obwohl er die Angaben für den Bericht bereits besitzt. Das bietet einerseits vielleicht die Möglichkeit, das »Vergraben« noch einmal zu überdenken oder es andererseits zu akzeptieren, wenn der Patient nur auf diese Weise weiterhin funktionieren kann.

P.: Ich habe mich tatsächlich gerade selbst gefragt, weshalb ich mich so extrem verhalte. Ich kann mich ohne weiteres wie sonst am Samstagnachmittag mit meinen Freunden treffen.

Th.: Ja, Sie neigen dazu, Aufgaben so anzugehen, als würden sie alle eine maximale Anstrengung von Ihnen fordern. Vielleicht bekommen Sie eines Tages das Gefühl, daß Sie etwas erledigen können, ohne auf sämtliche anderen Aktivitäten zu verzichten.

P.: Das habe ich mich schon selbst gefragt.

Th.: Es ist gut, sich das zu fragen.

Es wird keine Deutung versucht, keine Schlußfolgerung gezogen. Hier wird an der pathologischen Richtung gearbeitet, die die Entwicklung genommen hat. Es muß mehr in Betracht gezogen werden als Trieb, Konflikt, Abwehr und Widerstand. Besonders wichtig sind Selbst- und Objektbeziehungen. Die

Selbstrepräsentanzen sind unzureichend mit positiven Werten besetzt; die Objektrepräsentanzen sind zu stark und mit negativen Werten besetzt. Deshalb werden andere als fordernd, feindselig und überwältigend empfunden. In diesem Austausch kommt es für den Therapeuten darauf an, zu vermeiden, daß er »das Spiel spielt«, wie Fenichel (1941) es genannt hat. Insbesondere muß der Therapeut eine Wiederholung negativer Erfahrungen mit dem fordernden primären Objekt vermeiden, damit er nicht ebenfalls allmächtig und negativ besetzt wird.

Dies ist ein Beispiel dafür, wie das wohltätige Klima bewahrt werden kann, indem man der Spur des Patienten folgt – selbst dann, wenn man Ansprüche an ihn stellt. Der Patient wird aufgefordert zu überlegen, ob das Vergraben notwendig ist, doch so, daß ihm die Möglichkeit bleibt, es zur Aufrechterhaltung seines Funktionsniveaus für notwendig zu halten, was von erstrangiger Bedeutung ist. Sobald feststeht, daß er sich nicht zu vergraben braucht, wird es dem Patienten überlassen, das Thema in der Zukunft wieder anzuschneiden. Da kein Zweifel an seiner Fähigkeit, seine Aufgaben gut zu erfüllen, besteht, kann man hoffen, daß ihm durch diese Diskussion seine Furcht davor, in Gegenwart des Objekts – in diesem Fall seines Vorgesetzten – zu handeln, bewußt gemacht wird. Im therapeutischen Austausch wird daher jede Initiative, die er entfaltet, sorgsam genährt.

Das heißt nicht, daß die in der Feststellung des Patienten über das Vergraben enthaltene Symbolik außer acht gelassen wird. Ihre Bedeutung dürfte enorm sein, doch es ist zu früh, den Patienten auf seiner gegenwärtigen Organisationsstufe damit zu belasten. Man kann annehmen, daß das Vergraben – oder Begraben – eine Identifizierung mit einem verstorbenen Elternteil repräsentiert. Eben diese Wahrheit wäre eine zu schwere Last für seine zerbrechliche Organisation. Er würde von einer solchen Enthüllung nicht überwältigt werden, sondern sie wahrscheinlich nur zu gern in epischer Breite und unter Einsatz seiner hervorragenden Fähigkeiten zu abwehrender Intellektualisierung erörtern. Häufiger als man sich vielleicht vorstellt werden Wahrheiten auf eine Weise ausgegraben, die keine therapeutische Wirkung haben kann; sie werden aufgedeckt, können aber nicht durchgearbeitet werden.

Besäße dieser Patient ein tätiges übergeordnetes Ich, dann könnte die Verinnerlichung positiver Selbsterfahrung gefördert werden, wenn es ihm wiederholt gelingt, seine Aufgaben erfolgreich zu bewältigen. Im gegenwärtigen Stadium benötigt er sehr viel mehr Bestätigung von außen als ein Mensch, der sich mit dem Angelpunkt erfolgreicher auseinandergesetzt hat. Wir spenden kein Lob von außen, obgleich das Problem während der frühen Entwicklung entstand, weil es zur phasenspezifischen Zeit eben daran mangelte. Es kann nichts nützen, wenn es nun verspätet geliefert wird. Der Patient muß es erringen, weil er sich selbst höher einschätzt. Wenn durch die Behandlung Fortschritte erzielt werden, wird er später erneut gefragt, ob er es immer noch für notwendig hält, ein Maximum an Anstrengung aufzubringen, um Routineaufgaben zu erledigen. Ist dieser therapeutische Ansatz erfolgreich, findet er vielleicht, daß das nicht der Fall ist.

Eine andere Patientin verlangt ständig nach der Deutung, durch die sich ihr Befinden bessern wird – das heißt, nach dem Zauberwort, das ihre Depression heilt. Doch es ist stets der Therapeut oder ein anderer Mensch aus ihrer Umgebung, dem diese Aufgabe übertragen wird. Innere Meisterung von Gefühlen oder auch der Kampf mit ihnen sind keine Funktionen, die sie als ihre eigenen wahrzunehmen vermag. Der Therapeut fragt: »Wie kann ich Ihnen helfen, sich besser zu fühlen?« Die Antwort lautet: »Ich möchte, daß *Sie* dafür sorgen, daß ich mich besser fühle.« Der Therapeut fragt: »Glauben Sie, daß Sie den Behandlungsprozeß voranbringen möchten?« So vermeidet er, die Verantwortung abzulehnen, obgleich er sie offensichtlich auch nicht übernimmt, und er versucht, das wichtige therapeutische Bündnis aufrechtzuerhalten. Es ist ein beträchtlicher Unterschied, ob man die Patientin fragt, ob sie den Behandlungsprozeß voranbringen *möchte* oder ob sie *versuchen* will zu helfen. Letzteres erfordert mehr.

Es geht hier um den Entwicklungsverlauf, der im günstigsten Fall zur Meisterung von Gefühlen führt. Meisterung unterscheidet sich beträchtlich vom angstvollen Entgegenkommen des vorigen Patienten. Diese Patientin versteht es besser, sich die Umwelt zunutze zu machen; der Brennpunkt liegt aber für sie in einer rein alloplastischen Anpassung. Die nötigen Voraussetzungen müssen von der Außenwelt geschaffen werden, weil sie nicht zu erfassen vermag, daß Anpassung auch autoplastische Prozesse einschließt.

Ein anderer Patient begann die Behandlung im Alter von sechzehn Jahren als College-Student im 2. Jahr. Von seiner Familie – erfolgreichen Geschäftsleuten – als Schwachkopf betrachtet, wurde er in die Behandlung gebracht, weil er im College versagte. Er war ein kräftiger untersetzter Junge, der sich bei allem, was er tat, große Mühe gab. Eine gewisse Verbindung zum Therapeuten kam dadurch zustande, daß er ihm von seinem Versuch erzählte, in die Fußballmannschaft zu kommen. Obwohl der Therapeut niemals Fußball gespielt hatte, konnte er den Patienten in eine Diskussion darüber verwickeln, wie man dem Stürmer am besten zu Leibe rücke. Der Patient packte den anderen Jungen immer wieder bei den Schultern – eine unwirksame Methode, die seinen Trainer erschreckte, weil er fürchtete, der Patient könne verletzt werden.

Wegen der fixierten unbewußten Voraussetzungen in der Struktur dieses Patienten wurde das äußere Objekt unweigerlich als Bedränger der Selbstrepräsentanz erlebt. Wo bei normalem Wachstum die Identifizierung mit dem Aggressor hergestellt wird, wird die Objektrepräsentanz mit positiver Besetzung in die Struktur aufgenommen, was letztlich dazu führt, daß eine Funktion der Objektrepräsentanz auf die Selbstrepräsentanz übertragen werden kann. Wo dies aus irgendeinem Grund nicht geschehen ist, geht die Identitätsbildung eher im Selbsthilfeverfahren mit minimaler oder negativer Objektbesetzung vor sich. Unter solchen Umständen werden Objektrepräsentanzen als Störer der Identitätsbildung wahrgenommen.

Dann ist der wachstumsfördernde Prozeß der sich wechselseitig verstärkenden positiven Besetzung von Selbst- und Objektrepräsentanzen blockiert, und das Gleichgewicht dieser wichtigen Entwicklungslinie gerät ins Wanken. Nebenbei bemerkt ist Fußball ein Spiel, das als Metapher einer solchen psychologischen Schieflage entworfen worden sein könnte, da sein Hauptziel darin besteht, zum Tor zu gelangen, indem man das störende Objekt aus dem Weg räumt.

Der Therapeut war zwar imstande, sich diesem Patienten in unaufdringlicher Weise als hilfreich zu erweisen, doch ist dies keine Technik, die die Verinnerlichung einer »besseren« Erfahrung fördern kann. Es war daher nicht zu erwarten, daß sie auf andere Situationen angewendet werden konnte. »Heilsame« Erfahrungen wie diese korrigieren keine fixierten Annahmen. Der Therapeut muß bei seiner Arbeit weiterhin davon ausgehen, daß Objektrepräsentanzen trotz der Tatsache, daß Objekte benötigt werden, die Identitätsbildung gefährden. Das therapeutische Bündnis steht vor der Aufgabe, unausgesetzt beweisen zu müssen, daß die therapeutische Situation keine Gefahr in sich birgt.

Der Therapeut umging die Gefahr in diesem Fall durch seine Bereitschaft, weiter darüber zu diskutieren, wie der Patient in der Mannschaft verbleiben konnte. Beiläufig machte sich der Therapeut auch Gedanken über die Möglichkeit einer Gehirnerschütterung, mußte aber die Trainingswünsche des Patienten – das heißt, seine ehrgeizigen Bestrebungen – unterstützen und das Beste hoffen. Dieser Versuch, ihm zu helfen, eine schwierige, beunruhigende Situation zu meistern, erschien dem Patienten als das Gegenteil des Verhaltens des Trainers und seiner Familie, die ihn als Schwachkopf hinstellten. Das therapeutische Bündnis wurde dadurch gefestigt, und die Behandlung konnte fortgesetzt werden.

Die entwicklungsbestimmte Objektbeziehungstheorie im allgemeinen und der Begriff eines übergeordneten Ichs im besonderen bieten die Möglichkeit zu wirkungsvollerer Arbeit in bezug auf Konflikt und Widerstand, da sie als Teil einer Gesamtstruktur wahrgenommen werden. Im Mittelpunkt der therapeutischen Bemühungen steht die ganze Person; sie gelten nicht getrennten psychischen Instanzen.

Freuds Entdeckung, daß seine hysterischen Patientinnen möglicherweise keinen realen inzestuösen Annäherungsversuchen ausgesetzt waren, zwang ihn, den Konfliktbereich an anderer Stelle zu suchen. Statt das Ich im Konflikt mit der äußeren Realität – dem inzestuösen Objekt – zu sehen, machte die Tatsache, daß das »Ereignis« als Folge eines Wunsches in der Phantasie stattfand, es erforderlich, den Konflikt zwischen zwei Systemen anzusiedeln, das heißt zwischen Ich und Es oder Ich und Überich.

Der intersystemische Konflikt rückte in den Mittelpunkt psychoanalytischen Denkens. Bei der Arbeit am intersystemischen Konflikt hat es der Analytiker mit dem »rationalen Ich« zu tun – er hilft ihm, sich entweder den Es-Wünschen oder dem strafenden Überich zu stellen. »Wo Es war, soll Ich werden« (1933 a, S. 86) spiegelte den Triumph bewußten rationalen Denkens und Verhaltens wider; dies wurde durch die wohlwollende, zustimmende Einstellung des Analytikers gegenüber der bis dahin mißbilligten Sexualität begünstigt.

Bei dieser Auffassung der Behandlung schlossen der Analytiker und das realitätsbestimmte Ich ein Bündnis. So verstehen wir nun, wie es kam, daß begabte Theoretiker der Technik wie Fenichel, Greenson und Menninger im abwehrenden Ich einen Feind erblicken, den Widerstand als gegnerisch und destruktiv betrachten konnten. Wenn ein Konflikt zwischen zwei Systemen angesiedelt ist, dann muß sich der Retter mit dem »guten« System, dem rationalen Ich, gegen das »schlechte«, das Es oder Überich, verbünden.

Hartmann fand eine theoretische Erklärung für die Tatsache, daß das Verhalten vieler Patienten nicht der einfachen, aber attraktiven Formel gehorchte, dem Ich bei seinen Kämpfen zu helfen. Das Ich, das man sich als Verbündeten und Partner im therapeutischen Prozeß vorstellte, konnte selbst infolge von Fehlentwicklungen ernstlich beeinträchtigt sein. Es konnte sogar mit sich selbst im Widerstreit liegen.

Es ist bemerkenswert, daß Freud 1921, noch bevor er die Strukturtheorie vorlegte, seine Vorstellungen in bezug auf Struktur integrierte, ohne schon in der Lage zu sein, ihre Komponenten zu benennen. Er äußerte sogar die Ansicht, daß es intrasystemische Konflikte geben könne – ein Punkt, den Hartmann erst viele Jahre später entwickeln sollte. Aber der Konflikt, auf den Freud 1921 hinwies, spielte sich zwischen dem Ich und dem Ich-Ideal ab. Zwei Jahre danach setzte er Ich-Ideal und Überich gleich und verlegte damit den Ort dieses speziellen Konflikts vom Intrasystemischen zum Intersystemischen. Es blieb Hartmann vorbehalten, den intrasystemischen Konflikt neu zu entdecken. Doch mittlerweile wurde dieser Konflikt etwas anders gesehen, weil man soviel mehr über das Ich wußte. Heute wissen wir, daß es Konflikte zwischen Ichfunktionen und zwischen den dort verinnerlichten Repräsentanzen geben kann.

Daß ein intrasystemischer Konflikt möglich ist, führt zur Änderung der schlichten theoretischen Vorstellung, der Analytiker könne sich, technisch gesehen, stets darauf verlassen, im rationalen Ich einen Verbündeten zu finden. Diese Entdeckung oder Wiederentdeckung bedeutete das Ende einer Ära. Heute müssen wir diagnostisch entscheiden, wann eine Struktur vorhanden ist, auf die man zählen kann, und wann das Ich so in Konflikte verstrickt ist, daß es therapeutischer Hilfe bedarf – hoffend, daß jenes starke, rationale Ich entsteht, das Analytiker vor etlichen Jahrzehnten für selbstverständlich hielten. Wir sehen jetzt, daß selbst die Anpassungsfunktion bloßgestellt, beeinträchtigt oder verzerrt werden kann, was zu Fehlbildungen der Organisation führt. In diesem Sinne können wir sagen, daß es sich um einen verzerrten Anpassungsversuch handelte, als der Rattenmann Freud als Hauptmann bezeichnete. Wir können uns also nicht darauf verlassen, daß Vorgänge im Ich stets in vollem Einklang mit der Realität stehen. Wir müssen uns die Beziehung des Ichs zur Realität wie Schafer als eine »Vision der Realität« vorstellen.

Es liegt auf der Hand, daß damit technische Schwierigkeiten entstehen, wenn man dem Konflikt zu Leibe rücken will. Es wäre eine überaus verlockende Simplifizierung der Schwierigkeiten des Patienten und der therapeutischen Aufgabe, wollte man sich auf die Deutung der Übertragungsneurose verlassen, um dem Patienten zu beweisen, daß der Analytiker nicht das primäre Objekt ist. Daß Ich-Elemente gegen andere Ich-Elemente wie auch gegen die anderen psychischen Instanzen in Stellung gehen können, eröffnet eine neue Perspektive. So muß beispielsweise eine Opposition, die bisher als Widerstand aufgefaßt wurde, nunmehr selektiver betrachtet werden. Das störrische »Nein« kann bedeuten, daß das Wachstum fortschreitet. Das erfordert die paradoxe Technik, den »Widerstand« als Teil des therapeutischen Prozesses in den Fällen zu unterstützen, wo er nicht Abwehr, sondern einen Entwicklungsfortschritt widerspiegelt.

Konflikte beeinflussen die Fähigkeit, ein geregeltes, kohärentes Arrangement zu treffen, indem sie unmittelbar auf diesen Prozeß einwirken. Das übergeordnete Ich scheitert entweder oder es ist erfolgreich, oder aber es gelangt zu einem Arrangement zwischen diesen beiden Extremen. Der Konflikt führt dann zur Beeinträchtigung der Funktionsfähigkeit der ganzen Person und muß in diesem Kontext gesehen werden. Wir wissen von Spitz, daß die Organisation bereits vor dem Eintreten der Lächelreaktion stattgefunden hat. Dies erlaubt uns die sichere Annahme, daß der Organisierungsprozeß mit dem Beginn des Lebens in Gang kommt.

Was den Entwicklungsprozeß angeht, so erfolgen Differenzierung und Integration gleichzeitig. Das heißt, daß im Differenzierungsprozeß der Keim der nächsten Integrationsstufe bereits enthalten ist. Das bietet dem Therapeuten die Möglichkeit, alle mit der Organisation verknüpften Elemente gleichzeitig zu betrachten, einschließlich der elementaren Programmierung, der Trieborganisation, der sich entwickelnden Autonomie und Identitätsbildung, der äußeren Einflüsse und der angeborenen Ausstattung sowie der gegenwärtigen Stufe des Organisierungsprozesses und seines Funktionierens beim Widerstand und bei Übertragungsmanifestationen.

Therapeuten versuchen zum Beispiel oft, den Patienten die Realität zu deuten oder sie gar darzustellen – das heißt, sie versuchen an das rationale Ich zu appellieren. Die Funktion des Therapeuten besteht aber eher darin, zu versuchen, auf eine Weise eine Brücke zur Realität zu schlagen, die auf die Fähigkeit des Patienten, diese Brücke zu überschreiten, abgestimmt ist. Oft genug ist der Patient dazu nicht in der Lage, so daß die Fehlbildung in der Organisation angegangen werden muß oder, um es anders auszudrücken, das Unvermögen des übergeordneten Ichs, zu verstehen, muß in den Mittelpunkt des Interesses gerückt werden.

Der zuvor erwähnte Aspirant für die Fußballmannschaft wollte viele Jahre später ein sehr teures ausländisches Auto kaufen. In einer Behandlungsstunde fand er seinen Wunsch selbst unsinnig; das Auto war viel zu teuer, verlangte zuviel Pflege, er brauchte sich so etwas nicht aufzuladen. Doch schon in der nächsten Stunde, als der Therapeut nur an die eigenen Worte des Patienten vom Vortag erinnerte, regte er sich auf, weil der Therapeut nicht wolle, daß er so einen schönen Wagen besäße. Der Fehler beim »Folgen« des Patienten ließe sich damit entschuldigen, daß dieser Patient den Therapeuten seit langem als unaufdringliches Objekt kannte – aber es bleibt ein Fehler. Statt die Äußerung des Patienten vom Vortag zu wiederholen, hätte ein auf dessen unsichere Fähigkeit, Kohärenz zu erwerben und zu bewahren, eingestimmter Therapeut sagen können: »Es ist schwer, diesbezüglich zu einem Entschluß zu kommen, nicht wahr?« Als das später gesagt wurde, antwortete der Patient: »Nein, es ist ganz leicht, zu einem Entschluß zu kommen. Ich komme zu zehn verschiedenen Entschlüssen, und dazu brauche ich nur zehn Minuten.« Hier beginnt der Patient eine rationale Konfrontation von innen heraus und weckt damit die Hoffnung auf eine Änderung in Richtung auf Rationalität, ohne daß sich der Therapeut in Prozesse einmischt, die erfolgreicher im Ich ablaufen.

Es gibt Situationen, in denen der Therapeut die Realität repräsentieren muß, aber diese sind selten. Ein Beispiel ist das

Versäumnis, das Honorar zu zahlen, ein Angriff auf die Person oder die Besitztümer des Therapeuten ein anderes, und natürlich müssen Selbstmordabsichten, wenn möglich, unterbunden werden. In all diesen Fällen verliert der Therapeut jedoch einen integralen Aspekt seiner professionellen Haltung – nämlich den, daß er versucht, auf die Position des Patienten in der spezifischen Situation eingestimmt zu bleiben. Mit der Schwierigkeit des Patienten, das Honorar zu entrichten, setzt man sich beispielsweise am besten dadurch auseinander, daß man versteht, weshalb es schwierig für ihn ist, und ihm zu Hilfe kommt. Das ist paradox, denn es kann nicht geschehen, ohne daß man auf der Bezahlung besteht. Würde man die Zahlung stunden, würde man den Patienten gerade in dem Augenblick infantilisieren, in dem man sein Wachstum zu fördern versucht.

Eine Patientin beschrieb einen Streit mit ihrem Mann; sie fragte sich danach, ob sie sich durch ihr Interesse an dem Therapeuten nicht von ihrem Mann distanziert habe. Der Therapeut benutzte die Gelegenheit, um einiges Traummaterial heranzuziehen. Er brachte es mit der Geschichte der Patientin in Verbindung und bestätigte damit, daß ihre Beobachtung wahrscheinlich richtig war. Die Patientin verzerrte dies in dem Sinne, daß dem Therapeuten ihr Interesse an seiner Person unerwünscht sei. Sie beschuldigte ihn wütend, zu theoretisieren und intellektualisieren, statt Gefühle eines Menschen von Fleisch und Blut zu haben.

Obgleich sich die Intervention später als richtig erwies, war es ein Fehler, Material einzuführen, das die Patientin in diesem Augenblick »vergessen« hatte. Es muß auch festgehalten werden, daß Patienten uns oft Wahrheiten über uns selbst erzählen. Mitunter ziehen wir uns wirklich auf eine verstandesmäßige Haltung zurück, wenn das affektive Klima zu heiß wird.

Aber vielleicht ist es ein zu hartes Urteil, wenn man hier von einem Fehler spricht. Durch solche Versuche lernen wir, wie die spezifischen Probleme eines Patienten am besten anzugehen sind. Sondierungen dieser Art rufen Reaktionen hervor, die gewöhnlich gut verkraftet werden können, wenn das wohltätige

Klima und das therapeutische Bündnis sorgfältig gehütet wurden. Die flexible Einstimmung auf die Reaktionen des Patienten ist von entscheidender Bedeutung, denn eben dadurch lernt man, *mit* seinen Widerständen und nicht gegen sie zu arbeiten. Doch was meinen wir mit flexibler Einstimmung? Und brauchen wir wirklich einen weiteren Terminus außer den gebräuchlichen – *Intuition* und *Empathie?* Wir glauben es. Die Grundlage unserer Modifizierung der klassischen Technik für den ungenügend strukturierten Patienten bildet das Wissen um die Entwicklungsprozesse, ihre Phasen und Subphasen. Wir benutzen dieses Wissen als ein Fundament, das erheblich zuverlässiger ist als irgendein mysteriöses Einfühlungsvermögen. Intuition bringt das unannehmbare Risiko eines Gegenübertragungsverhaltens mit sich, das schädlich sein könnte. »Ich hab's versucht, und es hat funktioniert« – das ist zu primitiv angesichts unseres gegenwärtigen Wissensstandes.

Empathie bezeichnet die Fähigkeit, sich in einen anderen »einzufühlen« und ist der Intuition nahe verwandt. Sie schließt Identifizierungen ein, die ebenfalls zu einem schädlichen Gegenübertragungsverhalten führen können. Einige Theoretiker, insbesondere Loewald, haben sogar behauptet, daß der Therapeut fähig sein müsse, Ich-Grenzen aufzuheben. Uns scheint, daß dies nur bei der Behandlung von Psychosen wünschenswert wäre, wo es einer symbiotischen Erfahrung bedarf, die den Patienten hoffentlich zu sich selbst führt. Es erübrigt sich zu sagen, daß der Therapeut, wenn er verschmelzen soll, sicher sein muß, daß diese Regression im Dienste des Ichs erfolgt und willentlich rückgängig gemacht werden kann. Bei einer Borderline-Pathologie, die ambulant behandelt wird, ist die Therapie darauf gerichtet, den Patienten in die reale Welt zu führen. Das bedeutet, daß wir seine regressiven Neigungen tolerieren und ihnen »folgen«, selbst aber nicht regredieren.

Intuitive und empathische Eingriffe und die Aufhebung von Ich-Grenzen bringen die Gefahr mit sich, daß die unbewußten Bedürfnisse des Therapeuten befriedigt werden. Wir sind auch skeptisch, ob diese Methoden dem Patienten dienen. Freuds technisches Konzept der »gleichschwebenden Aufmerksamkeit« bietet die umfassendste Voraussetzung für die Aufgeschlossenheit gegenüber den Signalen des Patienten. Es liefert auch den sichersten und zuverlässigsten Maßstab für die Gefühle und Reaktionen des Therapeuten. Jedoch besteht kaum ein Zweifel, daß die Aufgeschlossenheit gegenüber den Kommunikationen des Patienten Priorität genießt; die inneren Erwägungen des Therapeuten müssen genutzt werden, um das Material des Patienten zu verstehen oder, wenn das mißlingt, festzustellen, was dieses Verständnis verhindert. Dies kann auf die Komplexität des Materials zurückzuführen sein oder auf blinde Flecken beim Therapeuten, die nach Selbstanalyse verlangen. Zwar mag das häufig notwendig sein, aber das Hauptgewicht liegt mit Recht auf den Kommunikationen des Patienten. Insbesondere benötigen wir seine Bestätigung der Resultate unserer eigenen Introspektion, um sicherzugehen, daß sich unsere Schlußfolgerungen auf den Patienten und nicht auf unser eigenes Unbewußtes beziehen.

Erweiterungen der Theorie haben unsere technische Aufgabe nicht vereinfacht. Die Theorie ist zwar heute weit komplexer als zu Freuds Zeiten, doch sie ist auch wirkungsvoller bei der Behandlung ungenügend strukturierter Patienten, die die klassische Methode nicht nutzen können. Da die Techniken noch nicht so verfeinert sind, wie sie nach unserer Auffassung einmal sein werden, gibt es noch viel Versuch und Irrtum. Doch der glückliche Therapeut kann hinsichtlich seiner beruflichen Entwicklung freudig der Zeit entgegensehen, in der diese Schwierigkeiten nicht als Fehlschläge, sondern als interessante, lohnende Herausforderungen empfunden werden, die uns ermöglichen, unsere Fertigkeiten zu vergrößern, unser Wissen zu erweitern und auch zu einer umfassenderen Theorie der Technik beizutragen.

16 Die Beendigung der Behandlung

Freud (1937) glaubte, daß es ein natürliches Ende einer Analyse gebe. Es ist erreicht, wenn der Patient nicht mehr leidet, wenn verdrängtes Material bewußt gemacht worden ist, wenn vieles, was unverständlich war, erklärt wurde, wenn die Widerstände besiegt wurden. Wenn das gelungen ist, besteht die Gewißheit, daß sich der pathologische Prozeß nicht wiederholen wird.

Dennoch war Freud nicht optimistisch hinsichtlich der Erzielung derartig optimaler Resultate in allen Fällen. Die Furcht vor der Stärke der Triebe verließ ihn nicht. Erst am Ende seines Lebens keimte in ihm die Vorstellung, die wir hier dargestellt haben – daß beide Triebe Entwicklungszielen dienen könnten. In seinem *Abriß der Psychoanalyse* (1940) beschreibt er die Funktionen der Triebe. Er glaubte nun, daß der libidinöse Trieb zu verbinden sucht, während der Aggressionstrieb Verbindungen lösen will. Weil er bis zu seinem Ende an den Todestrieb glaubte, konnte der Aggressionstrieb nur zerstören, wenn er Verbindungen löste.

Freuds Schriften fallen in drei Kategorien: jene, die grundlegend sind und nicht geändert werden können, ohne der psychoanalytischen Theorie insgesamt Schaden zuzufügen, jene, die er selbst revidiert und modifiziert hat, und jene, die eher dem philosophischen als dem theoretischen Bereich angehören. Der Begriff eines Todestriebs ist ein philosophischer Begriff. Vielen Analytikern macht es nichts aus, Freuds philosophische Schriften zu ignorieren, während sie an seinen theoretischen Konzepten festhalten.

Bei unserer Erörterung des Dahinschwindens des Ödipuskomplexes haben wir gezeigt, daß es hieße, Wachstum zerstöre, würde man die Lockerung von Verbindungen als destruktiv betrachten. Diese Position ist der, zu der wir uns bekennen, entgegengesetzt – daß Wachstum von wesentlicher Bedeutung ist, wenn das Leben weitergehen und sich erneuern soll. Destruktiv ist es in Wahrheit, wenn Verbindungen *nicht* gelockert werden. Wenn die Geburt nicht termingerecht stattfindet, gehen Mutter und Kind zugrunde. Das gilt für die Psychologie ebenso wie für die Biologie. Wenn sich das Kind nicht von der Mutter löst und zu einem eigenständigen Individuum wird, bleibt es psychologisch Teil eines anderen und vermag sein Schicksal nicht zu gestalten.

Unsere Position besagt demnach, daß es destruktiv ist, wenn die Loslösung nicht zur angemessenen Zeit erfolgt. Dies gilt auch für viele Stadien der Behandlung und vielleicht besonders für ihre Beendigung. In psychoanalytischen Publikationen grassiert das Wort *Sackgasse*. Ist das so, weil das psychoanalytische Denken von einer Philosophie der Zerstörung durchdrungen ist? Freuds Einfluß ist so mächtig – und das ist ganz natürlich –, daß selbst jene Analytiker, die den Todestrieb verneinen, dennoch dazu neigen, die Loslösung als destruktiv zu betrachten.

Wir haben den retardierenden Einfluß des Festhaltens am Todestrieb auf Theorien der ödipalen Lösung gezeigt. Seine Wirkung erstreckt sich nicht nur auf den Ödipuskomplex, sondern auf alle Aspekte des Behandlungsprozesses und vielleicht am ausgeprägtesten auf die Beendigung. Im wesentlichen stellt er eine subtile und häufig nicht zu erkennende Opposition gegen die Autonomie dar. Ein herausragendes Beispiel für den schädlichen Einfluß dieses wachstumsverzögernden Gesichtspunkts ist die Tendenz, den Widerstand in abschätziger Weise eher als feindselig und destruktiv denn als der Abwehr dienend darzustellen. Hartmann (persönliche Mitteilung) betrachtete jede Abwehr als anfänglich adaptiv – das heißt, als die beste Lösung im Augenblick; erst im späteren Leben pflegt sie zu Fehlanpassungen zu führen.

Die Vorstellung einer Beendigungs»phase« verlangt nach Modifizierung, denn sie impliziert, daß die Beendigung kein Thema sei, bevor diese sogenannte Phase eintritt. Wir halten die Beendigung für das natürliche Endergebnis, wenn Autonomie während des ganzen Behandlungsverlaufs gefördert wurde.

In diesem Sinne wird auch die Beendigung ständig gefördert. Das Ende der Behandlung kommt, sobald das eigenständige Funktionieren sein optimales Niveau erreicht hat. Wir werden darüber mehr sagen, wenn wir uns mit der Literatur über die Beendigung beschäftigen.

Freuds Furcht vor der Stärke der Triebe ließ ihn glauben, daß sie das Ich in gewissen Fällen, etwa bei der Psychose, zu überwältigen vermögen. Erst mit dem Heraufkommen der modernen Ich-Psychologie und ihrer Betonung der Entwicklung ist es möglich geworden zu erkennen, daß Verbindung, Loslösung und erneute Verbindung lebenswichtig sind. Die Furcht vor der Stärke der Triebe schwindet dahin, wenn wir verstehen, daß das übergeordnete Ich den ganzen psychischen Apparat instrumentiert, damit sich die Triebe dem allumfassenden Zweck der Erreichung und Bewahrung des Gleichgewichts fügen. Das Orchester braucht sich nicht von der Kesselpauke beherrschen zu lassen. Unser Konzept eines übergeordneten Ichs – einer zentralen Steuerungsorganisation – verleiht dem Organisationsbegriff, den wir 1979 ausarbeiteten, größeres Gewicht. Der Dirigent leitet die einzelnen Instrumentalisten so, daß sie sich zu seiner Vorstellung vom Ganzen vereinigen.

Freud machte sich zwar als erster Gedanken über die Beendigung der Behandlung, die von vielen anderen aufgegriffen und weitergeführt wurden, doch er hegte auch die realistische Vorstellung, daß die Analyse in gewissem Sinne unendlich ist. Er glaubte, daß man nur dem Druck des Es entgegentreten könne, der im Verlauf der Analyse entsteht. Auch hier sieht die moderne Ich-Psychologie die Dinge optimistischer. Wenn die Struktur gestärkt und das übergeordnete Ich befähigt wird, effektiver zu funktionieren, braucht man weit weniger zu befürchten, daß der Triebdruck sich erneut bemerkbar macht, sollten ihn die Lebensumstände an die Oberfläche zu schwemmen drohen. Daß immer ein Potential für ein vorübergehendes Ungleichgewicht vorhanden ist, wenn die Forderungen des Es zu stark werden, muß natürlich zugegeben werden. Doch wenn sich der Organismus dann darauf verlassen kann, daß das übergeordnete Ich die Dinge ins rechte Gleis bringt, ist das Problem weniger bedrängend. Wo sie benötigt werden, gibt es therapeutische Maßnahmen, die dem übergeordneten Ich zu Hilfe kommen können. Dies unterscheidet sich radikal von der Vorstellung, daß dort, wo das Es zu mächtig wird, nicht nur das Ich, sondern auch der Analytiker hilflos sei.

Die meisten Analytiker stimmen mit Freud darin überein, daß die Analyse unendlich ist. Dennoch glaubte man sehr lange, die Neurose könne ein für allemal geheilt werden. Man begründete dies damit, daß der pathologische Kompromiß in der Kindheit seine endgültige Form erreicht, da die Neurose ihren Ursprung darin habe, daß es nicht gelungen sei, den ödipalen Konflikt zu lösen. Daher die Bezeichnung »infantile Neurose«. Die Bildung der psychischen Struktur ist, so glaubte man, vor der Latenzphase vollendet.

Als Melanie Klein und Anna Freud – ungeachtet ihrer ungeheuren Differenzen in Theorie und Praxis – die Kinderanalyse einführten, wurden Analytiker zu der Ansicht verführt, daß dadurch die Neurose an ihrem Ausgangspunkt geheilt werden könne. Tatsächlich versuchte Freud, dem Vater des Kleinen Hans dazu zu verhelfen, bevor die Kinderanalyse zu einem Fachgebiet wurde. Daraus folgte logischerweise der Schluß, daß Menschen, die in der Kindheit analysiert wurden, als Erwachsene keine Neurose bekommen würden.

Erst auf dem Amsterdamer Kongreß der Internationalen Psychoanalytischen Vereinigung im Jahre 1965 wurde dieser Glaube erschüttert. Die an diesem Kongreß teilnehmenden Analytiker waren mit Berta Bornsteins Analyse von Frankie (1945) vertraut, denn sie hatte sie sehr eingehend in *The Psychoanalytic Study of the Child* beschrieben. Sie hatte Frankie in seiner Kindheit wegen einer »infantilen Neurose« behandelt und war überzeugt, daß sie keinen Stein auf dem anderen gelassen hatte, als sie sich mit seinen Konflikten auseinandersetzte. Für die Kongreßteilnehmer war es eine Überraschung, zu erfahren, daß Frankie in den dazwischen liegenden Jahren als junger Erwachsener Probleme gehabt hatte und Berta Bornstein ihn an einen anderen Analytiker hatte überweisen müssen. Als Kind litt Frankie unter Phobien. Bornstein ging von der klassischen Annahme aus, daß es sich um eine Angsthysterie handelte, die auf dem ödipalen Konflikt beruhte. Samuel Ritvo, der Frankie als Erwachsenen behandelte, berichtete dem Kongreß im einzelnen über dessen neuerliche Analyse. Nach Ritvos Ansicht litt Frankie als junger Erwachsener unter einer Zwangsneurose, doch einige Diskutanten bezweifelten, daß es sich tatsächlich um eine strukturierte Neurose gehandelt hatte. Gewiß, Bornstein hatte ihr Ziel erreicht, Zwangsmechanismen an die Stelle von Frankies Phobien zu setzen. Zur Diskussion steht jedoch die wichtige diagnostische Frage, ob Zwangssymptome sowohl bei der ungenügend strukturierten als auch bei der strukturierten Persönlichkeit vorhanden sein können. (siehe 9. Kapitel).

Auf diesem Kongreß wurden einem mehrere bedeutungsvolle Erkenntnisse zuteil – vor allem die, daß eine Kinderanalyse, wie gründlich sie auch durchgeführt werden mag, einen Menschen nicht über seine altersentsprechende Entwicklungsstufe hinaustragen kann. Tatsächlich ist es gut, eben solche Erkenntnisse zu vermitteln. Bornstein war es gelungen, Frankie von seinen Kindheitsphobien zu befreien, doch sie hatte nicht im voraus behandeln können, was sich im normalen Entwicklungsgang – Adoleszenz und Erwachsenenleben – einstellen sollte. Viele Analytiker fragten sich in der Tat, ob sie in ihrem therapeutischen Eifer nicht zu weit gegangen war, als sie einer künftigen Neurose zuvorzukommen suchte. Zu ihrer Verteidigung muß gesagt werden, daß sie entsprechend der anerkannten Theorie ihrer Zeit handelte. Doch im nachhinein scheint es, daß Frankie besser bedient gewesen wäre, wenn sie seine Behandlung beendet hätte, nachdem sie ihn auf seine altersentsprechende Entwicklungsstufe gehoben hatte. Tatsächlich ging sie in der Hoffnung, einen späteren Konflikt zu verhindern, weit darüber hinaus.

Doch dieser Kongreß förderte sogar noch mehr zutage als die wichtige Entdeckung, daß eine Kindheitsneurose nicht ein für allemal geheilt werden kann. Dank Bornsteins detailliertem Bericht wurde ihre Diagnose Frankies – Angsthysterie – im Lichte neuer Theorien betrachtet, die im Entstehen begriffen waren. Greenson, der sich zu Wort meldete, glaubte, daß es gewisse ungelöste Probleme in Frankies schwieriger Beziehung zu seiner Mutter während der präödipalen Phase gegeben habe, die vermuten ließen, daß er nicht an einem neurotischen, sondern an einem Borderline-Zustand gelitten hatte. (Daß das Leiden heute als prästrukturell betrachtet werden würde, wird durch Bornsteins Bericht über die »König Boo Boo«-Episode bestätigt.) Auch Winnicott äußerte sich zum Problem früher Objektbeziehungen, wie er sie anhand der Lebensgeschichte sah. Er kommentierte insbesondere die Tatsache, daß Frankie stundenlang in seinem hohen Stühlchen angeschnallt wurde, woraus er schloß, daß Frankies erstes Objekt ein Stuhl war. Zwar könnte man diesbezüglich anderer Meinung sein, doch allein die Einführung des Begriffs früher Objektbeziehungen war zu jener Zeit eine Neuerung.

Blos (1962) zeigte, daß der ödipale Konflikt (und der Loslösungs- und Individuationsprozeß) in der Adoleszenz eine Neuauflage erlebt. Wir haben bereits auf unseren eigenen Beitrag zur Entwicklungstheorie – daß jugendliches Erwachsenenalter und Ehe als Entwicklungsphasen zu betrachten sind – hingewiesen sowie auf Benedeks Auffassung, daß Elternschaft eine Entwicklungsphase darstelle. Ein historischer Rückblick auf Entwicklungstheorien ist nicht vollständig, wenn man nicht auch erwähnt, daß Erikson (1959) die These aufgestellt hat, es gebe Entwicklungsstadien während des ganzen Lebenszyklus. Obschon sein Gesichtspunkt soziologischer ist, als es manchen Theoretikern, vor allem Jacobson, gefällt, ist es dennoch ein Entwicklungsgesichtspunkt.

Das Thema Beendigung ist bisher in unserer Diskussion durch die miteinander verknüpften Überlegungen gekennzeichnet, daß die Analyse nur das Material behandeln kann, das jeweils zutage tritt, wie Freud meinte, und daß sie einen Menschen nur auf die seinem Alter entsprechende Entwicklungsstufe heben kann, wie wir aus der zweiten Analyse Frankies lernten. Eine weitere Bearbeitung des Problems der Beendigung unter entwicklungstheoretischen Aspekten führt uns in den Bereich der Objektbeziehungen. Die Beendigung ist letztlich mit einer Loslösung verbunden, was die Ich-Psychologen – vornehmlich Mahler – so hervorragend belegt haben. Es ist daher an der Zeit zu erklären, daß der Loslösungs- und Individuationsprozeß bei der Betrachtung der Beendigung der Behandlung nicht außer acht gelassen werden darf. Gleichwohl zeigt unsere Überprüfung der Literatur, daß er außer acht gelassen wurde, und zwar nicht nur von den frühen Autoren, denen diese Theorie nicht zur Verfügung stand, sondern auch von einigen Zeitgenossen, die ihn offenbar einfach ignoriert haben.

Die früheren Autoren haben anscheinend im großen und ganzen auch Freuds Vorbehalte hinsichtlich der Beendigung sowie seine Schlußfolgerung übersehen, daß die Analyse, nimmt man alles in allem, unendlich ist. Übersehen wird auch sein Vorschlag, daß sich Analytiker alle fünf Jahre einer erneuten Analyse unterziehen sollten. Weshalb Analytiker und nicht gewöhnliche Sterbliche? Vermutlich, weil das Es des Analytikers bei seiner täglichen Arbeit so bombardiert wird, daß er einer »Auffrischungs«analyse bedarf. Über diesen Vorschlag läßt sich streiten, aber Tatsache ist, daß er mit Nichtachtung bestraft wird. Analytiker unterziehen sich zwar tatsächlich – wahrscheinlich häufiger als andere – einer erneuten Analyse, jedoch nicht, weil sie Freuds Vorschlag beherzigen, sondern eher aus persönlichen Gründen.

Die Institutionalisierung der Psychoanalyse erfordert in vielen Fällen eine erneute Analyse des Analytikers. Weil die Analyse eine wichtige Voraussetzung für die Zulassung zur Ausbildung in einem psychoanalytischen Institut ist, wird der Kandidat analysiert, während der Ausbildungsausschuß im Geiste hinter dem Stuhl des Analytikers steht, was Analytiker und Analysanden gleichermaßen beeinflußt. Das Ziel, angemessen analysiert zu werden, stößt an irgendeinem Punkt unvermeidlich mit dem Ziel zusammen, zu »bestehen«, den Anforderungen des Ausbildungsinstituts gerecht zu werden. Schließlich wachsen wir in einem Bildungssystem heran, das die Erfüllung von Anforderungen als Übergangsritus benutzt. Die Notwendigkeit, *gut abzuschneiden*, überlagert die analytische Forderung, *alles zu erzählen*. Als Folge davon machen viele Kandidaten, die den Anforderungen des Instituts entsprochen haben, eine weitere Analyse. Man weiß, daß Graduierte sagen: »Die eine war für das Institut, die andere ist für mich.« Manchmal bezeichnen sie die zweite Analyse als »Reserveübung«. Kairys (1964) glaubt ebenso wie Ekstein (1965), daß Ausbildungsanalysen zwangsläufig unvollständig seien. Calef und Weinshel (1983) gehen weit darüber hinaus. Sie behaupten, daß die Beendigung stets, nicht nur wenn es sich um Kandidaten handelt, als unvollständig erlebt werde, weil ödipale Wünsche unerfüllt bleiben.

Wir meinen keineswegs, daß Ausbildungskandidaten nicht analysiert werden sollten. Wie dies angesichts der Handikaps einer institutionalisierten Ausbildung so erfolgreich wie möglich geschehen kann, vermögen wir an dieser Stelle nicht näher auszuführen.

Das Problem der erneuten Analyse ist mit einer weiteren Implikation verbunden. Die Zulänglichkeit der ersten Analyse wird in Frage gestellt, und dies führt zu einer weiteren Frage. Kann eine Analyse gültig sein, wenn doch künftige Fortschritte in der Theoriebildung zum Zeitpunkt der Analyse nicht berücksichtigt werden können? Die Logik dieser Frage reduziert sich auf die Absurdität, daß sämtliche Analysen in der Schwebe gehalten werden müssen, bis das letzte Wort gesprochen ist.

Ein Teilnehmer an einer unserer Arbeitsgruppen (1984) stellte diese Frage, nachdem wir Teile der hier vorgetragenen Theorie erläutert hatten. Er fragte, ob wir implizieren wollten, daß alle zuvor durchgeführten Analysen hinfällig seien. Unsere Antwort lautet: »Natürlich nicht.« Da wir uns in dieser Arbeitsgruppe mit der Ich-Psychologie und ihrer weiteren Entwicklung beschäftigten, erwiderten wir, daß alle begabten Analytiker Ich-Psychologen sind, selbst wenn sie diesen Begriff nicht benutzen. Wir führten das Beispiel von Ella Freeman Sharpe (1950) an, die die Entwicklung der Ich-Psychologie nicht sehr lange miterlebte, aber intuitiv eine Ich-Psychologin war. Alle Analytiker, die um die Förderung der Autonomie ebenso bemüht sind wie um Konfliktdeutungen, bedienen sich der Ich-Psychologie, sei es intuitiv oder konzeptionell.

Da wir hinsichtlich des Themas der Autonomie so oft mißverstanden wurden, halten wir es für notwendig zu wiederholen, daß Hartmann die Ich-Autonomie als relative Unabhängigkeit des Ichs von den Trieben definiert hat. Das hat wenig oder nichts mit den Unabhängigkeitserklärungen des Patienten gegenüber dem Analytiker zu tun. Während der Patient, gewöhnlich von negativer Übertragung umfangen, seine Bereitschaft zur Beendigung der Behandlung erklären mag, muß der Analytiker wissen, ob dies eine Bekundung echter Ich-Autonomie oder ein Ausdruck von infantilem Negativismus und Feindseligkeit ist. Wir verweisen noch einmal auf Kris' Arbeit über die »gute Stunde«, in der er diese wichtige Unterscheidung trifft.

Firestein (1978) hat die frühe Literatur zur Beendigung sachkundig überprüft, so daß wir nur einiges davon anführen, um Kommentare aus der Sicht der Entwicklungstheorie hinzuzufügen. Hier darf Freuds Kriterium, daß seelische Gesundheit die Fähigkeit zu lieben und zu arbeiten sei, nicht übergangen werden. Wir finden dies besonders zwingend, weil man so viele Patienten sieht, die die Fähigkeit zu arbeiten besitzen, aber unfähig sind, angemessene Objektbeziehungen herzustellen. Wir haben sie unter dem Aspekt des übergeordneten Ichs beschrieben. Sie können arbeiten, weil sie angeborene Talente besitzen, doch sie können nicht lieben, weil ihre Objektbeziehungen unentwickelt bleiben.

Hoffer (1950) betont das Bewußtmachen des Unbewußten, weil man zu jener Zeit noch glaubte, daß verdrängte Erinnerungen Neurosen auslösten. Diese Auffassung einer kausalen Toxizität enthält noch einen Rest jener toxischen Angsttheorie, obgleich Freud diese vor langer Zeit (1926a) revidiert hatte. Vielleicht hat sich wegen des medizinischen Modells eines Infektionsherdes der Glaube, irgendein schädlicher Einfluß sei für die Neurose verantwortlich, gehalten, obwohl an die Stelle der Angsttheorie die Konflikttheorie getreten war. In unserer Diskussion der Suche nach der Wahrheit haben wir beschrieben, daß das Bewußtmachen des Unbewußten für sehr lange Zeit das Ziel der Psychoanalyse blieb. Erst als Kris (1956a) zeigte, daß die Formung der Erfahrung ein wirkungsvolleres Mittel ist als die Aufdeckung einzelner Erinnerungen, verlor die Suche nach *der* toxischen Erinnerung an Gewicht.

In Übereinstimmung mit der Theorie seiner Zeit betont Balint (1950) den Primat der Genitalität als ein Ziel der Analyse. Das impliziert, daß die Beendigung angezeigt sei, sobald dieses Ziel erreicht ist. Er nähert sich einer Objektbeziehungssicht, ohne sie begrifflich fassen zu können, indem er etwa – als ein Kriterium für die Beendigung – auf die Fähigkeit verweist, mit dem Partner eine genitale Beziehung aufrechtzuerhalten, auch wenn sie zeitweilig unbefriedigend ist. Dabei geht es nicht um die Sexualität, sondern um ein Niveau der Objektbeziehungen, welches Rücksicht auf das Objekt einschließt. Hartmann hielt seine erste Vorlesung vor der Wiener Psychoanalytischen Gesellschaft im Jahre 1937 und entwickelte den Begriff der Objektkonstanz als Fähigkeit, eine bleibende psychische Repräsentanz des Objekts, unabhängig vom Bedürfnisstand, zu bewahren. Die Aufrechterhaltung einer genitalen Beziehung, obwohl sie zeitweilig unbefriedigend ist, beruht auf demselben Gedanken. Es ist wahrscheinlich, daß Balint bei dieser Vorlesung anwesend oder von ihr beeinflußt war, weil er sie lange vor der englischen Übersetzung im Jahre 1958 in der ursprünglichen deutschen Fassung gelesen hatte.

Rickmann (1950) unterstreicht wie jeder Analytiker seiner Zeit die Orgasmusfähigkeit. Erst nach dem *Panel on Genital Primacy* (Ross, 1970) begannen Analytiker die klinische Tatsache zu beachten, daß ungenügend strukturierte Patienten orgasmusfähig sein können, während manche strukturierten Patienten, insbesondere Frauen, es nicht sind. Aus Kommentaren

Gertrude Blancks wurde nun der Schluß gezogen, daß die sehr gestörte, sogar psychotische Frau unmittelbar orgasmusfähig sein kann, weil sie nicht über die weit höhere Objektbeziehungsebene ihrer neurotischen Schwester verfügt; die neurotische Frau wird durch komplexe ödipale Objektbeziehungen »behindert«, die der Geschlechtslust im Wege stehen. Kestenberg (1956) hatte darauf bereits hingewiesen. Nach dieser Beweisführung verliert die Orgasmusfähigkeit als Kriterium für die Beendigung an Bedeutung. Als ein weiteres Kriterium für die Beendigung führt Rickman auch Objektbeziehungsaspekte ein, indem er auf die Fähigkeit zu trauern verweist.

Nunberg (1954) war einer der ersten, den die Symptommilderung als Kriterium nicht befriedigte. Er hielt Ausschau nach strukturellen Kriterien, etwa ob Konflikte durchgearbeitet worden waren. Es fehlte – weil zu jener Zeit unbekannt –, daß sich solche Überlegungen bei mangelhafter Struktur auch auf die Technik der Förderung der Strukturierung erstrecken.

Glover (1955) befaßte sich eingehend mit den Psychoanalytikern jener Zeit im Hinblick auf ihre Beendigungskriterien. Anhand dieser Daten unterteilte er den Beendigungsprozeß in zwei Phasen. Das wichtigste Merkmal der ersten Phase ist die »Übertragungsentwöhnung«. Dies gemahnt an die Atmosphäre der Loslösung, wenngleich Glover es nicht in solche Termini hätte kleiden können. Es steht in losem Zusammenhang mit Rickmans Gedanken über die Fähigkeit zu trauern.

Glover hebt auch hervor, daß sich Symptome in der Beendigungsphase zu verschlimmern pflegen. Dieses Phänomen ist von vielen Analytikern immer wieder beobachtet worden. Der Patient greift seine Symptome wieder auf, als wollte er zeigen, daß die Kur noch nicht beendet sei. Wir bezweifeln, daß die Wiederkehr der Symptome ein unerläßliches Merkmal der Endphase ist. Wir vermuten, daß sie erfolgt, wenn der Analytiker die Beendigung anstrebt, bevor der Patient bereit ist, die auf der Übertragung beruhende Objektverbindung zu lösen – der Analytiker beharrt auf der Beendigung, ohne die Objektbeziehungsaspekte genügend in Betracht gezogen zu haben. Das

Hauptgewicht liegt in solchen Fällen auf Symptommilderung und Lösung intersystemischer Konflikte, während intrasystemische Konflikte ausgeschlossen werden und dem Patienten nicht gestattet wird, auf Grund seiner wachsenden Ich-Autonomie den Zeitpunkt der Beendigung zu bestimmen. Die Verschlimmerung von Symptomen ist daher als eine Botschaft anzusehen. Der Patient agiert, was er nicht aussprechen kann.

Weiterhin ist zu beachten, daß Analytiker heutzutage weniger Symptomneurosen zu sehen bekommen. Dadurch wird die Bedeutung der Symptomheilung als Kriterium für die Beendigung verringert. Selbst wo Symptome vorhanden sind, die im späteren Leben erneut auftreten könnten, bleibt die Wahrheit, der Nunberg nahekam – daß die Struktur wichtiger ist als die Symptomatologie –, unumstößlich. Eissler (1953) behandelte die Frage ausführlich.

Auch bei der Beschreibung der zweiten Phase der Beendigung stellt Glover die strukturelle Veränderung über die Symptomheilung. Er befaßt sich zudem mit dem bedeutungsvollen Thema der Beendigungsträume, die er als Vorboten der Bereitschaft zur Beendigung ansieht. Cavenar und Nash (1976) sprechen von Traum»signalen« für die Beendigung. Zweifellos können Träume wichtige Signale einer einsetzenden Bereitschaft zur Beendigung sein. In seiner Arbeit über die »gute Stunde« betont Kris, daß der *Stil*, wie der Traum benutzt wird, ein Signal sein kann; häufiger informiert der *Inhalt* über die beginnende Beendigung.

Ein Traum über die Ankunft an einem Bestimmungsort läßt an Beendigung denken. Träume sind gewöhnlich subtiler als: »Ich legte ein Puzzlespiel, das ich allein fertigbekam.« Hier ein Beispiel eines Übertragungstraums, der vermittelt, daß der Analytiker das Thema Beendigung verfehlt: »Wir gingen zusammen einen Weg entlang. Sie nahmen meine Hand. Ich freute mich. Aber es war schwierig, nebeneinander zu gehen, weil der Weg so schmal war.«

Wir waren sehr überrascht, als wir bei unserer Durchsicht der Literatur feststellten, daß die Loslösungs- und Individuationstheorie so wenig genannt wird, und sei es, um sie zu widerlegen. Es überraschte uns ebenso, daß Kris' Gedanken über die »gute Stunde« als Signal, daß die Beendigung nahe ist, übersehen werden.

Als die Loslösungs- und Individuationstheorie noch sehr neu war, begann G. Blanck (1966) zu ahnen, daß die frühen Trennungserlebnisse einen gewissen Einfluß darauf haben sollten, wie die Beendigung durchzuführen ist. Der Gedanke tauchte auf, daß die frühen Trennungen, insbesondere die traumatischen, vom Analytiker in Betracht gezogen werden müssen, wenn er die Beendigung so »zuschneidet«, daß sich die wachstumshemmenden Aspekte der Loslösung nicht wiederholen und dadurch verstärken.

Ratschläge hinsichtlich des »Zuschneidens« umfassen sowohl Vorschläge, was man nicht tun sollte, als auch Richtlinien, was zu tun ist. Man muß auf die Trennungstraumata des Patienten während seiner ersten Lebensjahre genau eingestimmt sein. Wenn die Beendigung näherrückt, wird der Patient, der bei früheren Trennungen verletzt wurde, den Analytiker auf subtile Weise in Versuchung führen und ihn auffordern, das Trauma zu wiederholen. Es ist von größter Bedeutung, vor solchen Versuchungen auf der Hut zu sein, um ihnen beharrlich aus dem Weg zu gehen.

Ein Patient, der sich von seinen Eltern früh verlassen gefühlt hatte, weil durch eine wichtige Operation ein langer Krankenhausaufenthalt nötig geworden war, wurde in der Adoleszenz wirklich verlassen, als sich die Eltern scheiden ließen. Nach mehrjähriger Analyse erzählte er dem Analytiker, daß er bereit sei, die Behandlung zu beenden. Der Analytiker akzeptierte das und beendete die Behandlung kurz darauf. Der Patient erzählte dann dem zweiten Analytiker, er habe während der letzten Stunde gehofft, der erste Analytiker würde seine Bereitschaft aufzuhören in Frage stellen; es sei äußerst schmerzlich für ihn gewesen, als er erkannte, daß der Analytiker ihm in die Falle gegangen war.

Eine Patientin, die beim Tod ihrer Mutter zehn Jahre alt war, wurde in ein Pensionat geschickt, weil ihr Vater glaubte, daß sie auf diese Weise am besten versorgt sein würde. Die Patientin litt natürlich unter schrecklichem Heimweh und der Trauer um ihre Mutter. Als Erwachsene verspottete sie den Analytiker, wenn sie glaubte, sie könnte eine negative Gegenübertragung hervorrufen, indem sie unbarmherzig seine Erscheinung, seine Gewohnheiten, Kleidung, Ausstattung der Praxis und ähnliches kritisierte. Der Analytiker benutzte die Gegenübertragung konstruktiv zu der Deutung, daß sie ihn auffordern wolle, sie vorzeitig zu entlassen.

Das »Zuschneiden« muß oft angesichts jener Hindernisse geschehen, die durch das unbewußte Wiederholungsbedürfnis des Patienten aufgerichtet werden. Die Behandlung des Patienten, dessen Eltern gestorben oder aus anderen Gründen verschwunden sind, sollte wahrscheinlich nicht im Frühjahr beendet werden, wenn der Analytiker im Sommer Urlaub macht. Die Zeit zum Durcharbeiten der Beendigung sollte so gelegt werden, daß der Analytiker am Ort bleibt.

Ein Patient, dessen Vater die Familie verlassen hatte, als dieser acht Jahre alt war, näherte sich dem Abschluß seiner Behandlung etwa im Frühling des vierten Jahres. Er wußte aus den vergangenen Jahren, daß der Analytiker wahrscheinlich im Juli in Urlaub gehen würde, und deshalb drang er auf die Beendigung der Behandlung Ende Mai. Es bedurfte mehrerer Deutungen der Wiederholungssituation, um den Patienten davon abzuhalten, den Analytiker zu verlassen, bevor dieser ihn »verließ«. Er beschuldigte den Analytiker sogar, daß er ihn zu halten versuche, um seine Behandlungsstunden zu füllen, denn er vermutete, daß der Analytiker kurz vor dem Urlaub keinen neuen Fall annehmen könne. Er wollte ihn also sowohl schädigen als auch verlassen. Es war schwer, ihn zu überzeugen, daß es in seinem Interesse läge, wenn die Endphase sich von seiner Lebenserfahrung unterschiede. Das bedeutete nicht nur, daß er bis zum Urlaub des Analytikers in Behandlung blieb, sondern auch noch für eine kurze Zeitspanne nach dessen Rückkehr. Bewußt argumentierte der Patient, daß dies eine unnötige Beanspruchung seiner Finanzen bedeutete. Nach Ansicht des Analytikers handelte es sich um eine lohnende Investition, um Kummer über traumatische Trennungen im späteren Leben zu verhindern.

Für Menschen, die durch die Behandlung zum ersten Mal zu Selbst- und Objektkonstanz gelangen, ist die physische wie die psychische Trennung vom Analytiker eine neue Erfahrung, die durchgearbeitet werden muß. Dies erfordert eine besondere Art des »Zuschneidens«, denn hier hat man es nicht mit einer Wiederholung zu tun. Es ist einer der sehr wenigen Behandlungsaspekte, die realer Erfahrung bedürfen. Die Behandlung des strukturierten Patienten sollte niemals im empirischen Bereich durchgeführt werden.

Nach einer mehrjährigen Analyse gibt es mehr als einen Hinweis auf die Bereitschaft des Patienten, sich mit der Abwesenheit des Analytikers auseinanderzusetzen. Diese Hinweise ergeben sich am häufigsten im Zusammenhang mit dem Urlaub des Analytikers. Wenn der Patient beim ersten Urlaub des Analytikers unter schwerer Trennungsangst gelitten hat, würde man annehmen, daß das Thema im Laufe der Jahre behandelt wurde und die Angst sich dadurch gelegt hätte. Wenn die Trennung weiterhin ein Problem darstellt, bedeutet dies wahrscheinlich, daß Trennungsprobleme durch die Behandlung noch nicht gelöst wurden. Selbstverständlich bestehen wir nicht auf der Beendigung, wenn sie für den Patienten noch zu schmerzlich ist. Das bedeutet aber nicht, daß eine leichte, normale Traurigkeit, die die Beendigung begleitet, ein Grund ist, den Patienten in Behandlung zu behalten.

Bringt aber Besorgnis wegen der Trennungsangst wirklich die Gefahr einer übermäßig verlängerten Behandlung mit sich? Wir glauben es nicht, wenn klar ist, daß der Analytiker den Patienten nicht wegen seiner eigenen Trennungsangst braucht. Wird der Patient gebraucht, ist eine neuerliche Analyse des Analytikers angezeigt. Zumindest sollte er die Gegenübertragung prüfen. Die Schlußfolgerung aus der Literatur, die wir durchgesehen haben, lautet, daß der Analytiker wahrscheinlich eher zu sehr darauf bedacht ist, den Patienten zu entlassen – sei es aus therapeutischem Eifer, weil er einen erfolgreich abgeschlossenen Fall vorweisen möchte, oder weil er fürchtet, die Kollegen könnten glauben, der Fall ziehe sich zu lange hin. Dies sollte die Befürchtung des Laien zerstreuen, daß Analytiker dazu neigten, ihre Patienten zu lange festzuhalten.

Firestein überprüfte die Beendigung von acht Analysefällen im Behandlungszentrum des *New York Psychoanalytic Institute*. In allen Fällen ist die Angst vor der Beendigung für den Analytiker, den Supervisor und den Forscher offenbar. Sie wird jedoch eher als Widerstand analysiert statt im Sinne der Loslösungs- und Individuationstheorie, obgleich Firestein in bedrohliche Nähe der Trennungsangst gerät, wenn er sagt: »Es überrascht nicht, daß die Aussicht auf die Beendigung die Erinnerung an ähnliche Erfahrungen von Enttäuschung und/oder Ablehnung in einem früheren Lebensabschnitt weckt, vor allem mit den Eltern« (1978, S. 204 f.).

Hier wird der wohlbekannte Begriff der Wiederholung in der Übertragung benutzt. Im Gegensatz zur Spezifität der Arbeit Mahlers scheint dies globaler Brauch. Wir müssen uns weiterhin fragen, ob sich der Hinweis auf die Enttäuschung während der Wiederannäherung oder auf die Enttäuschung während irgendeiner anderen Entwicklungsphase bezieht. Übersehen wird auch, daß manche frühen, präverbalen Erfahrungen nicht gedeutet werden können. Doch in jedem Fall kann die Wiederholung erst aufhören, wenn das ganz bestimmte Trauma, das wiederholt wird, identifiziert und durchgearbeitet ist. Nach unserem Eindruck bestand bei einigen der Beendigungen, die Firestein untersucht hat, eine reale Enttäuschung; der Analytiker drängte auf Beendigung, während der Patient noch nicht dazu bereit war.

Der Entwicklungsgesichtspunkt scheint in einer Arbeit von E. Ticho (1972) eine entscheidende Rolle zu spielen. Er definiert sein psychisches Leiden als Unterbrechung oder Verzerrung normaler Entwicklungsprozesse. Die Beendigung, so glaubt er, sei dann angezeigt, wenn die Entwicklung wieder weitergeht. Er tritt dafür ein, daß der erste Anstoß zur Beendigung vom Patienten kommen, die Entscheidung aber gemeinsam getroffen werden sollte. Wir halten ebenfalls eine gemeinsame Entscheidung in allen Fällen für wünschenswert, würden aber hinzufügen, daß dies ganz besonders dort zutrifft, wo Selbst- und Objektbeziehungen in den ersten Lebensjahren im Widerstreit lagen. Ticho verweist in diesem Zusammenhang auch auf den Charakter der Gegenübertragung. Sie ist, wie er sagt, das echte Gegenstück zur Übertragung. Sie kann daher eine allzu abrupte Beendigung einer Analyse herbeiführen, sie aber auch verlängern.

Einige Implikationen des Entwicklungsstandpunkts bedürfen weiterer Erörterung. Indem man feststellt, daß das eigentliche Ziel der Behandlung die Wiederaufnahme der Entwicklung ist (was natürlich die Erlangung von Autonomie einschließt), bietet man eine Richtlinie nicht nur für die Beendigung einer Psychoanalyse der Neurose, sondern auch einer Psychotherapie des ungenügend strukturierten Patienten an. Sieht man das Ziel lediglich in der Lösung des ödipalen Konflikts, engt man es sogar bei der Psychoanalyse des strukturierten Patienten ein. Wenn man indessen den Ödipuskomplex als vierten Organisator der Psyche betrachtet, so entspricht dies einem Entwicklungsgesichtspunkt, der die Behandlung nicht auf diese eine Facette der gesamten Entwicklung beschränkt. Der Ödipuskomplex ist wichtig. Die drei vorangehenden Organisatoren der Psyche sind ebenso wichtig. Sie spielen verschiedene Rollen bei der normalen Entwicklung und für die Ätiologie der Pathologie. Wir haben bereits dargestellt, in welcher Weise die präödipale Organisation Charakter und Qualität des Ödipuskomplexes beeinflußt.

Die Psychoanalyse wurde von der Psychotherapie des ungenügend strukturierten Patienten streng unterschieden, weil der ödipale Konflikt anders beurteilt wurde als die Entwicklungsprobleme eines solchen Patienten. Betrachten wir aber den Ödipuskomplex als vierten Organisator, unterscheidet er sich von früheren Organisationsstufen nur in bezug auf seine Komplexität, jedoch nicht hinsichtlich seines grundlegenden Charakters. Er repräsentiert eine komplexere Ebene der Objektbeziehungen. Als Teil eines Kontinuums der psychischen Entwicklung ähnelt er eher den Organisatoren, die ihm vorausgegangen sind, als daß er sich besonders von ihnen unterschiede.

Es ist meistens unmöglich, den ungenügend strukturierten Patienten zur Lösung des ödipalen Konflikts zu bringen. Zwar bleibt dies das Behandlungsziel bei der Neurose, doch nur manchmal ist es beim ungenügend strukturierten Patienten als realistisch anzusehen. Wahrscheinlich kann sich die überwiegende Zahl der ungenügend strukturierten Patienten mit der Erreichung von Selbst- und Objektkonstanz, mit der gesteigerten Funktionstüchtigkeit des übergeordneten Ichs zufriedengeben. Sie verfügen nicht über die Zeit, den Ehrgeiz, Talent und Beharrlichkeit, Ausdauer und Geduld und die finanziellen Ressourcen, die zur Durchführung der ausgedehnten Behandlung erforderlich sind, welche über das befriedigende Funktionieren hinaus in Bereiche des intersystemischen Konflikts führen. Wir haben 1974 Herrn Baker als einen Fall beschrieben, bei dem eine Analyse von Konfliktelementen durchgeführt wurde. Wir stellten aber fest, daß der Patient bei der Erreichung von Selbst- und Objektkonstanz das Recht hat zu wählen, ob er mit der Analyse fortfahren, sie auf einen späteren Zeitpunkt verschieben oder produktiv und zufrieden mit den erzielten therapeutischen Erfolgen leben will. Der frühere Borderline- oder narzißtische Patient, der zu Selbst- und Objektkonstanz gelangt, erlebt den damit einhergehenden Identitätsgewinn so lustvoll, daß er wahrscheinlich wünschen wird, dies im wirklichen Leben zu erproben. Manchmal kehren solche Patienten später zurück, um sich mit Konflikten auseinanderzusetzen.

Die Position, welche von der Entwicklung ausgeht, ist in der Literatur jedoch noch nicht verbreitet. Zwei Arbeiten, die nach Tichos Übersicht erschienen, beschäftigen sich mit dem Entwicklungsgesichtspunkt.

Shane und Shane (1984) überprüfen das traditionelle Denken hinsichtlich der Beendigung der Behandlung – daß sie eine bestimmte Phase im analytischen Prozeß ist, daß ein gemeinsam vereinbarter Termin gesetzt wird, daß es in der Endphase wahrscheinlich zu einer Wiederkehr von Symptomen kommen wird. Sie stimmen mit der traditionellen Ansicht überein, daß das Ziel der Analyse eine strukturelle Veränderung sei und daß demzufolge eine solche Veränderung stattfinden müsse, wenn die Analyse erfolgreich abgeschlossen werden soll. Sie führen jedoch ein Paradoxon ein: daß die Übertragungsneurose unveränderlich sei. Wir werden nun vor die Frage gestellt, wie die Neurose durch das seit langem anerkannte Kriterium der strukturellen Veränderung geheilt werden kann, während die Übertragungsneurose unverändert bestehen bleibt. Im 8. Kapitel haben wir beschrieben, wie das Übertragungspotential geschaffen wird, und wir sind davon ausgegangen, daß die Übertragung eine Realitätsprüfung einschließt, die auf einem Kompromiß beruht. Wenn Shane und Shane meinen, daß selbst bei erfolgreicher Analyse nur eine Vision der Realität, nicht aber die tatsächliche Realität erreicht wird, können wir ihnen zustimmen. Das bezieht sich jedoch auf die Übertragung. Die Übertragungsneurose schließt die neurotische Struktur ein, die zu ändern der eigentliche Zweck der Analyse ist. Wir würden daher den Schluß ziehen, daß sich die Übertragungsneurose ebenso ändert wie die Neurose, daß aber die Übertragung als solche niemals völlig ausgelöscht wird.

Goldberg und Marcus (1985) stellen dem traditionellen Vorgang eine »natürliche« Beendigung gegenüber. Sie beschreiben einen Fall, bei dem es angebracht erschien, ihn abzuschließen, ohne einen Termin zu setzen und ohne eine regelrechte Abschlußphase zu durchlaufen. Dies, so behaupten sie, sei natürlicher als der formale Beendigungsvorgang. Übersehen wird die theoretisch ergiebige Beschreibung Kris', wonach die Beendigung den Erwerb der Ich-Autonomie einschließt. Diese Beschreibung der Bereitschaft des Patienten zur Beendigung erscheint in Wahrheit »natürlicher«. Wir ergänzen Kris' Beitrag durch die Feststellung des Übergangs der Funktionen vom Analytiker auf den Patienten, so daß dieser allein bestehen kann.

Der Beendigungsprozeß beginnt nach unserer Ansicht mit der ersten Konsultation oder sogar davor: mit dem Telefonanruf, bei dem die erste Konsultation vereinbart wird. In diesem Stadium liegt die Beendigung dem Patienten am fernsten, und auch beim Therapeuten braucht sie nicht im Vordergrund zu stehen. Zunächst muß andere Arbeit geleistet werden – Widerstände müssen verstanden, die Strukturierung muß eingeschätzt, die Ebene der Objektbeziehungen muß in Betracht gezogen werden, und die übrigen Kriterien des Angelpunkts der Entwicklung müssen, wo es möglich ist, herausgefunden werden, um das diagnostische Bild zu vervollständigen. Entscheidungen hinsichtlich der Form der Behandlung und der Zahl der Stunden müssen getroffen werden.

Dennoch beeinflußt die Förderung der Autonomie als Ziel den gesamten Kontakt zwischen einem behandlungsbedürftigen Menschen und dem Menschen, der sich für kompetent erklärt, die Behandlung durchzuführen. Wir werden von der Auffassung geleitet, daß der Patient am Ende eigenständiger sein wird als zu Anfang. Dies kann keine chronologische Frage sein; sie durchdringt alles. In diesem Sinne erklären wir – vielleicht etwas dramatisch –, daß die Beendigung sogar schon zum Zeitpunkt der Vereinbarung der ersten Konsultation irgendwo im Hintergrund steht.

Psychoanalytische Entwicklungspsychologie impliziert nicht, daß die Behandlung darin bestehe, dem Patienten neue Eltern zu geben. Wir wenden uns gegen die simple Vorstellung, daß der Therapeut einen Elternteil repräsentiere, nachdem wir erklärt haben, daß die Pathologie bei weitem zu komplex ist, um auf den Versuch anzusprechen, den Patienten ganz von vorn beginnen zu lassen. In einem gewissen Sinne befindet sich der Therapeut aber doch *in loco parentis*. Was beispielsweise inzestuöse Wünsche betrifft, können Patient und Analytiker ungehindert eine reale Liebesbeziehung anknüpfen, doch dies ist nicht der Zweck ihres Zusammenseins. Unabhängig davon, ob zwischen ihnen ein großer Altersunterschied besteht, repräsentiert der Analytiker im Interesse der Analyse stets eine elterliche und häufig eine ödipale Figur.

Hinsichtlich jener Funktionen der Objektrepräsentanzen, die der Patient noch nicht zu übernehmen vermag, ist der Therapeut in ähnlicher Weise vorübergehend ein Vormund. Doch diese Vormundschaft schließt ein, daß er ständig auf Gelegenheiten achtet, den Übergang von Funktionen der Repräsentanz des Analytikers auf die Selbstrepräsentanz zu fördern. Es gehört zu den Funktionen des Analytikers, die Behandlung eines Tages zu einem annehmbaren Ende zu bringen. Eine Art, die Beendigung zu definieren, besteht darin, daß sie eintritt, sobald die Funktionen des Analytikers nicht mehr benötigt werden, weil der Patient weiß, daß er sich allein behaupten kann. Das bedeutet nicht, daß der ehemalige Patient täglich eine aktive Selbstanalyse durchführt. Hin und wieder analysiert er einen Traum, irgendein Angstgefühl, eine Handlung, die verwirrend oder fragwürdig ist. Der Prozeß wie die Funktion bewahrt eine Stoßkraft, die niemals verlorengeht. Wir haben somit einen Kreisbogen beschrieben und sind zu Freuds Position zurückgeführt worden, daß die Analyse letztlich unendlich ist. Nur das »Gemeinschaftsunternehmen« endet.

Die Stelle im Behandlungsprozeß, an der der Mensch fähig wird, seine Funktionen zu übernehmen, variiert vom einen zum anderen, weil es sich um einen Faktor der Kombination von angeborener Ausstattung, Lebenserfahrung und dem Funktionieren des übergeordneten Ichs handelt. Wir verweisen hier auf diese einzigartige, individuelle Schöpfung – die Form von Objektbeziehungen, die aus Selbst- und Objekterfahrungen hervorgegangen ist. Die Behandlung, ob Psychotherapie oder Psychoanalyse, führt den Patienten auf die Stufe, wo die Objektrepräsentanz endlich von der Selbstrepräsentanz getrennt ist. Der Therapeut oder Analytiker ist bestenfalls als Katalysator der Entwicklung zur Konsolidierung eines jeden der vier Organisatoren der Psyche benutzt worden, wo das nicht vorher erreicht worden war.

Wir vertreten die Auffassung, daß die Interventionen bereits zu Beginn der Behandlung im Hinblick darauf formuliert werden sollten, die Beendigung so reibungslos wie möglich zu gestalten. Jede Intervention ist als kleiner Schritt zum Endziel zu betrachten und muß daher so gefaßt werden, daß sie sowohl dem unmittelbaren wie dem endgültigen Zweck entspricht. Im Anfang dominiert der unmittelbare Zweck; etwa in der Mitte verschiebt sich das Gewicht stärker auf die Vorbereitung des Abschlusses. Das bedeutet, daß der Schutz der Autonomie ein fortlaufender Prozeß ist. Von überragender Bedeutung ist ferner, daß der Abschluß nicht in der Endphase beginnt, sondern daß es sich während der ganzen Behandlung um einen Prozeß des »Gehenlassens« in angemessenen Dosen handelt.

Ein Patient bat am Ende der Stunde im ersten Viertel der Behandlung, das Telefon benutzen zu dürfen. Der Analytiker erklärte ihm, daß sich in der Vorhalle des Gebäudes eine öffentliche Telefonzelle befinde. Dies wurde in der verbleibenden Behandlungszeit zum Thema – manchmal scheinbar in negativer Weise, wenn sich der Patient bitterlich über die Härte des Analytikers beklagte, während es mitunter eher positiv klang, als es der Patient zu schätzen begann, daß er gerade durch die »Härte« ermutigt wurde, selbst zu erledigen, was er erledigen konnte. Jeder erfahrene Analytiker wird erkennen, daß auch die Klagen mit negativem Beigeschmack wachstumsfördernd waren. Es erübrigt sich fast zu sagen, daß sich der Analytiker gegen diese »Kritik« nicht verteidigte, sondern den Sturm vorüberziehen ließ, im vollen Vertrauen darauf, daß er richtig gehandelt hatte.

Der Patient erkannte schließlich, daß dies etwas anderes war als das übertriebene Verhalten seiner Mutter. Sie hatte ihm, als er heranwuchs, keine Aufgaben übertragen. Beispielsweise brachte sie ihn noch zur Schule, nachdem er längst allein dorthin gehen konnte, und sie machte sein Bett, bis er aufs College ging. In der Abschlußphase war es bereits eine feststehende Tatsache, daß er viele Dinge allein tun konnte, was er vorher gehalten hatte. Es war natürlich unvermeidlich, daß Trennungsangst entstand, doch die Beendigung verlief bei weitem weniger traumatisch, als es hätte geschehen können, wenn der Analytiker dem Patienten nicht während der gesamten Behandlungsdauer geholfen hätte, zunehmend eigenständiger zu werden.

Mitunter ergreifen wir Maßnahmen, die das Gegenteil des von uns beschriebenen Vorstoßes zur Autonomie zu sein scheinen. Patienten, die Nähe und Abhängigkeit fürchten oder aber narzißtisch abweisend sind, müssen zunächst ermutigt werden, in die Übertragung einzutreten, weil sie dies nicht spontan tun wie Patienten auf einer höheren Objektbeziehungsebene. Die Ermutigung erfolgt durch Deutung der Abwehr, nicht durch Überredung. Doch in der Zeit, in der wir versuchen, den Patienten zu einer Übertragung oder einem übertragungsähnlichen Arrangement zu bewegen, hat es den Anschein, als würde eine Richtung eingeschlagen, die der Befreiung des Patienten entgegengesetzt ist. Jeder kluge Therapeut und Analytiker weiß jedoch, daß man dem Patienten zunächst hineinhelfen muß, wenn man ihm heraushelfen will. Selbst wenn wir diese Richtung einschlagen müssen, wissen wir doch, daß es geschieht, um den Patienten zu befähigen, den Abschluß letztlich mit einem höheren Maß an Autonomie zu bewältigen, als er zu Beginn der Behandlung besaß.

Viele Autoren, die sich mit der Beendigung der Behandlung befassen, verweisen auf das Kriterium der Fähigkeit zu trauern. Gewiß, wo eine lange, fruchtbare Zusammenarbeit stattgefunden hat, stimmt das Ende beide Beteiligte am therapeutischen Bemühen traurig. Was die Gegenübertragung angeht, werden wir an Greenacres (1959) Beobachtung erinnert, daß es ein »Warmwerden« gibt, wenn zwei Menschen zusammenarbeiten. Patienten fragen sich stets – und manchmal auch uns –, ob wir sie mögen. Abgesehen vom Problem übermäßiger Befriedigung, ist diese Frage schwer zu beantworten, weil ein Analytiker mit adäquaten Objektbeziehungen am Ende eine genauere Vorstellung von seinem Patienten hat als am Anfang. Weil wir das Privileg genießen, dem Patienten durch diese intimste aller Behandlungen zu helfen, ist das Warmwerden unvermeidlich, und wir sind in der Tat traurig, wenn es zum Abschluß kommt. Wir betrachten dies aber nicht als Trauer im eigentlichen Sinn. Auf seiten des Patienten wird der Analytiker gegen Ende der Behandlung, wenn sich die Übertragung auflöst, stärker zum realen Objekt. Reale Objekte müssen nicht in derselben Weise betrauert werden wie verstorbene Objekte, denen die Besetzung entzogen werden muß. Verstorbene Eltern oder Ehepartner müssen betrauert werden, damit das Leben ohne sie weitergehen kann. Selbst in diesen Fällen sterben die Objektrepräsentanzen nicht; sie verlieren nur die Besetzung, die dann auf neue Objekte in der Realität übertragen werden kann. In seinem Stück *Die tätowierte Rose* beschreibt Tennessee Williams eine Frau, deren Mann bei einem Unfall getötet worden ist. Sie beginnt ein Verhältnis mit einem Fremden, von dem sie sagt, er habe den Körper ihres Mannes und das Gesicht eines Clowns. Sie hat ihrem Mann die Besetzung nicht entzogen und kann deshalb keine neue Objektbeziehung herstellen.

Daß sich der Analytiker während der ganzen Behandlungsdauer bemüht hat, nicht Teil des realen Lebens des Patienten zu werden, zeigt sich zur Zeit des Abschlusses am eindrucksvollsten. Man kann nach Beendigung der Behandlung an ihn denken (d. h. die Objektrepräsentanz kann bewahrt werden), ohne das Leben in der Außenwelt zu ändern. Während der Analyse oder Psychotherapie hat der Patient auch hinsichtlich seiner Objektbeziehungen in der realen Welt besser funktioniert. In der Übertragung hat der Analytiker Objekte aus der Vergangenheit stärker repräsentiert als sein eigenes reales Selbst. Bei der Auflösung der Übertragung handelt es sich daher eher darum, *Objekten der Vergangenheit* die Besetzung zu entziehen als der realen Person des Analytikers. Wir glauben nicht, daß, wenn Funktionen übertragen und der Patient selbständiger und damit weniger abhängig von Objekten der Vergangenheit wird, die Objekte betrauert werden müssen, wenn sie noch am Leben sind. Wir stellen uns den Vorgang der Beendigung analog demjenigen vor, den wir beim Hinschwinden des Ödipuskomplexes beschrieben haben. Die Repräsentanz des Objekts ist nicht verloren. Doch ebenso wie die Auflösung des Ödipuskomplexes den Übergang der Besetzung auf Objekte der eigenen Generation ermöglicht, bringt die Auflösung der Übertragung die erhöhte Fähigkeit mit sich, reale Objektbeziehungen zu unterhalten.

Der Analytiker oder Therapeut wird für den Patienten gegen Ende der Behandlung realer. Diese Objektrepräsentanz, nun nicht länger eine Übertragungsfigur, wird positiv besetzt, weil der Analytiker hilfreich war. Die Funktion der freundlichen, verständnisvollen, wachstumsfördernden Objektrepräsentanz wird verinnerlicht. Wo echte Selbst- und Objektkonstanz vorhanden ist, müssen zwei Individuen nicht in ständigem Kontakt stehen, damit die Repräsentanzen »lebendig« bleiben. Mit der allmählichen Übernahme der Funktionen durch den Patienten kommt die Zeit für das Gemeinschaftsunternehmen, wo der Beitrag des Analytikers überflüssig wird. Die Analyse endet nicht, lediglich der Kontakt mit dem Analytiker. In diesem Sinne ist die Analyse unendlich. Der Patient kann nun sein Leben in die Hand nehmen und es ohne die tatsächliche physische Anwesenheit des Analytikers weiterführen. Das Bedürfnis, nicht die Objektrepräsentanz, schwindet.

Bibliographie

Abelin, E. L. (1971): The role of the father in the separation-individuation process. In John B. McDevitt and Calvin F. Settlage, Hrsg., Separation-Individuation, S. 229–252. New York: International Universities Press.

Arlow, J. A. und C. Brenner (1964): Psychoanalytic Concepts and the Structural Theory. New York: International Universities Press. Dt.: Grundbegriffe der Psychoanalyse. Reinbek: Rowohlt, 1976.

Balint, M. (1950): On the termination of analysis. International Journal of Psycho-Analysis 31: 196–199.

Benedek, T. (1959): Parenthood as a developmental phase. Journal of the American Psychoanalytic Association 7: 389–417.

Blanck, G. (1966): Some technical implications of ego psychology. International Journal of Psycho-Analysis 47: 6–13.

Blanck, G. und R. Blanck (1972): Toward a psychoanalytic developmental psychology. Journal of the American Psychoanalytic Association 10: 668–710.

– (1974): Ego Psychology: Theory and Practice. New York: Columbia University Press. Dt.: Angewandte Ich-Psychologie. Stuttgart: Klett-Cotta, ⁴1988.

– (1979): Ego Psychology II: Psychoanalytic Developmental Psychology. New York: Columbia University Press. Dt.: Ich-Psychologie II. Stuttgart: Klett-Cotta, 1982.

Blanck, R. (1965): The case for individual treatment. Social Casework, Family Service Association of America, 46: 70–74.

– (1967): Marriage as a phase of personality development. Social Casework, Family Service Association of America, 48: 154–160.

– (1981): The functions of the object representations. Vortrag auf einem Symposium des Department of Psychiatry, Beth Israel Medical Center.

Blanck, R. und G. Blanck (1968): Marriage and Personal Development. New York: Columbia University Press. Dt.: Ehe und seelische Entwicklung. Stuttgart: Klett-Cotta, 1978.

– (1977): The transference object and the real object. International Journal of Psycho-Analysis 58: 33–44.

Blos, P. (1962): On Adolescence: A Psychoanalytic Interpretation. New York: Free Press. Dt.: Adoleszenz. Stuttgart: Klett-Cotta, ³1983.

Bornstein, B. (1945): Clinical notes on child analysis. In Ruth Eissler et al., Hrsg., The Psychoanalytic Study of the Child 1: 151–166. New York: International Universities Press.

Brazelton, T. B. et al. (1975): Early mother infant reciprocity. CIBA Symposium. Amsterdam.

263

Brazelton, T. B. und J. S. Robey (1965): Observations of neonatal behavior. Journal of the American Academy of Child Psychiatry 4: 613.

Brunswick, R. M. (1940): The preoedipal phase of the libido development. Psychoanalytic Quarterly 9: 293–319.

Calef, V. und E. M. Weinshel (1983): A note on consummation and termination. Journal of the American Psychoanalytic Association 4: 425–435.

DSM-III (1980): Diagnostic and Statistical Manual of Mental Disorders. 3d ed. Washington, D.C.: American Psychiatric Association. Dt.: Diagnostisches und Statistisches Manual psychischer Störungen – DSM III. Weinheim u. Basel: Beltz, 1984.

Edgcumbe, R. M. (1984): Modes of communication. The differentiation of somatic and verbal expression. In Albert Solnit and Ruth Eissler, Hrsg., The Psychoanalytic Study of the Child, 39: 137–154. New Haven: Yale University Press.

Edgcumbe, R. und M. Burgner (1975): The phallic-narcissistic phase: A differentiation between preoedipal and oedipal aspects of phallic development. In Ruth Eissler et al., Hrsg., The Psychoanalytic Study of the Child, 30: 161–180. New Haven: Yale University Press.

Eissler, K. R. (1953): The effect of the structure of the ego on psychoanalytic technique. Journal of the American Psychoanalytic Association 1: 104–143.

Ekstein, R. (1965): Working through and termination of analysis. Journal of the American Psychoanalytic Association 13: 57–78.

Erikson, E. H. (1959): Identity and the life cycle. Psychological Issues. Monograph 1. New York: International Universities Press. Dt.: Identität und Lebenszyklus. Frankfurt: Suhrkamp, 1974.

Fenichel, O. (1941): Problems of Psychoanalytic Technique. New York: Psychoanalytic Quarterly.

– (1945): The Psychoanalytic Theory of Neurosis. New York: Norton. Dt.: Psychoanalytische Neurosenlehre, 2 Bde. Freiburg: Walter, 1974–77.

Firestein, S. K. (1978): Termination in Psychoanalysis. New York: International Universities Press.

Freud, A. (1936): Das Ich und die Abwehrmechanismen. München: Kindler, 1980.

– (1946): The Psycho-Analytical Treatment of Children. London: Imago.

– (1963): The concept of developmental lines. In Ruth Eissler et al., Hrsg., The Psychoanalytic Study of the Child, 18: 245–265. New York: International Universities Press.

– (1965): Normality and Pathology in Children. New York: International Universities Press. Dt.: Wege und Irrwege in der Kinderentwicklung. Stuttgart: Klett-Cotta, [3]1982.

– (1966): Obsessional neurosis: A summary of psychoanalytic views. International Journal of Psycho-Analysis 47: 116–122.

– (1972): Comments on aggression. International Journal of Psycho-Analysis 53: 163–172.

264

Freud, A., H. Nagera und W. E. Freud (1965): Metapsychological assessment of the adult personality: The adult profile. In Ruth Eissler et al., Hrsg., The Psychoanalytic Study of the Child, 20: 9–41. New York: International Universities Press.

Freud, S.: Gesammelte Werke. Frankfurt a. M.: S. Fischer, 1960 ff.

–: Zur Ätiologie der Hysterie (1895), Bd. I.

–: Die Traumdeutung (1899/1901), Bd. II/III.

–: Meine Ansichten über die Rolle der Sexualität in der Ätiologie der Neurosen (1904–1905), Bd. V.

–: Bruchstück einer Hysterie-Analyse (1905a), Bd. V.

–: Drei Abhandlungen zur Sexualtheorie (1905b), Bd. V.

–: Bemerkungen über einen Fall von Zwangsneurose (1909c), Bd. VII.

–: Über wilde Psychoanalyse (1909–1913), Bd. VIII.

–: Zur Dynamik der Übertragung (1912a), Bd. VIII.

–: Ratschläge für den Arzt bei der psychoanalytischen Behandlung (1912b), Bd. VIII.

–: Zur Einleitung der Behandlung (1913), Bd. VIII.

–: Erinnern, Wiederholen und Durcharbeiten (1914a), Bd. X.

–: Zur Einführung des Narzißmus (1914d), Bd. X.

–: Bemerkungen über die Übertragungsliebe (1915a), Bd. X.

–: Triebe und Triebschicksale (1915b), Bd. X.

–: Vorlesungen zur Einführung in die Psychoanalyse (1916/17), Bd. XI. (19. und 26. Vorlesung).

–: Trauer und Melancholie (1917a), Bd. X.

–: Jenseits des Lustprinzips (1920), Bd. XIII.

–: Massenpsychologie und Ich-Analyse (1921), Bd. XIII.

–: Die infantile Genitalorganisation (1920–24), Bd. XIII.

–: Das Ich und das Es (1923a), Bd. XIII.

–: Der Untergang des Ödipuskomplexes (1929–34), Bd. XIII.

–: Die Verneinung (1925c), Bd. XIV.

–: Hemmung, Symptom und Angst (1926a), Bd. XIV.

–: Die Frage der Laienanalyse, Unterredung mit einem Unparteiischen (1926b), Bd. XIV.

–: Das Unbehagen in der Kultur (1930), Bd. XIV.

–: Neue Folge der Vorlesungen zur Einführung in die Psychoanalyse (1933), Bd. XV. (31. und 33. Vorlesung).

–: Die endliche und die unendliche Analyse (1937a), Bd. XVI.

–: Abriß der Psychoanalyse (1938), Bd. XVII.

Friedman, L. (1984): Pictures of treatment by Gill and Schafer. Psychoanalytic Quarterly 53: 167–207.

Galenson, E. und H. Roiphe (1976): Some suggested revisions concerning early female development. Journal of the American Psychoanalytic Association 24: 29–57.

- (1980): The preoedipal development of the boy. Journal of the American Psychoanalytic Association 18: 805–828.
Gill, M. M. (1954): Psychoanalysis and exploratory psychotherapy. Journal of the American Psychoanalytic Association 2: 771–797.
- (1984): Psychoanalysis and psychotherapy: A revision. International Review of Psycho-Analysis 11: 161–180.
Gitelson, M. (1952): Re-evaluation of the role of the Oedipus complex. International Journal of Psycho-Analysis 33: 351–354.
Glover, E. (1932): A psycho-analytic approach to the classification of mental disorders. In On the Early Development of Mind. New York: International Universities Press, 1958.
- (1943): The concept of dissociation. In On the Early Development of Mind. New York: International Universities Press, 1958.
- (1955): The Technique of Psychoanalysis. New York: International Universities Press.
- (1958): Ego distortions. International Journal of Psycho-Analysis 39: 260–264.
Goldberg, A. und D. Marcus (1985): »Natural termination«: Some comments on ending analysis without setting a date. Psychoanalytic Quarterly 54: 46–65.
Greenacre, P. (1954): The role of transference. Journal of the American Psychoanalytic Association 2: 671–684.
- (1959): Certain technical problems in the transference relationship. Journal of the American Psychoanalytic Association 7: 484–502.
- (1972): Problems of overidealization of the analyst and of analysis: Their manifestations in the transference and countertransference relationship. In Ruth Eissler et al., Hrsg., The Psychoanalytic Study of the Child, 20: 209–219. New York: International Universities Press.
Greenson, R. R. (1965): The working alliance and the transference neurosis. Psychoanalytic Quarterly 34: 155–181.
- Dt.: Das Arbeitsbündnis und die Übertragungsneurose. In Greenson, Psychoanalytische Erkundungen. Stuttgart: Klett-Cotta. 1982.
- (1967): The Technique and Practice of Psychoanalysis. New York: Hallmark Press. Dt.: Technik und Praxis der Psychoanalyse, Stuttgart: Klett-Cotta, [4]1986.
Grossman, W. I. und W. A. Stewart (1976): Penis envy. From childhood wish to developmental metaphor. Journal of the American Psychoanalytic Association 24: 193–212.
Hartmann, H. (1939): Ego Psychology and the Problem of Adaptation. New York: International Universities Press, 1958. Dt.: Ich-Psychologie und Anpassungsproblem. Stuttgart: Klett-Cotta, [3]1975.
- (1951): Technical implications of ego psychology, Psychoanalytic Quarterly 20: 31–43.
- (1964): Essays in Ego Psychology. New York: International Universities Press. Dt.: Ich-Psychologie. Stuttgart: Klett-Cotta, 1972.

Hartmann, H. und E. Kris (1945): The genetic approach in psychoanalysis. In Ruth Eissler et al., Hrsg., The Psychoanalytic Study of the Child, 1: 11–30. New York: International Universities Press.

Hartmann. H., E. Kris, und R. M. Loewenstein (1946): Comments on the formation of psychic structure. In Ruth Eissler et. al., Hrsg., The Psychoanalytic Study of the Child, 2: 11–38. New York: International Universities Press.

– (1949): Notes on the theory of aggression. In Ruth Eissler et al., Hrsg., The Psychoanalytic Study of the Child, 3/4: 9–36. New York: International Universities Press.

Hartmann, H. und R. M. Loewenstein (1962): Notes on the superego. In Ruth Eissler et al., Hrsg., The Psychoanalytic Study of the Child, 17: 42–81. New York: International Universities Press.

Hinsie, L. E. (1945): The Person in the Body. New York: Norton.

Hoffer, W. (1950): Three psychological criteria for the termination of treatment. International Journal of Psycho-Analysis 31: 194–195.

Horney, K. (1939): New Ways in Psychoanalysis. New York: Norton. Dt.: Neue Wege in der Psychoanalyse. München: Kindler, 1977.

Jacobson, E. (1953): Contribution to the metapsychology of cyclothymic depression. In P. Greenacre, Hrsg., Affective Disorders, pp. 49–83. New York: International Universities Press.

– (1954): The self and the object world: Vicissitudes of their infantile cathexes and their influence on ideational and effective development. In Ruth Eissler et. al., Hrsg., The Psychoanalytic Study of the Child, 9: 75–127. New York: International Universities Press.

– (1964): The Self and the Object World. New York: International Universities Press. Dt.: Das Ich und die Welt der Objekte. Frankfurt: Suhrkamp, 1974.

– (1971): Depression. New York: International Universities Press. Dt.: Depression. Frankfurt: Suhrkamp, 1977.

Joffe, W. G. und J. Sandler (1968): Comments on the psychoanalytic psychology of adaptation with special reference to the role of affects and the representational world. International Journal of Psycho-Analysis 49: 445–465.

Kairys, D. (1964): The training analysis. Psychoanalytic Quarterly 33: 485–512.

Kernberg, O. (1967): Prognostic considerations regarding borderline personality organization. Journal of the American Psychoanalytic Association 19: 595–635.

– (1968): The treatment of patients with borderline personality organization. International Journal of Psycho-Analysis 49: 600–619.

– (1976): Technical considerations in the treatment of patients with borderline personality organization. Journal of the American Psychoanalytic Association 24: 795–829.

– (1982): Self, ego affects and drives. Journal of the American Psychoanalytic Association 30: 839–918.

Kestenberg, J. S. (1956): Vicissitudes of female sexuality. Journal of the American Psychoanalytic Association 4: 453–476.

Klein, M. (1948): Contributions to Psycho-Analysis: 1921–1945. London: Hogarth Press.

Knight, R. P. (1954): Borderline states. In R. P. Knight und C. R. Friedman, Hrsg., Psychiatry and Psychology. New York: International Universities Press.

Kohut, H. (1971): The Analysis of the Self. New York: International Universities Press. Dt.: Narzißmus. Frankfurt: Suhrkamp, 1973.

– (1977): The Restoration of the Self. New York: International Universities Press. Dt.: Die Heilung des Selbst. Frankfurt: Suhrkamp, 1981.

Kris, E. (1951): Ego psychology and interpretation in psychoanalytic therapy. Psychoanalytic Quarterly 20: 15–30.

– (1952): Psychoanalytic Explorations in Art. New York: International Universities Press. Dt.: Die ästhetische Illusion. Frankfurt: Suhrkamp, 1977.

– (1956a): On some vicissitudes of insight in psychoanalysis. International Journal of Psycho-Analysis 37: 445–455.

– (1956b): The personal myth. Journal of the American Psychoanalytic Association 4: 653–681.

– (1956c): The recovery of childhood memories in psychoanalysis. In Ruth Eissler et al., Hrsg., The Psychoanalytic Study of the Child, 11: 54–88. New York: International Universities Press. Dt.: Die Aufdeckung von Kindheitserinnerungen in der Psychoanalyse. Psyche 31 (1977): 732–68.

Lampl-de Groot, J. (1946): The preoedipal phase in the development of the male child. In Ruth Eissler et al., Hrsg., The Psychoanalytic Study of the Child, 2: 75–83. New York: International Universities Press.

– (1952): Re-evaluation of the role of the Oedipus complex. International Journal of Psycho-Analysis 63: 335–342.

Lebovici, S. (1982): The origins and development of the Oedipus complex. International Journal of Psycho-Analysis 63: 201–215.

Lichtenberg, J. D.. (1975): The development of the sense of self. Journal of the American Psychoanalytic Association 23: 453–484.

Loewald, H. W. (1960): On the therapeutic action of psychoanalysis. International Journal of Psycho-Analysis 41: 16–35. Dt.: Psychoanalyse. Aufsätze aus den Jahren 1951–1979. Stuttgart: Klett-Cotta, 1986.

– (1962): Internalization, separation, mourning, and the superego. Psychoanalytic Quarterly 31: 483–504. Dt.: Psychoanalyse. Aufsätze aus den Jahren 1951–1879. Stuttgart: Klett-Cotta, 1986.

– (1971): The transference neurosis: Comments on the concept and the phenomenon. Journal of the American Psychoanalytic Association 19: 54–66. Dt.: Psychoanalyse. Aufsätze aus den Jahren 1951–1979. Stuttgart: Klett-Cotta, 1986.

– (1972): Freud's conception of the negative therapeutic reaction with comments on instinct theory. Journal of the American Psychoanalytic Association 20: 235–245.

– (1973a): On internalization. International Journal of Psycho-Analysis 54: 9–18. Dt.: Psychoanalyse. Aufsätze aus den Jahren 1951–1979. Stuttgart: Klett-Cotta, 1986.

– (1973b): Comments on some instinctual manifestations of superego formation. In Papers on Psychoanalysis, pp. 326–341. New Haven: Yale University Press, 1980. Dt.: Psychoanalyse. Aufsätze aus den Jahren 1951–1979. Stuttgart: Klett-Cotta, 1986.

– (1978): Instinct theory, object relations, and physic structure formation. Journal of the American Psychoanalytic Association 26: 493–506. Dt.: Psychoanalyse. Aufsätze aus den Jahren 1951–1979. Stuttgart: Klett-Cotta, 1986.

– (1979): The waning of the Oedipus complex. Journal of the American Psychoanalytic Association 27: 751–776. Dt.: Psychoanalyse. Aufsätze aus den Jahren 1951–1979. Stuttgart: Klett-Cotta, 1986.

– (1980): Papers on Psychoanalysis. New Haven: Yale University Press.

Loewenstein, R. M. (1951): The problem of interpretation. Psychoanalytic Quarterly 20: 1–14. Dt.: Das Problem der Deutung. Psyche 22 (1968): 187–198.

Mahler, M. S. (1952): On child psychosis and schizophrenia: Autistic and symbiotic infantile psychosis. In Ruth Eissler et al., eds., The Psychoanalytic Study of the Child, 7: 286–305. New York: International Universities Press.

– (1968): On Human Symbiosis and the Vicissitudes of Individuation. New York: International Universities Press, Dt.: Symbiose und Individuation. Stuttgart: Klett-Cotta, [4]1986.

Mahler, M. und P. Elkisch (1953): Some observations on disturbances of the ego in a case of infantile psychosis. In Ruth Eissler et al., Hrsg., The Psychoanalytic Study of the Child, 8: 252–261. New York: International Universities Press.

Mahler, M., F. Pine und A. Bergman (1975): The Psychological Birth of the Human Infant. New York: Basic Books. Dt.: Die psychische Geburt des Menschen. Frankfurt: Fischer, 1978.

Meissner, W. W. (1970): Notes on identification. I. Origins in Freud. Psychoanalytic Quarterly 39: 563–589.

– (1971): Notes on identification. II. Clarification of related concepts. Psychoanalytic Quarterly 40: 227–302.

– (1972): Notes on identification. III. The concept of identification. Psychoanalytic Quarterly 41: 224–260.

– (1973): Identification and learning. Journal of the American Psychoanalytic Association 21: 788–816.

– (1974): Differentiation and integration of learning and identification in the developmental process. In Chicago Institute for Psychoanalysis, The Annual of Psychoanalysis, vol. 2. New York: International Universities Press.

– (1976): A note on internalization as process. Psychoanalytic Quarterly 45: 374–393.

– (1979): Internalization and object relations. Journal of the American Psychoanalytic Association 27: 345–360.

– (1980): The problem of internalization and structure formation. International Journal of Psycho-Analysis 61: 237–248.

Menninger, K. (1958): Theory of Psychoanalytic Technique. New York: Basic Books. Dt.: Theorie der psychoanalytischen Technik. Stuttgart-Bad Cannstatt: Frommann-Holzboog, 1977.

Milrod, D. (1982): The wished for self image. In Albert Solnit et al., Hrsg., The Psychoanalytic Study of the Child, 37: 95–120. New Haven: Yale University Press.

Moore, B. E. und B. D. Fine (1967): A Glossary of Psychoanalytic Terms and Concepts. New York: American Psychoanalytic Association.

Mullahy, P. (1970): Psychoanalysis and Interpersonal Psychology. The Contributions of Harry Stack Sullivan. New York: Science House.

Murphy, W. F. (1965): The Tactics of Psychotherapy. New York: International Universities Press.

Nunberg, H. (1931): The synthetic function of the ego. International Journal of Psycho-Analysis 12: 123–140.

– (1954): Evaluation of the results of psychoanalytic treatment. International Journal of Psycho-Analysis 35: 2–7.

Osofsky, J. D. (Hrsg., 1979): Handbook of Infant Development. New York: John Wiley.

Rangell, L. (1959): The nature of conversion. Journal of the American Psychoanalytic Association 7: 632–662.

– (1972): Aggression, Oedipus and historical perspective. International Journal of Psycho-Analysis 53: 3–11.

– (1982): The self in psychoanalytic theory. Journal of the American Psychoanalytic Association 30: 863–892.

– (1985): The object in psychoanalytic theory. Journal of the American Psychoanalytic Association 33: 301–334.

Rapaport, D. (1959): An historical survey of psychoanalysis. Introduction to Psychological Issues 1: 5–17.

Rapaport, D. und M. M. Gill (1959): The points of view and assumptions of metapsychology. In The Collected Papers of David Rapaport, pp. 795–811. New York: Basic Books.

Reich, W. (1945): Character-Analysis: Principles and Technique for Psychoanalysts in Practice and in Training. New York: Orgone Institute Press. Dt.: Charakteranalyse. Frankfurt: Fischer, 1973.

Rickman, J. (1950): On the criteria for the termination of an analysis. International Journal of Psycho-Analysis 31: 200–201.

Ritvo, S. (1966): Correlation of a childhood and adult neurosis: Based on the adult neurosis of a reported childhood case. International Journal of Psycho-Analysis 47: 130–131.

Roiphe, H. und E. Galenson (1981): Infantile Origins of Sexual Identity. New York: International Universities Press.

Ross, J. M. (1982): Oedipus revisited: Laius and the »Laius Complex«. In Albert Solnit et. al., Hrsg., The Psychoanalytic Study of the Child, 37: 169–200. New Haven: Yale University Press.

Ross, N. (1970): The primacy of genitality in the light of ego psychology: Introductory remarks. Journal of the American Psychoanalytic Association 17: 267–284.

Sander, L. (Rep.) (1980): New knowledge about the infant from current research: Implications for psychoanalysis. Journal of the American Psychoanalytic Association 28: 181–198.

Sandler, J. (1969): The background of safety. International Journal of Psycho-Analysis 41: 352–356.

Sandler, J. und W. G. Joffe (1969): Towards a basic psychoanalytic model. International Journal of Psycho-Analysis 50: 79–90.

Sandler, J. und B. Rosenblatt (1952): The concept of a representational world. In Ruth Eissler et al., Hrsg., The Psychoanalytic Study of the Child, 17: 128–145. New York: International Universities Press.

Schafer, R. (1969): The loving and beloved superego in Freud's structural theory. In Ruth Eissler et al., Hrsg., The Psychoanalytic Study of the Child, 15: 163–190. New York: International Universities Press.

- (1968): Aspects of Internalization. New York: International Universities Press.

- (1970): The psychoanalytic vision of reality. International Journal of Psycho-Analysis 51: 279–297.

Shane, M. und E. Shane (1984): The end phase of analysis: Indicators, functions, and tasks of termination. Journal of the American Psychoanalytic Association 32: 739–772.

Sharpe, D. F. (1950): Collected Papers on Psycho-Analysis. London: Hogarth Press.

Spitz, R. A. (1945): Hospitalism: An inquiry into the genesis of psychiatric conditions in early childhood. In Ruth Eissler et al., Hrsg., The Psychoanalytic Study of the Child, 1: 52–74. New York: International Universities Press.

- (1946): Hospitalism: A follow up report. In Ruth Eissler et al., Hrsg., The Psychoanalytic Study of the Child, 2: 113–117.

- (1957): No and Yes. New York: International Universities Press. Dt.: Nein und Ja. Stuttgart: Klett-Cotta, 1978.

- (1959): A Genetic Field Theory of Ego Formation. New York: International Universities Press.

- (1965): The First Year of Life. New York: International Universities Press. Dt.: Vom Säugling zum Kleinkind. Stuttgart: Klett-Cotta, ^{8}1985.

Stern, D. N. (1976): A microanalysis of mother-infant interaction: Behavior regulating social contact between a mother and her 3 month old twins. In E. Rexford, L. Sander und T. Shapiro, Hrsg., Infant Psychiatry, pp. 113–126. New Haven: Yale University Press.
– (1980): Panelist. Siehe Sander 1980
Tarachow, S. (1963): An Introduction to Psychotherapy. New York: International Universities Press. Dt.: Einführung in die Psychotherapie. Stuttgart: Klett-Cotta, 1979.
Ticho, E. (1972): Termination of psychoanalysis: Treatment goals, life goals. Psychoanalytic Quarterly 41: 315–333.
– (1982): The alternate schools and the self. Journal of the American Psychoanalytic Association 30: 849–862.
Van der Sterren, H. A. (1952): The »King Oedipus« of Sophocles. International Journal of Psycho-Analysis 33: 343–350.
Wangh, M. (1959): Structural determinants of phobia. Journal of the American Psychoanalytic Association 7: 675–695.
Weiss, E. (1960): The Structure and Dynamics of the Human Mind. New York: Grune & Stratton.
Zetzel, E. (1956): Current concepts of transference. International Journal of Psycho-Analysis 37: 369–375.

Register

Abwehr 22, 47, 55 f., 99, 110 f., 126 ff.,
132 ff., 147, 149 ff., 163, 172 ff., 181,
184, 207 ff., 216, 220, 225 ff., 233,
239, 260
–, Begriff der 9
–, Beziehung zu Anpassung 19
– -funktion 51
– -mechanismen 9, 17, 37, 43, 51, 134,
180
–, –, Identifizierung 22
–, –, Isolierung 134
–, –, Reaktionsbildung s. dort
–, –, Regression s. dort
–, –, Ungeschehenmachen 134
–, –, Verdrängung s. dort
– -organisation 51
Adler, A. 123
Adoleszenz 143, 161, 208, 242 f.
Affekt 55, 63, 65, 99, 133, 146, 165,
200
– -»differenzierung« 24, 119, 191
– vs. Trieb 37, 193
Aggression 22 f., 165 f., 193
– -strieb 18, 33 f., 37, 41, 81 f., 151,
156, 165, 185, 238
Agieren vs. Ausagieren 200 f.
»Ambitendenz« 135
anale Phase/Position 135, 158 ff.,
163 f., 209
Anforderungen an Therapeut/inn/en
189
Angst 202
– -hysterie 242 f.
– -neurose 171
– -theorie 9, 17, 246 f.
– -toleranz 69 f., 142, 147 f.
Annäherungsverhalten der Patient/
inn/en 174 f., 184

Anpassung 10, 20 ff., 33, 36, 54–57,
68 ff., 78, 89, 95, 108, 112, 125 f.,
134, 138, 148, 150, 173, 176, 188,
196, 220, 224, 229, 232
–, Beziehung zu Abwehr 19
Arlow, J. A. 133, 192
Aufdeckung 187, 193–198, 212, 216
Aufgabe/Haltung der Therapeut/inn/
en 198–204
Ausagieren 200, 205
– vs. Agieren 200 f.
Autismus 67
autistische Phase 30 f., 83
»Automatismen« 55 f.

Balint 247
Behandlungsende 187, 238–262
–, Kriterien in der Literatur 241–261
Benedek, T. 80, 161, 243
Blanck, G. 35–39, 107, 161, 165, 177,
248, 250
Blanck, R. 18, 35–39, 107, 161, 165,
177
Bleuler 171
Blos 161, 243
Borderline-Persönlichkeit 11, 13, 19,
30, 89, 130, 138, 143, 152, 154, 169,
171, 178 f., 190, 236, 243, 255
Bornstein, B. 241 ff.
Brazelton, T. B. 31, 81
Brenner, C. 133, 192
Burgner, M. 157

Calef, V. 245
Cavenar 247
Charakterbildung 101
Charakterneurose 138

Dekompensation 48
Dementia praecox 32, 170
Depersonalisation 118 f.
Depression 27, 34, 94, 115 f., 131, 136,
    152, 170, 179, 225, 228
Deprivation 107
Deutung 13, 76, 98, 106 f., 110, 133,
    187, 190, 197 f., 200 ff., 205–214,
    219–221, 226, 228, 233 f., 251, 260
Diagnostik 169–187
–, modifizierendes diagnostisches
    Denken 176–186
–, –, Fallbeispiel 178–182
–, psychiatrische 172 f.
–, Symptomatologie 171, 178 f., 190,
    249
Differenzialdiagnose 191, 203
Differenzierung 188, 233
DSM-II 178
DSM-III 170 f., 178 f.
Durcharbeiten 187, 206, 228, 248, 252

Edgcumbe, R. M. 62, 157
»Ego« 123
Einverleibung 22, 43 f., 90
Eissler, K. R. 151 f., 170, 249
Ekstein, R. 245
Empathie 236
Entwicklung 240
–, Angelpunkt der 37 f., 104, 125, 127,
    177, 257
–, drei Hauptphasen der frühen 30 f.
– -»sstillstand« 126
–, –, Fallbeispiel 126 ff.
– -stheorie 243, 245
Erikson, E. M. 123, 243
Es 60 f., 110, 132, 135, 138, 144, 149,
    162, 189, 192, 206, 231, 240 f., 244
– -Jargon 214, 221
– vs. Unbewußtes 193

Fenichel, O. 17, 36, 133 f., 227, 231
Fine, B. D. 45, 61, 101, 103

Firestein, S. K. 246, 253
Fixierung 54, 110 f., 221
Fleming 105
»flexible Einstimmung« 236
»Folgen« 215–237
– bei der Psychoanalyse 216 ff.
– bei strukturierten Patient/inn/en
    218 ff.
– bei ungenügend strukturierten Pa-
    tient/inn/en 221 f.
Fragmentierung 49, 218
freie Assoziation 187, 216, 218, 220 f.
Freud, A. 9, 12, 17, 19, 53, 123, 132,
    150, 173, 187, 189, 194, 241
Freud, S. 9–12, 16–19, 21 ff., 25 f., 28,
    30, 36 f., 40 ff., 44–48, 51 ff., 55, 59,
    62 f., 69, 74, 77, 82, 97, 99, 103, 106,
    108, 123, 132 f., 136 f., 144, 146,
    150, 153 ff., 158, 161 f., 165 f., 169,
    171, 173, 188, 190–193, 205–208,
    215–218, 221 f., 231 f., 236 f.,
    238–241, 244, 246 f., 258
– -s Patient/inn/en 169, 205 ff., 216 ff.
– -s Strukturtheorie 40, 52, 191 ff.
Freud, W. E. 173
Friedman 103
Frustrationstoleranz 68, 142, 149,
    175, 178
Funktion der Therapeut/inn/en
    236 ff., 258

Galenson, E. 145, 158
Gegenübertragung 109, 183, 199, 215,
    236, 251, 253 f., 260
genitale Phase/Position 155
»genitales Interesse« 155
Gill, M. M. 61, 103
Gitelson, M. 154
gleichschwebende Aufmerksamkeit
    187, 199, 237
Glover, E. 17, 28, 44, 53, 63, 248 f.
Goethe, J. W. v. 41 f.
Goldberg, A. 256

Grandiosität 128, 143
Greenacre, P. 33, 260
Greenson, R. R. 36, 231, 243
Greifreflex 95
Grossman, W. J. 26, 106
Gruppen-Psychotherapie 35
»Gute Stunde« 18, 98, 246, 249 f.

Hartmann, H. 9 f., 12 f., 18–24, 28, 35,
    41, 43, 46 f., 52, 55 f., 59, 69 f., 72,
    85, 92, 94, 98, 100, 124 f., 134, 150,
    159, 187, 190, 194, 231 f., 239, 246 f.
Hinsie, L. E. 123
Hoffer, W. 246
Horney, K. 123
Hysterie 171, 205, 231
– -theorie 194

Ich 50 f., 61, 75, 77, 97, 99, 101, 124 f.,
    132, 134 f., 138 ff., 144, 147–151,
    167, 171 f., 182, 189–192, 194,
    202 f., 206, 214–217, 219, 222,
    231 f., 234, 236, 240 f., 246
–, Abwehrfunktion des 9, 17, 53, 123,
    136, 140, 150, 180
– -autonomie 22, 97, 116 f., 119, 151,
    159, 209, 233, 239, 246, 249, 254,
    256 f., 259 f.
– – vs. Unabhängigkeit 98
– -begriff 16, 41, 52, 123 f.
– -entwicklung 125, 158, 160 f.
– -funktionen 54, 56 ff., 61, 71, 77 f.,
    89, 94, 128, 140, 191, 232
– –, Abwehr 10
– –, Anpassung 10
– –, Antizipation 10, 20, 58, 61, 66 f.,
    78, 94, 135, 159
– –, Aufschub 159
– –, embryonale 20
– –, »Funktionswandel« 21
– –, Gedächtnis 61 ff., 66, 77 f., 94, 135
– –, Intentionalität 159
– –, Modalität 10

– –, Motilität 94
– –, Objektbeziehungen als 10
– –, Realitätsprüfung s. dort
– –, Urteilen 200 f.
– –, Vorsätzlichkeit 10
– –, Wahrnehmung 10, 20
–, Gesamt- 52, 54 f., 71, 192, 207
– -»Ideal« 46 ff., 52, 60, 101, 232
– -»Identität« 123
– -organisation 27 ff., 54
– –, Begriff der 29 f.
– –, Stufen der 28 f.
– -»Psychologie« 9 f., 153, 193, 196,
    240, 245 f.
– –, Begriff der 15
– –, Entwicklung der 9–13, 16–39
– –, frühe und späte 9, 19
–, übergeordnetes 52–60, 68–71,
    73 ff., 85, 87, 91 f., 114, 116 f.,
    119 ff., 134, 138 ff., 144, 147–151,
    154, 185, 187, 208 f., 213, 220, 223,
    228, 230, 233, 240 f., 246, 255, 258
–, –, Begriff des 55, 191
–, –, Fallbeispiele f. schlecht funktio-
    nierendes 114–121
–, –, Funktion des 58, 72
Identifizierung 22, 24, 41 f., 45, 90 f.,
    99–102, 136 f., 141, 145, 159, 165,
    167, 188, 210, 227, 229, 236
–, Begriff der 42 f.
–, selektive 99
Identität 116, 151
– -sbildung 95 f., 138, 156, 229, 233
– -serwerb 24
Impotenz 178–182
Institutionalisierung der Psychoana-
    lyse 244 f.
Integration 188
Introjektion 22, 42 f., 90

Jacobson, E. 10 ff., 23–28, 40 f., 46 f.,
    50–52, 55, 69, 99–101, 110, 112 f.,
    124, 136, 145 f., 150, 158, 165, 243

Joffe, W. G. 93
Jung, C. G. 123

Kairys, D. 245
kannibalistische Phase 99
Kastration
– -sangst 25, 47, 147, 179, 181
– -sdrohung 145
– -swünsche 141
Kernberg, O. 130, 169, 177
Kestenberg, J. S. 248
Kinderbeobachtung 82–85, 136, 188
Klein, M. 241
klinische Validierung einer Theorie
  12 f.
Knight, R. P. 169
Kohut, H. 30, 82, 123, 177
»Komponenten« 46
Kompromißbildung, neurotische 48,
  58
»Konfiguration« 61
konfliktfreie Sphäre 20 f., 36, 41
Konflikttheorie 132–152, 247
Konstruktcharakter von Metatheo-
  rien 14
Konversionssymptome 172
Kraepelin 178 f.
»Kraftfeld« 54, 89
Kris, E. 12, 18 f., 22, 29, 35, 98, 124,
  172, 194, 212 ff., 216, 221, 246 f.,
  249 f., 256 f.
»kritsche Phase« 155
»Kumulation« 59

Lächelreaktion 68, 136, 233
Lampl-de Groot, J. 153
Latenzphase 102, 143, 151, 155, 158,
  161, 241
Lebovici, S. 154
libidinöse Objektbindung 99
libidinöser Trieb 58 f., 68, 236
Libido 22 f., 37, 41, 62, 156, 193
Lichtenberg, J. D. 44, 86

Lithium 170
Loewald, M. W. 41 f., 55, 75, 112, 119,
  166 f., 236
Loewenstein, R. M. 12, 18 f., 22, 24,
  35, 43, 46, 92, 100, 124
Loslösung/Individuation/-sprozeß 10,
  23, 30, 33 f., 63, 68, 74 f., 80, 86, 90,
  96 f., 111, 113, 130, 136 f., 143, 147,
  156, 191, 201, 210 f., 224, 240 f.,
  243 f., 250, 253
–, Subphasen des
–, –, »auf dem Weg zur Objektkonstanz« 34
–, –, Differenzierung 34, 136
–, –, Übungsphase 34, 80, 95, 136,
  143, 160 f., 168, 185, 224, 226
–, –, Wiederannäherung 34, 37, 80,
  95, 136, 143, 161, 234

Mahler, M. S. 10 ff., 30–35, 38, 64,
  80–84, 95, 134, 143, 145, 204, 224,
  244, 253
Marasmus 82
Marcus, D. 256
Masochismus
–, primärer 23, 112
Meisner 42
Menninger, K. 17, 36, 231
militärische Metaphern 53, 132
Milrod, D. 47
Moore, B. E. 45, 61, 101, 103
Mordwünsche 140, 165
Murphy, W. F. 190
Mutter-Kind-Interaktion 11, 136 f.,
  185
–, dyadische Beziehung 11, 24, 27, 30,
  79, 83 f., 107, 136, 188

Nagera, H. 173
Narzißmus 18 f., 21, 128, 176, 195,
  197, 255
–, primärer 21, 23, 67, 112

- vs. narzißtische Pathologie 38
narzißtische Lösungen 107 f.
narzißtische Persönlichkeit/-sstruktur
11, 13, 19, 30, 62 f., 89, 108, 138,
143, 152, 177
Nash 249
»Negativismus« 18
Neurose 45 f., 125, 132, 134, 139 f.,
142 ff., 147, 163, 166 f., 169, 171 f.,
179, 190, 194, 205, 207 ff., 221,
241 ff., 246 f., 248, 254 ff.
-, infantile 241
-, Komponenten der 140–152
-, -, Angst 147 f.
-, -, Furcht vor Konsequenzen 144 ff.
-, -, Ich als Schlachtfeld 148 f.
-, -, Ich als Vermittler 149
-, -, Ich in seiner Abwehrfunktion
150
-, -, Kompromiß 151
-, -, Symptombildung 151 f.
-, -, Wunsch 141–144
-, narzißtische 18 f., 106, 108, 152
- -theorie 139, 150, 169
-, Symptom- 249
neurotische Lösung 140
»Neutralisierung« 22 f.
Neutralität 199, 204
Nunberg, H. 59, 63, 248 f.

Objekt
-, inzestuöses 231
- -besetzung 59, 63, 97, 99, 137, 141,
152, 160, 188, 221, 229
- -beziehung 50, 56–59, 62 f., 65,
69 f., 72, 77–88, 97, 99, 104 f., 108,
113, 120 f., 127, 129 f., 135 ff., 139,
141 ff., 145 f., 152, 153–158, 160 f.,
163 f., 166, 168, 175–179, 187 f.,
190, 192, 195, 197, 199 f., 202 f., 207,
209 f., 212 f., 221 f., 243 f., 246 ff.,
255, 257 f., 260 ff.
- - als Ichfunktion 10

- -, Niveau der 108–112, 121 f., 172,
247
- - -stheorie 16, 142, 145, 153, 193,
230
- -, Störungen der 30
- -, triadische 153–168
- -bild 24, 27, 89, 147, 164
- - bei Säuglingen 67
-, freundliches 77
- -konstanz 21, 34, 80, 137, 161, 247
-, primäres 35, 38, 44, 63, 69, 74, 77,
79, 84, 86, 95, 105, 121, 135, 188,
196, 202, 222 f., 227, 233
- -repräsentanzen 74, 90 ff., 96 f.,
100, 104, 120 f., 145, 167 f., 173, 197,
222, 258, 261 f.
- -, primäre 38, 168
- -, Funktionen der 88–102
- -, -, Charakterbildung 99 f.
- -, -, Ich-Autonomie (s. a. dort) 98 f.
- -, -, Ich-Ideal 101
- -, -, Regulationsfunktionen 97
- -, -, Sicherheitsgefühl 92–97
- -, -, Überich-Entwicklung 100 f.
- -, -, Verzicht auf ödipale Wünsche
102
-, s. a. Selbst-/Objekt-...
-, Übergangs- 107
- -verlust 27, 94, 100, 105, 127, 202
- -wahl 26, 99
ödipale Lösung 139, 144
ödipale Phase/Position 142 ff., 146,
153–157, 160 ff., 194 f., 197 f., 208,
239, 241 f., 245, 254 f.
-, »negative« 163 f.
Ödipuskomplex 22, 25 f., 35, 42, 44 ff.,
49, 90, 101, 139, 141, 143, 153–168,
194, 238 f., 254 f., 262
-, Dreiecksdiagramm 162
-, Mythos 164
orale Phase/Position 136, 158 f., 163
»Organisierungsprozeß« 55
Osovsky, J. D. 81

Penisneid 26, 106
phallisch-ödipale Phase/Position 155, 157
phallische Phase/Position 136, 145, 155–160, 171
Phobie 171, 242
prägenitale Phase/Position 154 f., 157
»präodipal« vs. »prägenital« 193 ff.
präodipale Phase/Position 153 f., 157, 163, 167, 243
»Programm« 70 f., 72, 74, 81, 87, 112, 137, 191, 213
–, Begriff/Metapher 69
Projektion 110, 119, 140, 164
– vs. Verschiebung 110, 122
psychische Energie 133 f.
psychische Struktur 149
Psychoanalyse vs. Psychotherapie 189 f.
Psychoanalyse vs. andere Psychologien 191 ff.
»Psychoanalytische Objektbeziehungstheorie auf der Grundlage der Entwicklung« 15
psychoanalytische Situation, fundamentale Komponenten der 62
psychoanalytische Theorie, vier Phasen der 9
Psychopathen 41
Psychose 32, 58, 71, 130, 138, 154, 171, 196, 240, 248
–, manisch-depressive 170
–, symbiotische 63
Psychotherapie vs. Psychoanalyse 189 f.

Rangell, L. 53, 130, 152, 155, 171
Rapaport, D. 9, 61, 64
Reaktionsbildung 43, 97, 134, 150, 159
Realität
– -en, verschiedene 74 ff.
– -sprüfung 20, 45, 59, 72–76, 85,
87 ff., 96, 102, 104, 122, 138, 142 f., 146, 175, 188, 196, 256, 265
– -»svision« 73 ff., 76 ff., 232, 240, 256, 265
– -swahrnehmung 73, 89, 142, 188
Regression 34 f., 38, 58, 68, 111, 121, 134, 143, 159 f., 163 f., 174, 180, 182, 218, 225, 236
–, reversible 32
Regulationsfähigkeit 65 f.
Reich, W. 53
Reorganisationsfähigkeit 39, 116, 170 f., 191
Repräsentanz, psychische, Begriff der 11
Rickmann, J. 247 f.
Ritvo, S. 242
Robey, J. S. 31
Roiphe, H. 145, 158
Rosenblatt, B. 90 f.
Ross, J. M. 164
Ross, N. 247

Sandler, J. 90 f., 93
Schizopathen 41
Schizophrenie 32, 71
Schreien des Säuglings 66 f.
Selbst 23, 106 f., 113, 158, 175, 221
–, Begriff des 123–131
–, freundliches 77
–, Störungen des 30
Selbst-/Objekt-
– -besetzung 44 f.
– -beziehung 13, 105, 129, 141, 154, 195 f., 226, 254
– -bild 15 f., 28 f., 31, 34, 41, 44, 47, 77, 79, 88, 90 f., 93 f., 96 f., 112, 120, 136 f., 148, 158, 201 f., 211, 222
– – bei Säuglingen 31
– -konstanz 44, 104 f., 108–112, 121, 137, 175, 209, 252, 255, 262
– -repräsentanzen 18, 21, 23 f., 37, 69, 86, 91, 96 f., 100, 105, 113, 120,

128 f., 139, 142 f., 147, 150, 156, 160 ff., 165, 222 f., 227, 229 f., 258
– –, Funktionsübertragung 42 ff., 90 f., 100 ff., 165, 167, 229, 258
– –, Veränderung der 89
Selbsterhaltungstrieb 57
Shane, E. 256
Shane, M. 256
Sharpe, E. F. 17, 36, 210 f., 246
Sophokles 164
Spitz 10–13, 18, 27–31, 48, 54–57, 59, 66, 68, 72 f., 81–85, 94, 98, 155, 159, 188 f., 192, 215, 233
Stern 31, 81, 83
Stewart, W. A. 26, 106
Strachey 123
Struktur 61–71
– -begriff 61 f., 69
– -bildung 64–69, 78 ff., 86
strukturierende Persönlichkeiten 19, 38, 104 ff., 111 f., 125, 138, 172, 180, 200 f., 203, 208 ff., 212, 214 ff., 220 ff., 242, 247 f., 252, 254
–, Übertragung bei 104–108
–, –, Fallbeispiel 113 f.
Strukturtheorie 56 f., 59, 132 f., 187, 232
–, s.v.a. Ich und Überich
Sullivan 123
symbiotische Phase 30–34, 63, 67 f., 84
Symptomatologie s. Diagnostik

Tarachow, S. 190
Therapeut/in s. Aufgaben . . ., Anforderungen . . ., Funktion . . .
therapeutisches Bündnis 187, 189, 199, 202 ff., 228, 236
Ticho, E. 253 f., 256
Todestrieb 37, 167, 238 f.
Todeswünsche 146
Trennungsangst 97, 118

Trieb 9 f., 21, 41, 53 ff., 57 f., 61 f., 65, 80, 123, 125, 130, 138, 141, 150, 153, 155, 157, 159 f., 189, 193 f., 226, 233, 238, 240, 246
– -abfuhr 149, 159, 200, 222
– -theorie 22, 47, 145, 153
– vs. Affekt 37, 193

Überich 16 f., 40–52, 60, 61, 90, 100 f., 124 f., 132, 134 f., 144, 149, 162, 167, 189, 191, 201, 231 f.
– -begriff 40
–, Bestimmung/Definition des 44 ff.
– -bildung 22, 24, 100 f.
– –, weibliche 25 f.
– -entwicklung 100 f.
– -funktionen 46, 50 f.
Übertragung 13, 36, 38, 56 f., 62, 70, 72, 75 f., 86, 99, 163, 172 f., 181, 187 f., 190 f., 201 f., 205, 207, 211–215, 218, 221, 246, 253 f., 255, 260 ff.
–, Begriff der 62
– bei strukturierten und ungenügend strukturierten Persönlichkeiten 104–108, 111
– –, Fallbeispiel 113 f.
–, Formen der 103–122
–, Gegen- s. dort
– -sdeutung 121, 201
– -smanifestation 70, 163, 233
– -sneurose 18, 39, 62, 106, 114, 152, 207 f., 221, 233, 256
– -sobjekt 119
– -spotential, Ursprung des 112 f.
– -swiderstand 205–208
– -swiederholung 69
– und Niveau der Objektbeziehungen 108–112
Unabhängigkeit vs. Ich-Autonomie 98
Unbewußtes 191–194, 197, 205, 212, 237, 246 f.
– – vs. Es 193

279

ungenügend strukturierte Persönlichkeiten 19, 30, 35 f., 38, 103–107,
111 f., 125, 128, 138 f., 153, 169,
177, 179 f., 201 ff., 207, 209 f.,
214 ff., 220 ff., 236 f., 242, 247, 254 f.
–, Fallbeispiel 195–198
–, Übertragung bei 104–108, 111

van der Sterren, M. A. 164
Verdichtung 218 f.
Verdrängung 17, 134, 193 f., 216, 238,
246
Verinnerlichung 42, 80 f., 89–92,
94–96, 100, 104 f., 136 f., 158,
167 f., 188, 192, 223, 228, 230
Verschiebung 38, 61, 103, 156 f.
– vs. Projektion 110, 122
Vorbewußtes 192, 197

Wangh, M. 152
Weinshel, E. M. 245
Weiß, E. 91
Widerstand 36, 46, 62, 110, 132, 141,
180, 182, 184 f., 203, 205–209, 216,
226, 230 f., 233, 236, 238 f., 253, 257
Williams, T. 261
Winnicott, D. W. 243
wohltuendes/wohltätiges Klima 187,
198–202, 227, 235 f.
Wühlreflex 65 f.

»zentrale Steuerungsorganisation
55
»Zuschneiden« 250 ff.
Zwangsneurose/-neurotiker 128, 134,
169, 242
–, umgekehrte 163 f.

Konzepte der
Humanwissenschaften

Die 100 Bücher für die
Sozial- und Erziehungsberufe

Standardwerke der Psychologie

Albert Bandura
Sozial-kognitive Lerntheorie

D. E. Berlyne
Konflikt, Erregung, Neugier
Zur Psychologie der kognitiven
Motivation.

Urie Bronfenbrenner
Ökologische Sozialisationsforschung

George A. Miller, Eugene
Galanter, Karl H. Pribram
Strategien des Handelns
Pläne und Strukturen des Verhaltens.

Ulric Neisser
Kognitive Psychologie

Kurt Pawlik (Hrsg.)
Diagnose der Diagnostik
Beiträge zur Diskussion der
psychologischen Diagnostik in der
Verhaltensmodifikation.

Jean Piaget
**Biologische Anpassung und
Psychologie der Intelligenz**

Walter J. Schraml
**Einführung in die moderne
Entwicklungspsychologie**
Für Pädagogen und Sozialpädagogen.

Entwicklungspsychologie/ Kinderanalyse/ Kinder- und Jugendlichen- psychotherapie

Helen I. Bachmann
Malen als Lebensspur
Die Entwicklung kreativer
bildlicher Darstellung.

Bruno Bettelheim
Liebe allein genügt nicht

Bruno Bettelheim
So können sie nicht leben

Peter Blos
Adoleszenz
Eine psychoanalytische Interpretation.

John Bowlby
Das Glück und die Trauer
Herstellung und Lösung affektiver
Bindungen.

Madeleine Davis, David Wallbridge
**Eine Einführung in das Werk von
D.W. Winnicott**

Françoise Dolto
Praxis der Kinderanalyse

Mia Kellmer Pringle
Was Kinder brauchen

Evelyne Kestemberg, u. a.
Schauplatz Familie
Psychoanalytiker beobachten frühe
Mutter-Kind-Beziehungen im Alltag.

Rosine und Robert Lefort
Die Geburt des Anderen
Bericht einer Kinderanalyse aus
der Lacan-Schule.

Ashley Montagu
Körperkontakt
Die Bedeutung der Haut für die
Entwicklung des Menschen.

Violet Oaklander
**Gestalttherapie mit Kindern und
Jugendlichen**

René A. Spitz
Vom Dialog
Studien über den Ursprung der
menschlichen Kommunikation.

D.W. Winnicott
Piggle
Eine Kinderanalyse.

D.W. Winnicott
Vom Spiel zur Kreativität

D.W. Winnicott
Aggression
Versagen der Umwelt und antisoziale
Tendenz.

Elizabeth R. Zetzel
**Die Fähigkeit zu emotionalem
Wachstum**

Michel Zlotowicz
Warum haben Kinder Angst?

Psychoanalyse

Michael Balint, Enid Balint
**Psychotherapeutische Techniken
in der Medizin**

Gertrude und Rubin Blanck
Angewandte Ich-Psychologie

Gertrude und Rubin Blanck
Ich-Psychologie II

Rubin und Gertrude Blanck
Ehe und seelische Entwicklung

Luc Ciompi
Affektlogik
Über die Struktur der Psyche und
ihre Entwicklung. Ein Beitrag zur
Schizophrenieforschung.

Peter Fürstenau
Zur Theorie psychoanalytischer Praxis

Heinz Hartmann
Psychoanalyse und moralische Werte

James Masterson
**Psychotherapie bei Borderline-
Patienten**

Michael Lukas Moeller
Anders helfen
Selbsthilfegruppen und Fachleute
arbeiten zusammen.

Wolf-Detlef Rost
Psychoanalyse des Alkoholismus
Theorie, Diagnostik, Behandlung.

Joseph Sandler, Christopher Dare,
Alex Holder
**Die Grundbegriffe der
psychoanalytischen Therapie**

Elaine V. Siegel
Tanztherapie
Ein psychoanalytisches Konzept.

Paul L. Wachtel
Psychoanalyse und Verhaltenstherapie
Ein Plädoyer für ihre Integration.

D.W. Winnicott
Bruchstück einer Psychoanalyse

Neue Therapien/ Humanistische Psychologie/ Transpersonale Psychologie

Anthony Barton
**Freud, Jung, Rogers. Drei Systeme
der Psychotherapie**

Ruth C. Cohn
**Von der Psychoanalyse zur
themenzentrierten Interaktion**
Von der Behandlung einzelner zu
einer Pädagogik für alle.

Rudolf Dreikurs
**Grundbegriffe der
Individualpsychologie**

Gerald Epstein
Wachtraumtherapie

Meine Stimme begleitet Sie überallhin
Ein Lehrseminar mit Milton H.
Erickson, hrsg. von Jeffrey K. Zeig.

Mary McClure Goulding und
Robert L. Goulding
Neuentscheidung
Ein Modell der Psychotherapie.

John Grinder, Richard Bandler
Therapie in Trance
Hypnose: Kommunikation mit dem
Unbewußten. Neurolinguistische
Programme.

Stanislav Grof
Topographie des Unbewußten
LSD im Dienst der tiefen-
psychologischen Forschung.

Stanislav Grof, Joan Halifax
Die Begegnung mit dem Tod

Stanislav Grof
LSD-Psychotherapie

Diana Sullivan Everstine,
Louis Everstine
Krisentherapie

Hildegard Katschnig/
Esther Wanschura
Familientherapie in den Ferien

Frederick S. Perls
Gestalt-Therapie in Aktion

Frederick S. Perls
**Das Ich, der Hunger und die
Aggression**
Die Anfänge der Gestalt-Therapie.

Frederick S. Perls,
Ralph F. Hefferline, Paul Goodman
**Gestalt-Therapie. Lebensfreude
und Persönlichkeitsentfaltung**

Frederick S. Perls,
Ralph F. Hefferline, Paul Goodman
**Gestalt-Therapie. Wiederbelebung
des Selbst**

Diane und Albert Pesso
Dramaturgie des Unbewußten
Eine Einführung in die psycho-
motorische Therapie.

Mary Priestley
Analytische Musiktherapie
Vorlesungen am Gemeinschafts-
krankenhaus Herdecke.

Carl R. Rogers
Entwicklung der Persönlichkeit
Psychotherapie aus der Sicht eines
Therapeuten.

Carl R. Rogers, Rachel L. Rosenberg
**Die Person als Mittelpunkt der
Wirklichkeit**

Carl R. Rogers
Der neue Mensch

Ruth Ronall, Bud Feder
Gestaltgruppen

Anne Schützenberger
Einführung in das Rollenspiel
Anwendungen in Sozialarbeit,
Wirtschaft, Erziehung und Psycho-
therapie.

Charles T. Tart
Das Übersinnliche
Forschungen über einen Grenz-
bereich psychischen Erlebens.

Lewis Yablonsky
Psychodrama

Lewis Yablonsky
Synanon
Selbsthilfe der Süchtigen und
Kriminellen.

Texte zur Familien-
dynamik

Maurizio Andolfi, u. a.
Das Spiel in der Maske
Therapeutischer Wandel in rigiden
Familiensystemen.

Ivan Boszormenyi-Nagy,
Geraldine M. Spark
Unsichtbare Bindungen

Josef Duss-von Werdt,
Rosemarie Welter-Enderlin (Hrsg.)
Der Familienmensch
Systemisches Denken und Handeln.

Theodore Lidz, Stephen Fleck
**Die Familienumwelt der
Schizophrenen**

Salvador Minuchin, u. a.
**Psychosomatische Krankheiten in
der Familie**

M. Selvini Palazzoli, u. a.
Paradoxon und Gegenparadoxon
Ein neues Therapiemodell für die
Familie mit schizophrener Störung.

Mara Selvini Palazzoli
Magersucht

Helm Stierlin
**Von der Psychoanalyse zur
Familientherapie**

Helm Stierlin, u. a.
Das erste Familiengespräch

Michael Wirsching, Helm Stierlin
Krankheit und Familie

Sozialarbeit

Martin Bonhoeffer,
Peter Widemann (Hrsg.)
Kinder in Ersatzfamilien

Arthur W. Combs, u. a.
Die helfenden Berufe

Helga Kaminski, Walter Kast,
Anne Dore Spellenberg
Das Leben Geistigbehinderter im Heim

Helmut Ortner, Reinhard Wetter
Sozialarbeit ohne Mauern
Anstöße zu einer „befreienden"
Gefangenenarbeit.

Isca Salzberger-Wittenberg
**Die Psychoanalyse in der
Sozialarbeit**

Harald Hottelet, u. a.
Offensive Jugendhilfe

Angewandte Sozialwissenschaften

Mihaly Csikszentmihalyi
Das flow-Erlebnis
Jenseits von Angst und
Langeweile: im Tun aufgehen.

Adolf M. Däumling, u. a.
Angewandte Gruppendynamik

Gerhard Kaminski (Hrsg.)
Umweltpsychologie

Lisl Klein
**Sozialwissenschaftliche Beratung
in der Wirtschaft**
Eine Einzelfallstudie.

Lothar Krappmann
**Soziologische Dimensionen der
Identität**

Joseph Luft
**Einführung in die
Gruppendynamik**

Max Pagès
Das affektive Leben der Gruppen
Eine Theorie der menschlichen
Beziehungen.

Albert E. Scheflen
Körpersprache und soziale Ordnung

Hugo Schmale
Psychologie der Arbeit

Mara Selvini Palazzoli u. a.
**Hinter den Kulissen der
Organisation**

Mara Selvini Palazzoli u. a.
Der entzauberte Magier
Zur paradoxen Situation des
Schulpsychologen.

Burkhard Sievers (Hrsg.)
Organisationsentwicklung als Problem

Manès Sperber
Individuum und Gemeinschaft
Versuch einer sozialen
Charakterologie.

Rolf Verres, Ingrid Sobez
**Ärger, Aggression und soziale
Kompetenz**
Zur konstruktiven Veränderung
destruktiven Verhaltens.

Gunnar Westerlund,
Sven-Erik Sjöstrand
Organisationsmythen

Pädagogik/Sonderpädagogik/Pädagogische Modelle

Christoph Ertle,
Andreas Möckel (Hrsg.)
Fälle und Unfälle der Erziehung

Kurt Guss
Psychologie als Erziehungswissenschaft
Eine theorienkritische
Untersuchung des Themas Lohn
und Strafe.

Gerhild Heuer
**Selbstmord bei Kindern und
Jugendlichen**

Erhard Meueler
Erwachsene lernen

Reinhilt Plinke,
Inga und Herbert Sell
Erziehung in der Pflegefamilie

Paul Scheid,
Herbert Weidlich (Hrsg.)
**Beiträge zur Montessori-
Pädagogik 1977**

Peter Schneider
Einführung in die Waldorfpädagogik

Myrna B. Shure, George Spivack
Probleme lösen im Gespräch
Erziehung als Hilfe zur Selbsthilfe.

Willem ter Horst
Einführung in die Orthopädagogik

Reinhard Voß
Anpassung auf Rezept
Die fortschreitende Medizinisierung
auffälligen Verhaltens von Kindern und
Jugendlichen.